프란츠
카프카

KAFKA : Um sein Leben schreiben
by Rüdiger Safranski
ⓒ 2024 Carl Hanser Verlag GmbH & Co. KG, München
Korean Translation ⓒ 2025 by SARAMIN
All rights reserved.
The Korean language edition is published by arrangement with
Carl Hanser Verlag GmbH&Co. KG through MOMO Agency, Seoul.

이 책의 한국어판 저작권은 모모 에이전시를 통해
Carl Hanser Verlag GmbH&Co. KG사와의 독점 계약으로 사람in에 있습니다.
저작권법에 의해 한국 내에서 보호를 받는 저작물이므로 무단전재와 무단복제를 금합니다.

프란츠 카프카

뤼디거 자프란스키 지음
편영수 옮김

KAFKA

UM SEIN
LEBEN
SCHREIBEN

문학이
되어 버린 삶

일러두기
— 책 제목, 장편소설, 잡지, 신문 등을 『 』로, 단편소설, 논문, 편지, 메모, 일기 등을 「 」로 표기했습니다.

차례

10　　　머리말

13　　　**1장**

'나는 문학으로 구성되어 있다.
　　　나는 문학 이외 다른 어떤 것도 아니다'
라우렌치산의 도
첫 시도들: 「어느 투쟁의 기록」
현기증과 독신자: 「시골에서의 결혼 준비」

35　　　**2장**

첫 번째 책: 『관찰』
이중생활
글쓰기와 생계를 위한 직업
사무실에서, 부모의 집에서 살다

아버지와 막스 브로트

유덴툼

59   **3장**

펠리체 바우어와의 첫 만남

창조적인 돌파

자신에게 놀라다: 『판결』

글쓰기의 진실

79   **4장**

펠리체에게 보내는 편지

살지 않은 삶과 딱정벌레: 『변신』

끔찍하고 관능적인 일

또한 웃기 위해

95   **5장**

넓고 먼 곳에 대한 동경

신세계: 『실종자』

사악한 품성의 가족들. 도착했어?

무한한 가능성의 땅에서 실종되다

119　　　　**6장**

　　　　　　펠리체의 침묵
　　　　　　거리 두기로서의 글쓰기
　　　　　　그레테 블로흐, 파혼의 법정
　　　　　　소송이 시작되다

143　　　　**7장**

　　　　　　전쟁 중 글쓰기, 『소송』
　　　　　　법원의 미로에서 길을 잃다
　　　　　　글쓰기의 죄, 악마 숭배
　　　　　　몸에 새겨 넣은 글씨, 『유형지에서』

169　　　　**8장**

　　　　　　두 번째 약혼
　　　　　　형이상학적 탐색: 「사냥꾼 그라쿠스」와 「시골 의사」
　　　　　　신화와 사회: 「만리장성을 쌓을 때」
　　　　　　시온주의, 「학술원에 보내는 보고서」

199　　　　**9장**

　　　　　　각혈, 펠리체와의 이별
　　　　　　취라우에서, 생각의 파편

자기 인식, 파괴할 수 없는 것, 신, 존재
　그리고 자유로운 정신에 대해
전쟁과 혁명

221　　**10장**

율리 보리체크
죄책감을 느끼는 정교한 게임:
　「아버지에게 드리는 편지」
오드라데크의 코믹한 비밀:「가장의 근심」

241　　**11장**

갇혀 있는 상태와 자유의 순간
밀레나에게 보내는 편지
성공의 나날과 이별
문학적 결산

265　　**12장**

벌거벗은 사람, 출생을 앞둔 망설임
세상으로 나오는 소설:『성』
마을에 뿌리내림 또는 성에 닻을 내림
권력의 내부 폭발, 여성들의 성
글쓰기의 작업장

291　　**13장**

　　　　도라 디아만트와 함께한 여름
　　　　행복에 가까운, 베를린에서의 시도
　　　　「굴」, 공원에서 만난 소녀를 위한 편지
　　　　마지막 작품: 「요제피네, 여가수 또는 쥐의 종족」
　　　　종말

317　　옮긴이 후기　　존재하기 위한 글쓰기
320　　미주
341　　참고문헌

머리말

1883년 프라하에서 태어난 프란츠 카프카를 살아 있을 때 알아본 사람은 전문가들뿐이었다. 1924년 빈 근교의 병원에서 사망한 후에야 세계 문학계에서 그의 명성은 높이 알려졌다. 그의 흠잡을 데 없는 산문에서 20세기의 심연이 발견되었다. 전체주의적 위협과 압도, 그 위협과 압도가 사라지는 순간의 형이상학, 스스로 감당해야 하는 개인의 고독뿐만 아니라 실존적 도전과 출구 없는 상황의 숨겨진 희극성. 그 때문에 카프카는 아마도 지난 세기에 가장 많이 논평의 대상에 오른 작가가 되었을 것이다. 그사이 그는 해석에서 거의 사라질 위기에 처했다. 같은 이름의 소설에서 성城으로 가는 길이 어느 곳에도 이르지 못하고 사라진 것처럼, 수많은 흔적이 그에게 이어졌고 많은 흔적이 그를 지나갔다.

이 책은 프란츠 카프카의 삶에서 하나의 흔적을 추적한다. 그것은 실제로 명백한 흔적이다. 즉 글쓰기 자체와 글쓰기를 위한 그의 투쟁. 그는 자신에 대해 이렇게 말했다. 나는 문학에 관심이 없지만 문학으로 구성되어 있으며, 나는 문학 이외 다른 것이 아니고 다른 것이 될 수 없다.

    황홀한 글쓰기 상태에서 카프카는 비로소 살아 있다고 느꼈다. 그가 글을 쓰면서 발견한 거대한 세계는 그 안에서 태어나기를 망설이는 사람의 관점에서 보면 평범한 세계다. 그 때문에 그는 삶의 다른 모든 요구에 맞서 자신의 글쓰기를 옹호했다. 이것은 그에게 인간 기억의 어두운 방과 종교적 자기비판의 불행을 연상시키는 죄책감을 불러일으키는 동시에 해방하면서 그의 글쓰기에 영향을 미쳤다. 누구도 카프카만큼 죄책감 때문에 그렇게 많은 것을 만들어 낸 사람은 없었다. 그러나 그는 또한 문학에 대한 속물적 경시에 민감했다. 카프카가 아버지에게 자신의 몇 권 안 되는 출판된 책 중 하나를 건네주었을 때, 아버지는 그것을 침대 옆 탁자 위에 놓아두라고 말했다. 그의 대답은 기괴한 「아버지에게 드리는 편지」였다. 그의 글쓰기는 굴욕에서 억지로 얻어 낸 것이었다. 그의 마음가짐은 흔들리지 않았고, 심지어 가족 간의 유대에도 흔들리지 않았다. 그 결과 비밀로 가득 찬 독특한 작품이 탄생했으며, 카프카는 그 비밀이 유발하는 성찰은 끝이 없다고 말했다.

    그럼에도 그는 전례 없이 명확하고 명쾌한 텍스트를 썼다. 삶의 다의성이 카프카만큼 분명하게 묘사된 경우는 거의 없다. 그는 글쓰기의 마법을 숨기지 않았다. 일기에 그는 이렇게 기록한 적이 있다. 내가 무턱대고 한 문장을 쓰면, 예를 들어 '그는 창밖을 내다본다'라고 쓰면 그 문장은 이미 완벽하다.

카프카는 글쓰기가 극단적인 경우 삶에서 어떤 의미를 지닐 수 있는지, 모든 것이 글쓰기에 어떻게 종속될 수 있는지, 그로 인해 어떤 시련과 행복의 순간이 찾아오는지, 그리고 이 실존적 경계에서 어떤 통찰력이 열리는지를 보여 주는 매혹적인 예다.

1장

'나는 문학으로 구성되어 있다.
  나는 문학 이외 다른 어떤 것도 아니다'
라우렌치산의 도
첫 시도들: 「어느 투쟁의 기록」
현기증과 독신자: 「시골에서의 결혼 준비」

1913년 8월 14일, 프란츠 카프카는 약혼녀 펠리체 바우어에게 편지를 썼다. 나는 문학에 관심이 없지만 문학으로 구성되어 있으며, 나는 문학 이외 다른 것이 아니고 다른 것이 될 수 없습니다.[1] 이것으로 그는 펠리체에게 경고하고 싶어 한다. 그에게 글쓰기는 기분 좋은 소일거리가 아니며, 직업이 주는 부담에 대한 보상도 아니다. 그는 문학에 관심이 없다. 그가 온전히 문학이다. 펠리체는 결국 이 사실을 이해해야 한다. 그러지 않으면 그녀는 이 세상에 존재하지 않는 사람을 붙잡고 있는 것이다. 그 자신에게도 카프카는 글로만 존재하고, 나머지는 시체이기 때문이다. 그는 그녀에게 자신과 문학의 관계에 대한 비유로 악마의 추방을 이야기한다. 한 성직자의 목소리가 너무나 아름답고 달콤하여 누구나 그 소리를 듣고 싶어 했습니다. 어느 날 이 사랑스러운 목소리를 들은 다른 성직자가 이것은 사람의 소리가 아니라 사탄의 소리라고 했습니다. 그러고는 모든 숭배자 앞에서 사탄을 불러냈습니다. 그러자 성직자의 몸에서 사탄이 빠져나왔으며, 그 몸은

(…) 심한 악취를 풍기는 시체로 변했습니다.[2]

그가 펠리체에게 그렇게 명확하게 말하지는 않지만 일기에 기록한 것은 문학 이외의 삶에서 어떤 매력도 끌어낼 수 없고, 글쓰기와 관련이 없는 모든 것이 그를 지루하게 만든다는 단순한 진술이다. 나는 문학과 관계없는 모든 것을 싫어한다. 대화는 나를 지루하게 만든다. (…) 누군가를 방문하는 일이나 친척들의 고통과 기쁨은 내 마음속까지 지루하게 만든다. 대화는 내가 생각하는 모든 것에서 중요성, 진지함, 진실을 앗아 간다.[3]

또 다른 일기에는 이렇게 쓰여 있다. 나의 꿈 같은 내면의 삶을 표현하는 감각은 다른 모든 것을 부차적인 것으로 밀어냈고, 다른 모든 것은 끔찍하게 위축되었으며 위축을 멈추지 않는다. 다른 어떤 것도 나를 만족시킬 수 없다.[4]

다른 모든 것을 부차적인 것으로 만드는 것은 꿈 같은 삶이 아니라, 그를 강력하게 유혹하는 표현하고자 하는 욕망이다. 글쓰기에 대한 욕망은 그를 다른 현실에서 멀어지게 하고, 꿈 같은 삶에 형태를 부여하고, 이로써 꿈 같은 삶을 평범한 삶으로 이끈다. 따라서 평범한 것에서 기이한 것이 나타날 수 있다. 그러나 이 모든 과정은 그 자체로 매우 취약하다. 하지만 이제 표현에 필요한 나의 힘은 전혀 예측할 수 없다. (…) 그래서 나는 흔들리고, 끊임없이 산꼭대기까지 날아가지만, 한순간도 산꼭대기에 머물 수 없다.[5]

이 성공의 순간에 그는 평소와 다르다. 두려움이 없고, 무방비하고, 강력하고, 놀랍고, 감동을 받는다.[6] 그래서 우리는 그를 알지 못한다. 안타이오스가 땅에 닿으면 거인이 되는 것처럼, 카프카는 글을 쓸 때 생명력이 넘친다. 그는 펠리체에게 방금 글을 쓰는 데 성공했기 때문에 그녀에게 구애할 용기가 생겼다고 설명한다. 글쓰기, 오직 글쓰기만이 그에게 단절된 느낌을 주었던 힘을 불어넣어 주었다. 그래서 그는 글쓰기와의 성공적인 연결 덕분에 더 단호하고 강력하게 등장할 수 있었다. 이것은 카프카가 자신의 텍스트뿐만 아니라 다른 사람들의 텍스트도 매우 생동감 있게 낭독할 수 있었고, 이를 즐겼다는 사실과도 통한다. 평소에는 오히려 수줍음이 많았지만 이런 자리에서 그는 완전히 자신을 드러냈고, 더 정확히 말하면 자신이 낭독하는 내용에 완전히 몰입하여 완전한 결실을 맺었다. 카프카의 낭독 장면을 지켜본 사람이라면 결코 그 장면을 잊을 수 없었을 것이다. 글쓰기와 낭독을 통해 카프카는 다른 사람이 되었다.

글쓰기의 원천 중 하나는 변신에 대한 열망이기도 하다. 적어도 시험적으로 다시 변신할 수 있다는 가능성이 있기 때문에 다른 존재가 되는 것이다. 유명한 이야기 『변신』은 거대한 딱정벌레로의 돌이킬 수 없는 변신을 묘사한다. 여기서 변신에 대한 욕망은 악몽이 되고, 그것은 다시 기쁨으로 그려진다.

변신하고자 하는 욕망 옆에 모방하려는 본능이 자리한다. 카프카는 자신의 모방적 재능에 대해 이야기했다. 1911년에 그는 투홀스키*의 친구인 삽화가이자 만화가인 쿠르트 자프란스키를 만났고, 일기에서 그 장면을 다음과 같이 묘사한다. 자프란스키는 (…) 그림을 그리고 관찰하는 동안 인상을 찌푸리고 있다. 그것은 그려진 것과 관계가 있다. 내게는 내가 아무도 눈치채지 못하는 강력한 변신 능력을 갖고 있다는 것을 상기시킨다. 내가 얼마나 자주 막스를 모방해야 했는지.[7]

모방적 욕망은 자신을 넘어 다른 삶에 참여하게 하고, 이런 방식으로 글쓰기와도 연결된다.

그러나 이제는 글쓰기 또한 보호되고 보존되어야 하며, 이를 위해서는 후퇴가 필요하다. 모순된 움직임. 글쓰기의 힘은 그가 사람들에게 다가갈 수 있게 해주고, 글을 쓸 때만 그를 두렵게 하지 않는 고독으로 몰아넣는다. 어느 쪽이든 글쓰기는 그의 생명력의 원천이다.

그것은 공동체, 가족, 직업, 종교 또는 섹슈얼리티와 같은 일상적인 삶의 영역에서 비롯된 것이 아니다. 그는 글쓰기를 하기 때문에, 한 번도 삶의 흐름에 휩쓸린 적이 없었다[8]고 불평하지 않는다. 그 결과 그는 비유적인 의미에서도 쇠약해진다. 글쓰기가 내 존재가 취할 수 있는 가장 생산적인 방향이라는 것이 분명해지자 모든 것이 그 방향으로 달려갔고, 성性, 음식, 술, 철학적 성찰, 무엇보다도 음악의 즐거움을 위한 모든 능력을 비워 두게 되었다. 나는 이 모든 방면에서 위축되었다.[9]

그는 1911년에서 1912년으로 넘어가는 새해 전야에 일기에 이

---

* 바이마르 공화국의 중요한 홍보 담당자로 독일 작가였다. 그는 하인리히 하이네의 전통에 따라 사회 비평가로 활동했다. 또한 자신을 좌파 민주주의자, 사회주의자, 평화주의자, 반군국주의자로 여겼으며, 나치즘의 위협에 대해 경고했다. 이하 모든 주는 옮긴이의 주다.

러한 사실을 기록하고 거의 도취된 상태로 글을 이어 갔다. 나의 발전은 이제 완성되었고, 내가 생각하기에는 더 이상 희생해야 할 것이 없다. 내가 실제 삶을 시작하기 위해서는 사무실 일을 이 공동체 바깥으로 내던져 버리기만 하면 된다.[10]

따라서 카프카의 실제 삶은 글쓰기로부터 시작된다.

글쓰기에 대한 초기의 시도는 아직 그에게 중요하지 않다. 그는 프라하의 구시가지에 있는 독일계 김나지움에서 학창 시절에 글쓰기를 시작했다. 두 형제에 관한 소설을 쓰기 시작했는데, 그중 한 명은 감옥에 있었고 다른 한 명은 미국으로 이주했다. 그 당시에도 그는 사람들이 자신의 글을 보는 것을 좋아했다. 그것은 그를 자부심으로 가득 채웠다. 일기에서 그는 친척 집에서 보낸 일요일 오후를 기억한다. 그 소년은 모든 사람 앞에서 글을 쓰기 위해 노트를 가져갔다. 물론 식탁보 위에서 종이를 이리저리 옮기고, 연필로 두드리고, 램프 아래 앉아 있는 사람들을 둘러보면서, 내가 쓴 글을 누군가 가져가서 보고 감탄하도록 유혹하고 싶었을 것이다.[11]

위대한 일에 부름을 받았다는 느낌에서, 그는 삼촌이 자신의 글이 적힌 종이를 집어 들고 읽다가 평범한 글[12]이라고 말했을 때 깜짝 놀랐다.

자신을 위해 글을 쓰면서도 관심을 요구하는 이 자랑스러운 소년 작가는 그 순간 자신이 사회에서 쫓겨났다고 느꼈고, 일기에 다소 격앙해서 표현한 것처럼 내가 먼저 찾고 싶었던 불로 따뜻하게 덮혀야만 했었을 우리 세상의 차가운 공간에 대한 통찰을 얻게 되었다.[13]

따라서 글쓰기는 불에, 영감에 가까이 다가가는 것을 의미한다. 학창 시절 카프카가 불을 보존하기 위해 친하게 지내려고 했던 사람은 동급생인 오스카 폴라크였다. 돌이켜 보면 이 우정에 대한 기억은 카프카가 가질 수 없었던 약간의 빛을 학창 시절에 던져 주었다. 카프카는 항상 좋은 학생이었지만, 적어도 자신의 기억 속에서는 항상 실패자라고 느꼈고, 가장 무능하고 적어도 가장 무지한 내가 어떻게 이 학년까지 몰래 들어올 수 있었는지[14] 마침내 밝혀질 순간을 공포에 떨며 기다렸다. 물론 그런 일은 일어나지 않았다. 그는 항상 기말고사에서 최고를 기록했다.

    오스카 폴라크는 학창 시절은 물론 대학에서도 처음 몇 해 동안 카프카의 문학적 친구였다. 카프카는 자신의 문학적 습작에 대한 평가를 그에게 맡겼다. 카프카는 그에게 이렇게 썼다. 은둔은 역겹네. 온 세상 앞에 정직하게 알을 낳으면, 태양이 그 알들을 부화할 것이네. 자네는 혀를 깨물기보다는 삶을 깨물고 싶을 것이네. 두더지와 그 부류를 존중하되, 두더지를 자네의 성인으로 만들지 말게.[15] 은둔에 대한 비난과 두더지와의 거리 두기는 폴라크의 정신에 따른 것으로, 폴라크는 아마도 수준을 잃지 않고 사교적인 형태로 자신을 주장하는 데 가볍고 쉽게 성공한 것 같다. 카프카도 이와 관련하여 자신의 발전을 강조한다. 나는 더 강해졌고, 사람들과 자주 어울리고 여성들과 이야기할 수 있다네.[16] 내성적인 카프카는 친구 폴라크로부터 많은 것을 배울 수 있다고 생각했다. 다른 무엇보다도 자네는 내가 골목을 볼 수 있게 해주는 창문과 같다네. 나는 그것을 혼자 할 수 없었네. 내가 키

가 크다고는 하지만 창틀에 닿을 수 없기 때문이네.[17]

다행히 카프카는 세상을 바라보는 창인 오스카 폴라크를 문학적으로도 신뢰할 수 있었기 때문에, 그를 자신의 문학적 시도에 참여시킬 수 있었다. 그는 몹시 표현하고 싶었던 축적된 환상과 아이디어를 마침내 단숨에 고양시키는 데[18] 성공했다고 친구에게 편지를 썼다. 이 초기 텍스트들 중에 남아 있는 것은 카프카가 폴라크에게 보낸 편지에서 다소 부수적으로 인용한 내용뿐이다. 예를 들어 아무것도 이해하지 못하고, 말도 제대로 하지 못하고, 춤도 추지 못하고, 웃지도 못하면서 항상 양손으로 경련을 일으키며 꽉 닫힌 상자를 들고 다니는[19] 이상한 남자에 대한 스케치만이 살아남았다. 그는 상자에 무엇이 들어 있는지 아무에게도 말하고 싶지 않았기 때문에, 평생 두려움에 떨며 상자를 지키며 살았다. 그가 죽은 후 상자에서 젖니 두 개가 발견되었다. 비밀이 폭로되었을 때 실망하게 되는 비밀에 관한 비유다.

카프카 자신은 아직 확신하지 못하지만 이러한 습작을 전달하려는 그의 의지는 놀랍다. 그는 두 개의 낯선 눈이 모든 것을 따뜻하게 하고 더 활기차게 만들기를[20] 희망한다. 우호적인 연결이 중요하다. 그는 이를 위해 강렬한 이미지를 찾는다. 사람들이 온 힘을 다해 서로를 사랑으로 도와야만 그들이 열망하는 지옥의 깊이에서 적당한 높이를 유지할 수 있다. 그들은 밧줄로 연결되어 있고 (…) 만일 한 사람을 묶고 있는 밧줄이 끊어지면, 그것은 끔찍한 일이다.[21] 카프카가 다음과 같이 고백한 사람도 오스카 폴라크였다. 신은 내가 글을 쓰는 것을 원하지 않지만, 나는 글을 써야 한다.[22]

오스카 폴라크는 카프카에게 니체가 공동 창간한 잡지 『예술의 파수꾼』을 소개해 주었다. 이 잡지의 절묘한 미학은 폴라크와 카프카를 한동안 사로잡았다. 『예술의 파수꾼』을 통해 카프카는 당대의 현대 문학인 후고 폰 호프만스탈, 슈테판 게오르게, 아르노 홀츠를 알고 감상하게 되었다. 『예술의 파수꾼』은 엄격성과 순수함을 선호했으며, 과시나 장식적인 것에 반대했다. 또한 화려하고 이데올로기적으로 과장된 것을 거부했다. 카프카가 이 시기의 편지에서 수공 기술이 예술을 필요로 하는 것보다 예술이 수공 기술을 더 많이 필요로 한다[23]고 쓴 것은 전적으로 『예술의 파수꾼』의 정신에 입각한 발언이다.

『예술의 파수꾼』은 카프카가 니체의 책을 읽도록 자극했다. 그는 여름 초원의 떡갈나무 아래에서 아무것도 모르는 소녀에게 『자라투스트라는 이렇게 말했다』를 읽어 주었다. 하지만 당시에는 이러한 장면이 그리 드문 일은 아니었다. 자존심이 강한 김나지움 학생이라면, 니체에게 열광할 수밖에 없었을 것이다. 니체는 "나는 내 인생의 시인이 되고 싶다"라고 선언했고, 아버지의 세계에 반기를 든 채 전통적인 종교에 거의 영향을 받지 않고 자신만의 신앙을 추구했던 젊은 이들은 니체의 선언에 열광했다. 그리고 청년 카프카처럼 글쓰기로 "시적인 것"에 대한 믿음을 찾고자 했던 사람들에게 니체는 정말 큰 격려가 될 수 있었다.

니체는 친구들 사이의 문제였기 때문에 선생님들은 그것에 대해 알 필요가 없었고, 두 친구가 공유한 두 번째 지적 열정인 다윈의 진화론에 대해서도 알 필요가 없었다. 폴라크는 학교에서 진화론에 대해 강연하고 싶었지만 금지당했다. 그리고 진화론을 바탕으로 카프카는 다른 학교 친구인 후고 베르크만과 오랜 논쟁을 벌이며 그의 믿음을 혼란에 빠뜨리려고 노력했다. 카프카는 나중에 내면에서 발견되거나 모방된 탈무드 방식으로 창조의 역사와 신의 존재에 대해 논의했다고 회상했다. 훗날 예루살렘 대학교의 총장이 된 후고 베르크만은 조금 다르게 기억하며 "유대교 신앙을 포기하기로" 결심했던 친구의 "무신론적 또는 범신론적 시기"[24]에 대해 매우 공개적으로 이야기한다.

   청년 카프카는 종교가 아니라 오직 글쓰기에서 정신적 힘을 발견했다. 하지만 그는 여전히 배울 것이 많다는 것을 알고 있다. 그는 자신의 글에 얼마나 과장된 표현과 장광설이 많은지, 그리고 자신이 여전히 수공 기술의 훈련이 부족하다는 것을 깨닫게 된다. 책이 출판되려면 여전히 갈 길이 멀다. 책 — 그것은 거의 신성한 것이다. 글을 쓰는 사람뿐만 아니라 읽는 사람에게도. 책은 아름다울 수 있지만 그게 끝이 아니다. 카프카의 초기 미학적 신앙 고백은 다음과 같다. 우리는 우리를 고통스럽게 하는 불행처럼, 우리가 우리보다 더 사랑했던 사람의 죽음처럼, 모든 인간으로부터 멀리 떨어진 숲속으로 쫓겨난 것처럼, 자살처럼 우리에게 영향을 끼치는 그런 책들이 필요해. 책은 우리 내면의 얼어붙은 바다를 깨는 도끼여야만 해. 난 그렇게 생각한다네.[25]

   졸업 시험을 마친 후, 카프카는 어떤 전공을 시작해야 할지 고민에 빠졌다. 철학은 그를 매료시켰지만, 학계와 같이 추상적이고 체계적인 형태가 아니라 니체와 같이 살아 있는 형태로만 그를 매료시켰다. 몇 주 동안 그는 화학을 청강한 다음, 독일 국수주의 때문에 마지못해 독문학을 청강했고, 결국 그 학문에 매료되어서가 아니라 부업으로 할 수 있고 글쓰기에 방해가 되지 않을 것 같아서 법학을 선택했다. 그가 진정으로 관심이 있었던 것은 글쓰기뿐이었다.

1902년 무렵, 카프카는 그사이에 열아홉 살이 되어 김나지움을 졸업했고, 일종의 각성 체험을 하게 되었다. 그는 나중에 일기에 이때의 경험을 적었다. 언덕 꼭대기에서 도시 전체가 아름답게 내려다보이는 프라하 근교의 라우렌치산에서였다. 언젠가 여러 해 전에 정말 쓸쓸해서, 라우렌치산의 완만한 경사지에 앉아 있었다. 내가 살면서 품었던 소망들을 검토해 보았다. 가장 소중하고 매혹적인 것은 인생에 대한 견해를 얻고자 하는 소망이었다(그리고 글로 인생에 대한 견해를 다른 사람들에게 납득시키고자 하는 소망인데, 이것은 물론 앞의 소망과 불가피하게 연결되어 있다). 그 견해에 따르면 삶은 자연스럽고 격렬하게 하강과 상승을 유지하면서도 동시에 제법 명료하게 하나의 무無로, 하나의 꿈으로, 하나의 흔들림으로 인식될 것이다.[26]

평소 억압적인 현실은 그 안에서 무를 느낄 수 있기 때문에 흔들리며, 심지어 약간의 쾌활함도 발산한다. 이 흔들림에서 그는 잠시 더 이상 세상의 무게를 느끼지 못한다. 삶의 무거운 하강과 상승은 여전하지만, 그럼에도 이상하게 가벼워 보인다. 이 모든 것을 어떻게든 기록하고 전달해야 한다. 일종의 도교적인 세계관이 그의 글쓰기를 격려했다.

    1906년 무렵부터 카프카는 「어느 투쟁의 기록」이라는 소설을 썼고, 거의 같은 시기에 막스 브로트가 나중에 「시골에서의 결혼 준비」라는 제목을 붙인 소설의 초고를 썼다. 그는 1909년부터 1910년 무렵까지 두 편의 텍스트를 모두 작업했다.

    이 기간 동안 작성된 두 편의 텍스트는 카프카가 잡지 『히페리온』에 처음 기고하고 1912년 첫 번째 출판물인 『관찰』에 수록한 「어느 투쟁의 기록」의 일부 텍스트를 제외하고는 미완성이었고 생전에는 출판되지 않았다.

    문학 입문 체험의 장소인 라우렌치산은 「어느 투쟁의 기록」의 배경이기도 하다. 화자는 동행과 함께 밤에 도시를 산책한 후 라우렌치산까지 올라간다. 화자는 동행에게 다른 사람들 앞에서는 작은 술잔까지도 마치 기념비처럼 확고하게 서 있는데, 내 주위에서는 사물들이 강설처럼 가라앉고 있습니다. 그 사물들과는 본래 어떤 관계가 있는지를 나는 당신한테서 알고 싶습니다[27]라고 말한다. 진짜 땅이 흔들린다. 이러한 경험을 단단한 땅 위에서 느끼는 뱃멀미[28]라고 부른다. 이것은 전체 이야기의 토대를 이룬다. 마치 사물의 진짜 이름을 잊고 공황 상태에 빠진 것처럼, 흔들리는 세상에 우연한 이름들을 마구 퍼부어야만 겨우 안정을 찾을 수 있는 불안한 상황에 처한 것 같다. 두 사람은 가마에 실려 갈대숲을 지나고 있는 뚱보 사내를 만난다. 부처를 생각나게 하는 인물이다. 이 뚱보 사내는 있는 그대로의 자연을 찬

양하는 데 몰두한다. 그렇다, 산이여, 그대는 아름답다. 그리고 그대의 서편 산 중턱의 숲이 나를 기쁘게 한다. 꽃이여, 나는 그대에게도 만족한다. 그대의 장밋빛이 내 영혼을 즐겁게 해준다.[29] 여기에서 라우렌치산 체험에서 언급된 흔들림을 볼 수 있다.

뚱보 사내는 분명히 그러한 침착함의 반대 유형인 기도하는 사람[30]과의 만남에 대해 보고한다. 기도하는 사람은 타인의 시선을 받고자 하는[31] 욕망에 이끌리며, 심지어 은밀한 부분까지 드러내야 한다. 그의 문제는 그가 자기 자신 안에 근거하고 있지 않다는 것이다. 중심이 없이 그는 그곳 바깥에서 다른 사람들의 시선과 판단에 초점을 맞추고 있다. 그러므로 그는 박엽지를 오려 낸 것처럼 보이며 강한 외풍을 맞아 구겨지고 구부러진다.[32]

「어느 투쟁의 기록」은 카프카가 이 이야기의 연속적인 사건들에 부여한 제목이다. 누가 투쟁하는가? 상대는 누구인가? 어떤 투쟁인가?

극적인 사건이라는 의미에서 투쟁을 기대하면 실망하게 될 것이다. 물론 인물들 사이에는 긴장과 대립이 존재한다. 화자의 입장에서 볼 때 인물들은 모두 저항을 구현한다. 하지만 진짜 투쟁은 없다. 화자가 인물들에게 미끄러지듯이 다가간다. 사람과 사물은 공간에서 서로 세게 부딪히지 않고, 충분히 분리되어 있지 않다. 전체 이야기에서 분명히 모든 사물이 아름다운 경계를 잃어버린 것처럼[33] 보인다. 사물들은 계속해서 서로에게 흘러들어 간다. 분명한 줄거리, 내적 필연성, 사건이 없다. 화자는 여전히 자신의 상상 속에 틀어박혀 있다.

이야기를 통해 움직임이 일어나고 있지만, 이야기는 진척되지 않는다. 꿈속에서와 같이 아무것도 앞으로 나아가지 않는다. 마침내 무언가 극적인 일이 벌어져야만 하는 것처럼, 화자는 동행에게 부탁한다. 당신은 틀림없이 스스로 목숨을 끊게 될 거요. 이에 대해 동행은 이렇게 말한다. 당신은 자살하지 않을 거예요. 아무도 당신을 사랑하지 않아요. 당신은 아무것도 얻지 못해요.[34] 갑작스러운 흥분은 가라앉는다.

소설 전체를 라우렌치산의 경험과 연관시켜 보면, 이 소설에서 인생은 하나의 무로, 하나의 꿈으로, 하나의 흔들림으로 제시되지만, 자연스럽고 격렬한 하강과 상승[35]은 없다. 글쓰기는 아직 냉혹한 현실에 도달하지 못했고, 언어와 현실 사이의 관계 앞에 있는 영역에서 전개된다.

현실을 창조하는 언어의 힘에 주목하고 있다. 우리는 제법 빠른 속도로 성장하고 있기는 하지만 아직은 미완성 상태인 어떤 지역의 내부로 들어갔다. 그곳은 저녁이었다.[36] 그 지역은 아직 화자가 마무리하지 않았기 때문에 미완성이다. 내가 목말을 타고 간 시골길은 돌이 많고 상당히 가파른 오르막이었다. 하지만 나는 바로 그 점이 마음에 들어서 그 길을 훨씬 더 돌이 많고 가파른 길로 만들었다.[37] 독자는 점진적으로 완성되는 풍경의 목격자가 된다. "하지만 지금 — 나 그대들에게 부탁하노니 — 산, 꽃, 풀, 덤불 그리고 강이여, 내가 숨을 쉴 수 있는 약간의 공간을 다오." 그러자 주위에 있는 산들이 성급하게 이동하더니 짙게 깔려 있는 안개 뒤에서 서로 충돌했다.[38] 여기서 카프카의 후기 작품과는 달리 이 산문의 실험적 성격이 구체적으로 드러나며, 언어가 어떻게 현실을 형상화하고 활성화하는지를 알 수 있다.

언어가 현실을 창조하는 힘과 언어와 현실의 분리는 별개의 문제다. 단어는 사물에 도달하지 못하며, 감각적인 경험은 언어로 적절하게 포착될 수 없다. 카프카의 글에 따르면, 우리는 사물의 진짜 이름을 잊어버렸다.[39] 명명된 세계는 경험의 세계와 일치하지 않는다.

이 언어 회의론은 세기가 바뀌면서부터 작가와 철학자들 사이에 널리 퍼져 있었다. 카프카는 호프만스탈의 허락을 받아 언어와 현실 사이의 건널 수 없는 심연을 반영한 『찬도스 경의 편지』를 읽었고, 그가 깊이 연구한 유일한 철학자인 프란츠 브렌타노에게서 현실은 세부 사항으로 구성되어 있지만, 단어는 항상 그 주변에 일반적인 의미의 법정을 가지고 있기 때문에, 이 두 영역 — 현실의 세부 사항과 단어의 일반성 — 이 일치할 수 없다는 생각을 발견했다.

카프카의 「어느 투쟁의 기록」에서 언어와 현실 사이의 이러한 불일치는 분명히 단단한 땅 위에서 느끼는 불길한 뱃멀미의 원인 중 하나다. 어쩌면 이것이 지금 벌어지고 있는 실제 투쟁, 즉 현실에 접근하기 위한 투쟁일지도 모른다. 발판을 찾으려는 시도. 뱃멀미와 그로 인한 현기증에 대항하는 글쓰기.

카프카는 몇 년 동안 쓴 「어느 투쟁의 기록」을 미완성으로 남겨두었다. 그 자신이 말했듯이, 텍스트는 쓰여야 하지만 읽을 필요는 없는 것이 되어 버렸다.

「시골에서의 결혼 준비」는 「어느 투쟁의 기록」과 거의 같은 시기에 쓰였다. 카프카 자신이 "소설"이라고 부른 이 텍스트에 대한 작업도 1908년경에 중단되었다.「어느 투쟁의 기록」보다 이 소설에서 후기 카프카의 예술이 더 명확하게 드러난다.

이 소설의 주인공인 에두아르트 라반은 신부를 만나기 위해 2주간 시골로 휴가를 떠난다. 기차역으로 가는 도시의 길, 기차 여행, 그리고 마지막으로 여관에 도착하는 여정이 묘사되어 있다. 여기에도 실제로 어떤 줄거리나 갈등이 없고, 단지 거리 장면, 기차와 마차 여행, 우연한 만남과 대화만 있다. 이 소설은 신부와의 만남을 앞두고 베티가 음탕한 남자들[40]로부터 많은 고통을 겪었을지도 모른다는 막연한 의혹과 함께 중단된다.

결국 의혹이다. 이 소설은 아직 의심스럽지는 않지만 이미 낯선 세계를 설명하면서 시작된다. 행인들은 무심하게 좁은 골목으로 억지로 밀어 넣듯 어지럽게 쏟아지는[41] 비를 통과한다. 한 소녀가 강아지를 품에 안고, 모자를 쓴 여자가 지나가고, 두 남자가 몸짓을 하고, 다른 남자들은 담배를 피우면서 작고 기다란 연기를 수직으로 내뿜는다.[42] 무성 영화와 같은, 다소 초현실적인 장면이 연속된다. 여기서는 아무도 사랑으로 대우받지 않으며 모든 사람은 모든 사람에게 완전히 낯선 존재[43]다. 모든 이야기는 라반의 일인칭 관점에서 묘사된다. 라반은 긴장된 무관심으로 자신을 보호하다가 갑자기 공포에 사로잡혀, 매우 끔찍한 사건이 아니라 평범한 현실에 정말 속이 빤히 드러났다고[44] 느낀다. 그는 또한 모든 것이 너무 늦었을지도 모른다는 의혹으로 괴로워하는데, 이는 우리가 카프카의 작품에서 자주 접하게 될 감정이다. 라반이 서두르자, 지나가는 행인들이 방해가 되고 길을 막는다. 그가 실제로 가고 싶지 않은 곳에 서둘러 가려고 하는 이유는 무엇일까? 그는 이것이 최선이라고 생각한다. 즉 나는 다만 옷을 걸친 이 몸뚱어리를 보내는 것뿐이다. 그 몸뚱어리가 나의 방문 밖으로 나오려고 발버둥 친다면, 그 모습은 두려움이 아니라 바로 자신의 무가치함을 보여 주는 것이다. 그것이 층계에 걸려 넘어지거나 시골로 가서 흐느끼며 저녁 식사를 한다 하더라도 흥분 때문은 아니다. 나라는 사람은 그사이 살짝 열어 놓은 창문으로 새어 드는 공기를 맞으며 황갈색 이불을 잘 덮고 침대에 누워 있을 테니 말이다. 침대에 누워 있는 내 모습이 커다란 딱정벌레나 하늘가재, 아니면 쌍무늬바구미 같다는 생각이 든다.[45]

    이것은 카프카의 독신 논리다. 신부와 너무 가까워지는 것보다 침대에서 딱정벌레가 되는 것이 낫다. 이 모티프는 「시골에서의 결혼 준비」에서 암시되며, 펠리체 바우어와의 편지를 통한 교제가 약혼을 향해 치닫고 있을 때인 1912년 11월에 『변신』에서 전개된다. 『변신』에서 그레고르 잠자는 어느 날 아침에 일어났을 때 실제로 딱정벌레로 변했다. 하지만 라반은 상상만 한다. 그는 신부에게 가는 것보다 하늘가재가 되더라도 이곳에 머물고 싶은 마음이 더 크다. 그리고 신부에 관해서는, 그는 그녀를 전혀 알지 못하고 그녀가 그에 대해 어떻게 생각하는지, 그에 대해 어떻게 느끼는지 모른다. 사실 그는 그녀에게 전혀 끌리지 않는다. 그는 심지어 고의로 도착지가 다른 기차에 타는 것을 고려하기도 한다. 회피 환상이다.

그는 뒤로 물러서서 우회하고, 장애물과 거리를 찾는다. 기차 여행 중에는 목적지를 향해 달려가는 기차의 미친 속도에 혼란스러워한다. 그는 마차를 타고 여행의 마지막 구간까지 이동한다. 그리고 베티와의 만남이 예정되어 있는 여관에 도착한다. 그는 이질감을 느끼고 도시로 돌아가고 싶어 한다. 어디에 있든, 거기에 있지 않기 위해 항상 다른 곳을 상상한다. 그는 향수병으로 죽을 수도 있다고 스스로에게 말한다. 도시에서는 식탁 위에 괜찮은 식사가 있을 것이고, 접시 뒤에는 신문이, 그 위에는 밝은 램프가 있을 것이다. 하지만 여기, 마을 여관에는 불쾌할 정도로 기름진 음식, 낯선 신문과 흐린 조명이 있을 것이다. 카드놀이를 하기에는 충분할지 모르지만, 신문을 읽기에는[46] 충분하지 않을 것이다. 그렇지만 그는 여관 주인이 불편함을 느끼게 해서는 안 된다. 여관 주인은 신랑을 근거로 신부를 미루어 판단할 것이고, 그렇게 되면 그녀는 여관 주인한테 신망을 잃을 것이기 때문이다. 그는 그것에 대해 책임을 지고 싶지 않다. 그가 신부와 실제로 만나기 전에 소설은 중단된다.

자신을 두렵게 하는 결혼 준비를 하러 왔지만, 이것을 인정하지 않고 대신 온갖 불편함을 찾아내고 생각하는 신랑, 이 가능성의 거미줄에 얽매여 현실을 회피하는 신랑 ― 그러한 신랑은 필연적으로 우스꽝스럽게 보일 수밖에 없고 에로틱한 행동을 억제하는 주인공이다. 그는 사람과 사물이 그에게 지체遲滯를 허락하는 한 사람과 사물에 관여한다. 그러한 지체의 세계는 목적지에 도착하기 위해 서두르는 세계와는 다르다. 그 세계는 수수께끼 같고 신비로운 성격을 띨 수 있다.

목표에서 빗나가게 하는 것에 주의를 집중하고, 거기서 발견할 수 있는 많은 것을 발견한다. 중요한 것은 무엇이 방해가 되거나 걸림돌이 되는가 하는 것이다. 목표를 피하기 위한 갈림길로 유도하는 것. 이렇게 해서 현실은 미로가 된다. 『성』에서는 어떤 목표로도 이어지지 않는 가능성의 증식이 미학적으로 완벽한 형태를 찾는다.

따라서 「시골에서의 결혼 준비」는 독신으로 남고 싶었던 한 신랑에 대해 이야기한다. 카프카의 악명 높은 독신자 문제가 여기서 처음으로 다루어진다.

카프카가 「시골에서의 결혼 준비」를 집필하던 시기에는 그에게 신부가 없었다. 사소한 연애 이야기와 사건은 꽤 있었다. 1907년경 그는 가끔 매춘에 종사한 것으로 추정되는 여급과 접촉한 적이 있다. 매춘 업소 방문은 그에게는 당연한 일이었다. 그는 성적인 것에 유혹된 것이 아니라 성적인 것에 시달렸다. 그는 성적인 것을 혐오했는데, 그 이유는 그것이 주기적으로 그에게 큰 힘을 발휘했기 때문이다. 그는 성적인 것을 굴욕적인 것, 그에게 일어났지만 실제로 그에게 속하지 않는 낯선 것으로 느꼈다.

그는 성적인 것에 대한 수줍음과 함께 강한 사랑의 감정을 가지고 있었고, 어떤 사랑도 없이 성적 욕망을 가지고 있었다. 그는 밀레나에게 보낸 편지에서 그녀에게 성에 대한 두려움을 나타내기 위해 한 번의 만남, 가능하면 첫 만남을 묘사한다. 그가 그녀에게 설명한 일은 아마도 1904년 첫 번째 국가시험을 치르기 직전에 일어났을 것이다.

그는 시험 준비를 하다가 기분을 전환하기 위해 창문으로 맞은편에 있는 옷 가게의 여점원을 지켜본다. 그는 그녀에게 사인을 주고 퇴근 후 만나기로 약속한다. 하지만 약속한 시간에 다른 남자가 나타나고 여점원은 그 사람과 팔짱을 낀다. 그러면서도 그녀는 어깨 너머로 그에게 신호를 보낸다. 잠시 후 그녀는 다른 남자에게 작별 인사를 하고, 카프카는 여점원을 러브호텔로 데려간다. 그리고 아침이 다 되어 카렐 다리를 건너 집으로 갈 때 날씨는 여전히 덥고 쾌청했습니다. 나는 물론 행복했습니다. 하지만 이 행복감은 단지 계속 징징대던 육체가 마침내 조용해진 것에 대한 행복감이었습니다. 무엇보다도 모든 것이 그보다 더 혐오스럽지도, 더 불결하지도 않았다는 사실에 대한 행복감이 가장 컸습니다.[47]

카프카는 그런 장면을 공포와 죄책감으로만 생각할 수 있었다. 하지만 그는 꽤 에로틱한 사람이었다. 펠리체에게 보내는 편지에서 그는 쉽게 사랑에 빠져 희희낙락했고, 헤어지는 것은 더 쉬웠고, 헤어지고 나서 아무런 고통도 느끼지 못했던[48] 소녀들과 함께했던 시절을 자랑스러워하며 돌아본다.

따라서 그에게는 짧고 긴 사랑 이야기가 많았지만, 아이들과 가족, 그리고 그에 수반되는 모든 것과 함께 매우 정상적인 결혼 생활을 하고 싶은 욕망도 충족되지 않은 채로 남아 있었다. 그는 항상 새로운 표현으로, 그러한 삶만이 진리 안에서 사는 것을 의미한다고 주장했다. 그는 유대인의 전통과 그의 위대한 롤 모델인 플로베르를 언급했는데, 플로베르는 평생 독신으로 지내며 매우 에로틱하고 성적으로도 활발한 삶을 살았지만, 정상적인 결혼 생활을 경외의 눈으로 바라보며 그것을 진정한 삶의 한 형태로 묘사했다.

훗날 카프카는 보낸 적이 없는 「아버지에게 드리는 편지」에서 아버지가 결혼과 가족 형성의 영역을 차지했을 것이라는 이론을 발전시켰으며, 그 때문에 결혼과 가족 형성은 그에게 금기시되었다. 그 결과 그는 자신이 실제로 원했던 종류의 삶을 영위할 수 없었다. 즉 결혼하고, 가정을 만들고, 태어나는 아이들을 받아들이고, 이 불안한 세상에서 기르고, 심지어 어느 정도 이끄는 것은 내 확신에 따르면 한 인간이 해낼 수 있는 최대한이다.[49] 강력한 아버지의 존재가 이 영역을 막아 버렸기 때문에 그는 글쓰기의 세계로 피신해야 했다.

하지만 정말 그럴까? 글쓰기는 단지 대체물이자 임시 해결책에 불과할까? 아니면 글을 쓰려는 의지가 너무 강해서 결혼과 가정생활은 심각하게 고려하지 않은 건 아닐까? 어쨌든 그에게 가정생활의 즐거움은 방관자의 역할에서만 견뎌 낼 수 있는 것이었다.

2장

첫 번째 책: 『관찰』

이중생활

글쓰기와 생계를 위한 직업

사무실에서, 부모의 집에서 살다

아버지와 막스 브로트

유덴툼

독신은 글쓰기의 관점에서 볼 때 필연적인 삶의 방식일 수 있지만, 시민 계급의 기준과 종교적 전통에서 볼 때 불행으로 보이며 죄책감에 짓눌려 있는 것이다.

카프카가 1912년에 출판한 첫 번째 책 『관찰』에 포함시킨 산문 소품 중에는 독신의 암울하게 보이는 삶의 전망을 거의 암호화하지 않고 묘사한 「독신의 불행」도 있다. 독신으로 지내는 것, 노인이 되어 사람들과 저녁을 함께 보내고 싶을 때마다 어렵게 품위를 유지하면서 초대를 구걸하는 것, 몸이 아픈 것, 침대 구석에서 몇 주 동안 텅 빈 방을 바라보는 것, 항상 대문 앞에서 작별하는 것, 한 번도 아내와 나란히 층계를 올라가지 못하는 것, 자기 방에는 다른 사람의 집으로 통하는 옆문만 있는 것, 한 손에 저녁 식사를 들고 집으로 돌아가는 것, 다른 사람의 아이들을 바라볼 수밖에 없는 것과 '나는 자식이 하나도 없군!' 하는 말을 끊임없이 반복해서는 안 되는 것, 청춘 시절의 기억에 남아 있는 독신자 한두 명의 외모와 태도를 모방하는 것은 너무 끔찍한 일 같다.

실제로 오늘과 나중에 몸과 진짜 머리, 그리고 손으로 치기 위해 이마를 달고 거기에 서 있을 것이라는 점을 제외하면, 그렇게 될 것이다.[1]

1912년 6월 카프카가 라이프치히를 방문했을 때 당시 함께 일하던 두 출판인 에른스트 로볼트와 쿠르트 볼프는 『관찰』이라는 단편집을 만들기로 합의했다. 특히 출판업에 정통한 막스 브로트는 친구에게 그렇게 하라고 촉구했고 중요한 중재 역할을 했다.

카프카는 엇갈린 감정을 가지고 있었다. 그는 유명 출판사의 저자로 문학 독자에게 인정받는 것을 즐겼다. 이러한 대중적 인지도는 그에게 상당한 자부심을 안겨 주었다. 그러나 그는 최근 몇 년간 쌓아 온 재고에서 적절한 텍스트를 고르는 데 어려움을 겪었다. 그는 자신의 작품을 매우 엄격하게 판단했다. 한번은 그가 친구에게 이렇게 편지를 쓴 적이 있다. 자네가 정말 나에게 맑은 정신으로 평균 이하의 글을 인쇄하라고 조언하고 싶다면, 그것은 나를 역겹게 할 거네. (…) 그런 글이 인쇄되지 않는 것, 그리고 그보다 더 기분 나쁜 일도 이 저주받은 강요보다는 훨씬 덜 나쁘지 않겠나?[2]

결국 카프카는 이에 동의했지만, 평소처럼 자신의 작품을 폄하하려는 의도가 담긴 발언을 아끼지 않았다. 예를 들어 그는 출판사가 선택한 활자체에 대해 펠리체에게 다음과 같이 논평했다. 활자체가 약간 지나칠 정도로 아름다운 것은 의심할 여지가 없고 나의 하찮은 속임수들보다는 모세의 율법이 적힌 석판에 더 적합했을 것입니다.[3]

이러한 속임수들 중 일부는 「사기꾼의 가면을 벗기다」와 같은 나중의 작품을 암시한다. 이 산문 소품은 유명한 비유인 「법 앞에서」와 한 쌍을 이루는 초기 작품이다. 「법 앞에서」는 시골 남자가 법의 입구로 들어가게 되어 있음에도 문지기에게 막힌다는 내용이다. 「사기꾼의 가면을 벗기다」에서 문지기는 주인공이 초대받은 사회에 들어가지 못하도록 막으려고 한다. 이 이야기에서 그러한 사기꾼들은 매혹적이고 위협적인 분위기로 주인공을 둘러싸고 있지만, 이는 월권일 뿐이며 비타협적인 모습을 가식적으로 보여 주는 것에 불과하다. 그 위협적인 금지령은 깨져야 한다. '알았소!' 하고 말하면서 나는 그(사기꾼)의 어깨를 가볍게 두드렸다. 그러고 나서 서둘러 층계를 올라갔는데 (…) 숨을 내쉬고 몸을 쭉 펴고 홀 안으로 들어갔다.[4] 금지하고 방해하는 권력의 말에 겁먹지 말라고 격려하는 나중의 비유 「법 앞에서」를 예견하는 암시적인 논평이 분명하다. 어쩌면 그들은 사기꾼에 불과할지도 모른다.

    카프카는 단편집 『관찰』에 「어느 투쟁의 기록」의 작업과 맥락이 통하는 초안과 스케치 일부를 담았다. 이미 「어느 투쟁의 기록」에서 중요한 모티프였던 언어 이면의 현실을 쟁취하기 위한 투쟁은 이 텍스트 전체에서 반복되는 주제다. 「집으로 가는 길」이라는 스케치는 다음과 같은 문장으로 시작한다. 뇌우가 지나간 후 대기의 설득력을 보라![5] 말의 무게에 의심이 들 때는 대기의 설득력에 의지한다. 또 다른 텍스트인 「승객」은 이렇게 시작한다. 나는 전차의 승강대 위에 서 있다. 이 세계에서, 이 도시에서, 내 가족 안에서 나의 위치는 완전히 불확실하다.[6] 이러한 불확실성은 내가 세상에서의 위치에 대한 질문을 받았을 때, 제대로 대답할 수 없다는 사실에 근거한다. 단어들이 부족하다. 나는 내가 이 승강대에 서 있다는 것조차 변호할 수 없다.[7] 언어를 매개로 한 정당화에 의존하는 상황에서 변호할 것이 없고, 할 말이 없을 때 재앙은 시작된다.

「거절」은 「어느 투쟁의 기록」과 「시골에서의 결혼 준비」의 모티프를, 즉 한편으로는 언어의 문제와 다른 한편으로는 지연되거나 좌절된 만남을 변주하고 연결한다. 나는 조용히 지나가는 소녀를 만난다. 이제 나는 그들이 어떤 이야기를 나눌 수 있었을지, 언어적으로 얼마나 많은 세상을 번영하게 할 수 있었을지 상상한다. 하지만 결국에는 같은 결론에 도달했을 것이라고, 즉 헤어졌을 것이라고 상상한다. 그래요, 우리 둘 다 옳아요. 그런데 우리가 그런 것을 너무 의식하여 도저히 어찌할 수 없는 처지가 되지 않도록, 그렇잖아요, 차라리 서로 떨어져 제각기 집으로 가는 게 낫겠어요.[8]

이 첫 번째 책 출판은 그의 인생에서 문학적 자존감이 높아진 흔적이 뚜렷한 시기와 일치한다.

1911년 2월 19일, 카프카는 일기에 이렇게 기록했다. 이제 내가 프라하의 정신적 중심지라는 것은 의심의 여지가 없다.[9] 그는 이 구절은 지웠지만, 이에 못지않게 자신감 넘치는 후속 문장은 그대로 남겼다. 내가 무턱대고 한 문장을 쓰면, 예를 들어 '그는 창밖을 내다본다'라고 쓰면 그 문장은 이미 완벽하다.[10] 이해 ― 1911년 ― 에는 글을 쓸 때나 글을 쓸 생각만 할 때도 행복감이 밀려왔다. 어떻게 그가 자신의 능력을 다 발휘하지 못하겠는가! 저녁과 아침에는 나의 문학적 능력을 의식하지 못한다. 나는 내 존재의 바닥까지 이완되었다고 느끼면 내가 원하는 것은 무엇이든 얻을 수 있다.[11]

1911년 3월 28일, 카프카는 루돌프 슈타이너의 강연에 참석했다. 그는 이전에 대화를 요청했고 일기에 몇 가지 메모를 남겼다. 나의 행복과 나의 능력, 그리고 어떤 식으로든 유용하게 쓰일 수 있는 모든 가능성은 항상 문학 분야에 있었습니다. 물론 나는 여기서 내 생각으로는 박사님이 묘사한 투시력이 있는 상태에 근접한 상태를 경험하고 있습니다(자주는 아닙니다). 이 상태에서 나는 어떤 착상이 떠오르든 완전히 그 안에서 살았고, 그 모든 착상을 실현했습니다. 이 상태에서 나는 나의 한계만이 아니라 인간 전체의 한계를 느꼈습니다.[12]

때로는 인간의 한계에서, 때로는 사무실에서 투시력을 발휘하는 것은 견디기 어렵다고 그는 계속해서 말한다. 이 두 직업은 서로를 거의 용납하지 못한다. 슈타이너는 분명히 이 이중적인 존재 — 인간적인 한계에 부닥친 존재와 사무실 안의 존재 — 를 다루는 방법에 대해서는 알지 못했다. 카프카가 정말로 그러한 조언을 기대했는지는 아직 밝혀지지 않았다.

그는 사무실에서 공문서를 받아쓸 때도 오랜 사색 끝에 적절한 표현이 떠오르면, 자기 안의 모든 것이 문학 작업을 위한 준비가 되어 있고 그러한 작업은 하늘의 청산淸算이자 진정한 삶이 될 것[13]이라는 깨달음에 휩싸인다. 그리고 글쓰기가 멈추더라도 그는 자신이 온몸으로 글을 쓰는 작가라는 사실을 의심하지 않는다. 글을 쓰지 않을 때도 자신이 언어와 글쓰기라는 매체로 현실을 경험하고 있다는 것을 알기 때문이다. 그는 항상 긴장한 채 그것을 말로 표현하려고 한다. 오직 글쓰기의 지평에서만 그가 경험하는 것이 그에게 진실이 된다. 글쓰기 자체뿐만 아니라 글쓰기에 대한 기대가 현실과의 관계를 결정하고 그의 경험을 조절한다.

그러나 이것은 위협적인 측면도 있다. 글을 쓰지 않는 작가는 광기에 도전하는 부조리한 존재[14]이기 때문이다. 왜? 카프카가 보기에 작가는 유령으로 가득 찬 현실과 마주하게 되는데, 글을 쓰면서 이들에게서 벗어난다. 작가가 글을 쓰지 않으면, 이 유령들은 작가를 광기에 이를 때까지 공격한다. 이것은 모든 작가에게 적용되는 것은 아니지만, 그에게는 적용된다.

카프카는 글을 써야 했지만, 직업적 의미에서 작가가 되기를 원하지는 않았다. 약혼 당시 펠리체의 아버지에게 보낸 편지에서 카프카는 문학이 자신의 유일한 소망이자 유일한 직업이라고 말하지만, 오해를 피하기 위해 자신에게는 문학으로 생계를 유지할 힘이 없다[15]고 강조한다. 그는 문학을 위해 살기를 원하지만 문학으로 먹고살기를 원하지는 않는다. 그래서 그는 글쓰기에 부족한 시간을 낭비하더라도 "노동자 산재 보험 공사"에서의 직책에 계속 의존한다. 이것이 그가 끔찍한 이중생활에 대해 자주 불평하는 이유이며, 아마도 탈출구는 광기뿐일 것이다.[16]

하지만 때때로 그는 모든 것을 매우 다르게 본다. 그런 다음 그는 글쓰기에 모든 시간[17]을 할애할 수 없다는 것이 얼마나 안도감을 주는지 인정한다. 아마도 그의 직업적 업무가 모든 것을 집어삼키며 자기 안으로 끌어넣는 글쓰기의 힘으로부터 그를 보호해 주고, 어쩌면 광기로부터 그를 구해 준 것은 바로 사무실일지도 모른다.

카프카의 직업 활동은 1906년 여름부터 시작되었다. 여름에 구술시험을 치른 후, 그는 우선 법원과 법률 사무소에서 1년간 실무 교육을 마친 다음 국제 보험 회사인 "아시쿠라치오니 제네랄리"에서 1년간 일하면서 나중에 남아메리카로 파견되기를 희망했다. 발톱을 가지고 있는 이 섬뜩한 프라하를 탈출해 멀리 나가는 것이 그의 꿈이었다! 하지만 아무 일도 일어나지 않았다. 아시쿠라치오니는 6일 동안 오후 6시까지 근무하며 종종 그 이후에도 근무해야 하는 엄격한 근무 체제를 가지고 있었다. 그래서 지금은 글쓰기를 하지 않고 지내야 하는 것이 불행 전체[18]가 된 그에게는 글쓰기를 할 시간도, 힘도 남아 있지 않았다. 주로 막스 브로트와 함께 나이트클럽과 카바레를 방문하는 것만으로 충분했다. 항상 죄책감에 시달렸던 그는 자신을 거의 타락한 존재처럼 느꼈다.

노동자 산재 보험 공사에서 일할 수 있는 기회가 열렸을 때, 그는 사무실에 일상적으로 만연한 모욕을 견디기 힘들다는 이유로 아시쿠라치오니에서 사임했다.

1908년 7월 10일, 카프카는 반국영 기업인 노동자 산재 보험 공사에 자리를 잡았고 이제 관리의 신분으로 생활할 수 있게 되었다. 그의 과거 동급생이자 친구이며, 아버지가 노동자 산재 보험 공사의 사장이었던 펠릭스 프리브람의 추천은 확실히 큰 도움이 되었다. 카프카가 이곳에 지원한 이유는 오전 8시부터 오후 2시까지의 근무 시간이 괜찮았기 때문이다. 그는 노동자 산재 보험 공사가 자신에게 글쓰는 데 필요한 시간을 충분히 허용해 주기를 바랐다. 그는 글쓰기를 위해 하루 일과를 조정했다. 아침에는 사무실, 점심 식사 후 낮잠. 그런 다음 산책하고, 방문하고, 저녁에는 늦은 밤까지, 때로는 이른 아침까지 글을 썼다. 그는 직장에서 종종 지나치게 피곤한 것처럼 보였지만, 빠르게 경력을 쌓았다. 임시직 관리였던 그는 산업 재해가 발생한 기업의 이의 신청과 요구를 처리해야 하는 부서에서 매우 짧은 시간 안에 수석 서기관이라는 고위직으로 승진했다. 이후 카프카는 산업 재해 방지의 개선을 전문으로 했다. 그는 관련 회의에 파견되어 중요한 답변서를 작성하는 일을 맡았다. 어떠한 경우에도 그를 놓치고 싶지 않았기 때문에 그의 급여 인상 요청은 거의 항상 받아들여졌고, 1917년 말 결핵이 발병하기 전에도 그가 요구한 모든 휴가가 승인되었다. 중병에 걸렸을 때는 모든 면에서 도움을 받았다. 업무 수행 능력은 점점 떨어졌지만, 그사이에 상당히 오른 급여는 계속 지급되었다. 그는 다방면에 걸쳐 인기가 많았고, 전문적인 능력으로 상관들로부터 높은 평가를 받았다. 그의 답변서는 문체의 탁월함 때문에 경탄의 대상이 되었다. 친절하고, 겸손하며, 감수성이 뛰어나고, 매우 마르고, 소년처럼 보이는 이 남자는 동료들 사이에서 화젯거리가 되었다. 카프카가 1910년 4월 27일 "공문서 작성자"로 임명되는 성대한 축하 모임에서 웃음을 멈추지 않는 장면은 오랫동안 사람들의 기억 속에 남았다. 브로트는 그의 일기에서 다음과 같이 언급했다. "나에게 온 카프카는 절망에 빠져서, 임명에 대하여 감사의 뜻을 표할 때 사장을 노골적으로 비웃었다 — 우리는 서로를 위로했다." 2년 후 펠리체가 그에게 비웃어도 되느냐고 물었을 때 그는 '하지만 어떻게!'라고 대답한 후 이 불길한 사건을 자세히 설명했다. 물론 웃는 동안 두려움에 무릎이 떨렸습니다. (…) 오른손으로 가슴을 치면서, 때로는 (속죄의 날을 기념하여) 내 죄를 자각하고 때로는 가슴에서 한껏 절제된 웃음을 몰아내기 위해 나는 내 웃음에 대해 갖가지 변명을 했습니다. 변명은 매우 설득력이 있었지만, 계속해서 터져 나오는 웃음 때문에 완전히 이해되지 않았습니다. 이제 물론 사장조차 혼란스러워했고 (…) 내 울부짖음에 일종의 인간적인 설명을 제공하는 어떤 판에 박힌 말을 발견했습니다. (…) 그런 다음 그는 서둘러 우리를 내보냈습니다. 패배하지 않고 큰 웃음을 지었지만 아주 불행한 나는 가장 먼저 홀에서 비틀거리며 나왔습니다.[19]

앞서 언급했듯이 카프카는 산재 예방 대책을 개발하고 통제하는 책임 있는 임무를 맡았고, 곧 이 분야에서 기술적 전문 지식을 포함하여 상당한 전문 역량을 갖추게 되었다. 그는 기업가들의 끔찍한 보험료 착복[20]에 심각한 우려를 표명했다. 보험 공사는 전문가로서 그를 기꺼이 시찰 여행에 파견했다. 1911년 겨울, 그는 같은 이름의 성이 돌출해 있는 보헤미아의 프리틀란트라는 마을에 우연히 가게 되었다. 그곳에서 그는 눈 속에 깊이 빠졌다. 몇 년 후 그는 측량사 K를 성 기슭의 눈 덮인 마을에 도착하게 했을 때 이 사실을 기억했을 것이다. 마르슈너 국장은 젊은 관리에게 매우 호의적이었고 그를 격려하려고 노력했다. 카프카는 그를 높이 평가했지만, 마르슈너가 자신의 글쓰기를 눈치채지 못하자 조금 실망했다.

처음에 업무 일지에 적힌 내용들은 여전히 매우 우호적이다. 하지만 점차 우울해지고, 특히 그가 창조적 발작을 경험하고 밤낮으로 쉬지 않고 글을 쓰고 싶었을 때 절망에 이르게 된다. 하지만 그는 감히 이 일을 포기하지 않는다. 그는 글쓰기나 부모에게 재정적으로 의존하지 않기 위해 일이 필요하다.

카프카가 당시 꽤 많은 돈을 벌고 있었음에도 집을 떠나려는 노력을 하지 않았다는 사실이 놀랍다. 그는 이를 자책하며 탈출을 꿈꾼다. 그는 「갑작스러운 산책」이라는 작품을 『관찰』에 수록한다. 당신이 저녁에 집에 머물기로 결정한 것으로 보일 때, 집에서 입는 옷으로 갈아입고 저녁 식사 후 책상에 불을 켜놓고 앉아 있을 때 (…) 집에 머무르는 것이 당연한 것처럼 생각될 만큼 바깥 날씨가 좋지 않을 때 (…) 층계도 이미 어두워졌고 대문조차 잠겨 있는데 이 모든 것에도 불구하고 갑작스레 불쾌함을 느끼며 벌떡 일어나 상의를 갈아입고 즉각 외출복 차림으로 나가지 않으면 안 되겠다고 설명하고는 짧은 작별 인사를 하고 나서 외출할 때 (…) 예상치 못한 자유에 대한 보답으로 팔다리를 더욱 자유롭게 휘두르며 골목에 있는 자신을 발견할 때, 이 결정적인 행동의 결과로 결정적인 행동의 모든 잠재력이 자신 안에 집중되어 있다고 느낄 때, 가장 빠른 변화를 쉽게 성취하고 대처해야 할 필요보다 오히려 그렇게 할 수 있는 힘이 자신에게 있다는 사실을 평소보다 더 중요하게 인식할 때, 그리고 이런 마음으로 긴 골목길을 걸어갈 때 ─ 이날 저녁 당신은 가족으로부터 완전히 벗어나게 되고, 가족은 실체가 없는 것으로 변하고, 반면에 당신은 아주 확고부동하게, 시커먼 윤곽을 점차 드러낸 채, 뒤쪽 허벅지를 치면서, 자신의 진정한 모습으로 고양되는 것이다.[21]

그는 때로 부모 집의 통로가 있는 방에서 잠을 자고 글을 쓰기도 했다. 한편에는 거실과 식당이 있었는데, 그곳에서 아버지의 요란한 목소리가 크게 들려왔다. 특히 저녁에 카드놀이를 할 때가 시끄러웠다. 건너편에는 부모의 침실이 있었다. 물론 카프카는 이 문간방에서 다른 사람들이 모두 잠든 시간에만 평화를 찾았다. 그러나 소음에 극도로 민감한 사람은 그런 상황을 견디기 어려웠다. 그는 1912년 『헤르더블래터』 10월 호에 「큰 소음」이라는 제목으로 짧은 글을 썼다. 나는 집 안 전체의 소음이 한데 모이는 내 방에 앉아 있다. 모든 문이 쾅 닫히는 소리가 들린다. 그 소음 때문에 문 사이를 질주하는 사람들의 발소리만 들리지 않을 뿐이지, 주방의 화덕 문이 닫히는 소리는 들린다. 아버지는 내 방문을 부술 듯이 열어젖히고 가운을 질질 끌며 방을 가로질러 가더니 옆방 난로에서 재를 긁어내고 있다. 발리는 현관 응접실에서 단어를 하나하나 외치며 아버지 모자를 손질해 놓았는지를 묻고 있는데 (…) 아버지는 집에서 나가셨다. 이제 더 부드럽고 더 산만하고 더 절망적인 소음이 두 카나리아의 새소리에 뒤이어 들려오기 시작한다. 이미 예전에 나는 그런 생각을 한 적이 있었는데, 카나리아를 보면 문을 작은 틈새라도 생기게 열어 두어야 하지 않을지, 뱀처럼 옆방으로 기어 들어가서 바닥에 엎드린 채 여동생들과 그녀의 딸들에

게 조용히 해달라고 부탁해야 하지 않을지 다시금 생각하게 된다.[22]

결국 가장 많은 소음을 일으키는 아버지가 아니라 여동생들에게 조용히 해달라고 요청하는 것이 고려된다. 아버지의 권위 문제가 다시 불거질 수 있다.

아버지인 헤르만 카프카는 보헤미아의 가난한 환경에서 유대인 도축업자의 아들로 자랐으며, 1870년대에 프라하로 건너와 경제적으로 부유한 랍비 가문 출신인 율리 뢰비와 결혼했다. 율리는 상당한 수준의 교육을 받았고, 예술에 대한 이해력이 있었으며, 유대교적 경건함을 키웠다. 아버지에게 종교는 가족의 결속을 촉진하는 한에서만 중요한 역할을 했다. 그 외의 사업 문제에서 그는 다소 의심이 많고 냉정하게 계산하는 편이었다. 그의 특징적인 면은 삶의 투쟁과 사회적 상승에서 성공을 기대했던 강력한 현실주의였다. 그는 성공했다. 실, 목화, 직물류 무역이 번창하여 알트슈테터 링*의 눈에 잘 띄는 곳에 장신구 가게를 차릴 수 있었다. 그는 아들이 계속해서 사회적으로 출세하기를 기대했고, 아들의 문학적 열정을 전혀 이해하지 못했다. 그에게 문학적 열정은 집중을 방해하는 장난이자 처세술[23] 부족의 징후였다.

프란츠 카프카는 이런 비난을 감수해야 했다. 그는 아버지보다 나약하고 열등하다고 느꼈지만, 자신에게 가장 중요한 글쓰기를 향한 열정은 포기하지 않았다. 글쓰기는 그에게 가장 신성한 것이었다. 그 누구도, 심지어 그의 아버지조차도 건드릴 수 없었다. 신은 내가 글을

---

*   구시가지 광장.

쓰는 것을 원하지 않는다. 하지만 나는 글을 써야만 한다.[24] 그는 친구 폴라크에게 이렇게 썼고, 나중에 「아버지에게 드리는 편지」에 이렇게 썼다. 그럼에도 글을 쓰는 일은 저의 의무입니다. 아니, 그 일(문학적 시도)을 지키고, 제가 막아 낼 수 있는 어떠한 위험도, 나아가 그런 위험의 기미조차 그 일에 접근하지 못하도록 하는 것에 제 인생의 성패가 걸려 있다고 할 수 있지요.[25]

카프카는 아직 보내지 않은 장문의 「아버지에게 드리는 편지」에서 글쓰기가 아버지의 권력 요구에 대한 반작용인 것처럼 표현한다. 그러나 자신의 글을 자신 있게 변호하는 모습을 보면, 카프카의 문학적 열정이 단순히 아버지에 대한 도전적인 반응 그 이상이었음을 알 수 있다. 카프카에게 글쓰기는 망명일 뿐만 아니라 약속의 땅이기도 하다. 글쓰기는 퇴각 공간을 열어 줄 뿐만 아니라 뛰어난 정신으로 활력을 얻기도 한다. 그는 때때로 자신이 아버지보다 우월하다고 느끼기도 하는데, 이는 자기 자신에게 품고 있던 보편적이고 큰 희망 때문[26]이다.

가족은 그에게 아무런 영감을 주지 못했다. 부모는 낮에는 사업에 묶여 있었고, 저녁에는 함께 식사한 후 종종 카드놀이를 했지만, 카프카는 카드놀이로부터 멀리 떨어져 있었다. 그는 가족의 의무에 거부감을 느꼈음에도 거기에서 벗어날 수 없었다. 아버지가 사위의 작은 석면 공장 설립을 도왔을 때, 카프카는 1912년에 조용한 파트너로 끌려 들어가 사업을 돌보아야 했다. 카프카는 빠듯한 집필 시간이 더욱 줄어드는 것을 보고 최선을 다해 이를 거부했다. 막스 브로트가 중재에 나서, 카프카가 공장과 관련된 부담을 덜 수 있도록 도와주었다. 하지만 카프카는 죄책감 때문에 한동안 아버지의 눈을 똑바로 쳐다볼 수 없었다.

막스 브로트는 이제 그가 가장 신뢰하는 친구가 되었다. 두 사람은 1902년 10월 독일계 유대인 학생들을 위한 교육 기관인 "독서와 강연 홀"에서 처음 만났다. 카프카보다 한 살 아래인 막스 브로트는 갓 졸업한 18세 학생으로서 쇼펜하우어에 대한 연설을 했고, 자신이 "사기꾼"이라고 불렀던 니체와 카프카를 반목하게 했다. 청중석에 있던 카프카는 자신이 가장 좋아하는 철학자를 폄하하는 것을 그냥 두고 볼 수 없었다. 집으로 돌아오는 길에 그는 막스 브로트를 대화에 끌어들였고, 두 사람은 밤 시간의 절반을 프라하 거리를 걸으며 니체와 쇼펜하우어에 대해 열정적이면서도 정중하게 논쟁했지만 합의에 도달하지 못했다. 대화가 다른 좋아하는 작가로 넘어갔을 때도 마찬가지였다. 브로트는 마이링크*와 같은 환상적이고 유령 같은 문학을 선호했다. 그는 카프카는 그런 것들이 "너무 억지스럽고 지나치게 볼썽사납다"고 생각했다. 그는 오히려 "조용히 말하는 자연의 목소리"를 선호했다. 이 첫 만남 이후 두 사람의 관계가 평생의 우정으로 발전하기까지는 몇 년이 더 걸렸다. 부유하고 교양 있는 유대인 가정 출신인 브로트 역시 법학을 전공했으며, 카프카처럼 이미 학창 시절부터 문

---

* Gustav Meyrink(1968~1932). 오스트리아 출신의 작가. 환상적이고 초자연적인 소설을 주로 썼으며, 대표작으로 『골렘』이 있다.

학 작품을 쓰기 시작했다. 활동적이고 사회적으로도 노련한 브로트는 일찍이 자신의 글을 출판할 수 있었다. 두 사람이 친구가 되었을 때인 1908년 브로트는 이미 프라하와 그 너머에서 유명한 작가였다. 브로트는 아주 일찍이 카프카의 천재성을 알아보고 그가 결정적 역할을 했던 첫 번째 출판물부터 친구의 작품에 힘을 실어 주었다. 때때로 내성적인 카프카가 감당하기에는 너무 부담이 되기도 했다. 하지만 카프카는 이 친구의 진가를 알고 있었기에 그에게 감사한 마음을 잃지 않았고 충실했다. 따라서 이들의 우정이 "카프카의 삶에서 가장 작은 수수께끼 중 하나가 되어서는 안 된다"[27]라는 발터 베냐민의 발언은 미숙한 사람으로 격하된 브로트와 관련해서는 상당히 악의적인 말이다.

나중에 매우 종교적인 사람으로 발전한 막스 브로트가 친구의 작품을 종교적으로 해석한 것은 분명하다. 그러나 편집자로서 그는 이런 의미에서 친구의 작품을 변조하지 않았지만, 카프카의 작품 대부분은 오직 브로트 덕분에 폐기되지 않았지만, 이때 물론 브로트는 친구의 유언에 따른 처분에 어긋나는 행동을 했다.

고독에 대해 자주 불평했던 카프카는 막스 브로트와 앞서 언급한 오스카 폴라크, 후고 베르크만 외에도 오스카 바움, 프란츠 베르펠, 에발트 프리브람과 수많은, 심지어 깊은 우정을 쌓아 갔다. 그는 독일 민족의 환경 및 체코 환경과 긴장 관계에 있던 유대계 독일인 환경의 문학을 사랑하는 젊은이들 사이에서 지지와 이해를 얻었다. 당시를 회고하면서 프란츠 베르펠은 그들 사이에 퍼져 있던 이러한 경향을 다음과 같이 해석했다. "우리의 모든 유덴툼*은 우리에게 잠재적 위험이 되는 생각을 감추는 것을 본질적 특징으로 하는 그러한 아리아인들을 대할 때보다 정신적으로나 사회적으로 비슷한 유형의 유대인들과 교제할 때 더 편안하고 안정감을 느꼈다는 사실에 있다."[28]

이러한 위험은 실제로 어디에나 존재했다. 카프카는 청소년 시절인 1897년에 체코 민족주의 성향의 폭도들이 며칠 동안 유대인 거주 지역을 약탈하고 불태운 이른바 "12월의 폭풍"을 경험했다. 이런 폭도들은 언제나 있었고, 매일 거리에서 체코인과 독일인 모두 폭동에 대비해야 했다. 체코인과 독일인은 종종 서로 대립했지만, 유대인과 싸울 때는 대개 공통의 명분을 만들었다. 그들은 끼리끼리 지내는 것을 선호했고, 옛 프라하에는 이를 위한 장소와 시설이 충분히 있었다.

카프카는 동화된 유덴툼 환경에서 자랐다. 아버지는 종교적 성년을 축하하는 바르미츠바 대신 아들의 "견진 성사"를 위해 친척과 지인들을 회당에 초대했다. 유대 종교가 없이 이렇게 유대적인 것을 각인한 결과는 훗날 그에게 대지, 공기, 계율의 결핍으로 드러난다. 그는 날아가 버리는 유대교 사제복의 끝자락[29]을 잡지도 못했다. 1919년 「아버지에게 드리는 편지」에서 카프카는 가족과 아버지의 행동에서

---

* 유대인 전체를 일컫는 말이기도 하고, 때로는 그들의 종교를, 때로는 그와 관련된 제반 문제를 총칭하여 일컫는 용어다.

일어난 전통의 단절을 묘사한다. 아버지는 게토와 같은 마을 공동체에서 유대교의 성스러운 명절에 회당에 가는 의무를 지키는 것 외에는 도시와 군대에서 사라진 유덴툼을 가져왔다. 처음에 카프카는 아버지의 유덴툼을 단순한 위선, 즉 환경에 대한 사회적 적응이라고 생각했다. 나중에 그는 아버지의 경건함이 사실은 감상적인 애착에서 비롯된 것임을 깨달았다. 그러나 카프카는 자신과 같은 청소년이 아버지가 유덴툼이라는 이름하에 건성으로 행하셨던 몇 가지 무가치해 보이는 일들에도 더 깊은 뜻이 들어 있을 수 있다는 것[30]을 이해할 수 없었다고 썼다.

더 깊은 뜻에 대한 추구는 아버지의 저항에 부딪혔다. 종교는 동화와 양립할 수 있는 공허한 삶의 습관에 지나지 않았다. 그 이상의 것은 방해가 되었다. 그것은 잃어버렸거나 심지어 포기한 것을 떠올리게 했을 것이다. 1911년 말 동유럽 유대인 극단을 만난 후 카프카는 유대인의 역사와 종교를 집중적으로 공부하기 시작했고, 아버지는 관련 서적들이 널브러져 있는 것을 보고 역겨워했다.[31] 아버지는 분명히 유대적인 것에 더 깊이 끌려가기를 원하지 않았다. 카프카가 동유럽 유대인 극단의 이차크 뢰비를 소개했을 때도 아버지는 혐오감을 드러냈다. 아버지는 그런 사람들이 집에 있는 것을 원하지 않았고, 그를 보고 개들과 잠을 자는 사람은 빈대들과 함께 일어나는 법[32]이라고 말했다.

그러나 카프카는 동유럽 유대인 집단에 강한 매력을 느꼈다. 처음에는 동화된 유대인을 포함하여 다른 사람들이 거리를 두는 사람들에 대한 동정적인 호기심이었을 것이다. 동화된 유대인들은 가난하고 심지어 부랑자라는 이유로 그들을 외면했다. 그럼에도 그들은 자부심이 있고 자신감이 넘쳤다. 그들은 말다툼과 질투가 있지만 여전히 결속하는 공동체를 형성했다. 카프카는 그들에게서 타락하지 않은 무언가를 느꼈다고 생각했다. 그들은 카프카가 이상적으로 여겼던 대지, 공기, 계율이라는 공통점을 가지고 있었다. 그들은 함께 속해 있었을 뿐만 아니라 성서적 전통의 일부로서 공통의 역사를 구현했으며, 그러한 공통의 역사를 장엄함과 잡동사니를 혼합하여 그들의 연극에서 생생하게 표현했다.

처음에 카프카는 통속적으로 보였던 이 세계에 내면적으로 저항했다. 그러나 그는 이디시어의 기이하면서도 매력적인 세계에 점점 더 매료되었다. 청중이 노래를 따라 부를 때 카프카도 따라 불렀다. 그는 소속감을 즐겼다. 여러 노래를 따라 부르면서 (…) 기독교인에 대한 어떤 갈망이나 호기심도 없이 유대인이라는 이유만으로 청중인 우리를 끌어들이는 무대에 선 이 여인의 여러 모습을 보면서 전율이 내 뺨 위로 흘러내렸다.[33]

그는 자신을 전혀 고집하지 않고, 가식적으로 행동하고, 기분 내키는 대로 살아가고, 웃고 울고, 부드럽고 거칠고, 저속하고 섬세하며, 이 모든 것을 연속적으로 또는 동시에, 숭고함과 코믹함을 섞어 가며 열심히, 하지만 어렵지 않게, 종교 생활을 하는 이 사람들에게 매료되었다. 카프카는 이런 것을 경험한 적이 없었다. 처음 몇 작품에서 나는 나 자신의 시작이 자리하고 있고 시작이 나를 향해 발전하는, 그래서 어설픈 유덴툼에 갇혀 있는 나를 깨우치고 앞으로도 나를 더욱 발전시켜 주는 그런 유덴툼을 만났다고 생각할 수 있었다.³⁴ 그는 그때 자신이 이상화하고 있는 것과 이 모든 것이 자신에게 얼마나 낯선지 직접 관찰한다. 조금 전까지만 해도 매우 가깝게 느껴졌던 이 사람들이 들으면 들을수록 갑자기 내게서 멀어지고 있다.³⁵ 그는 일기에 작품의 줄거리를 요약하고 공연이 어떻게 진행되는지 정확히 묘사하며 무엇이 자신을 사로잡는지 이해하고 싶어 하지만 제대로 된 단서를 찾지 못한다. 냉정하게, 그리고 감정 없이 바라보면 어떤 것들은 오히려 통속적이고 보잘것없어 보인다. 그는 여배우 중 한 명인 마니아 치시크와 잠시 사랑에 빠진다. 그는 이차크 뢰비의 인생 이야기에 깊은 감명을 받는다. 독실한 아버지의 아들이자 독학으로 배우가 된 그는 굶주리고 구걸하며 『탈무드』를 공부했고, 파리에서 공장 노동자로 일했으며, 베를린과 빈, 취리히에서 순회 극단의 배우로 공연했다. 책에서만 볼 수 있는 그의 삶. 뢰비가 그의 이야기를 들려줄 때, 카프카는 자신이 아직 살아 있지 않은 것 같은 느낌을 받는다.

 우정이 발전한다. 2년 후 다시 한번 곤경에 처한 뢰비는 카프카에게 편지를 보낸다. "당신은 내게 잘해 준 유일한 사람이었습니다. (…) 내 영혼에 말을 걸어 준 유일한 사람, 나를 반쯤 이해해 준 유일한 사람이었습니다. 그런데 안타깝게도 당신을 잃어야만 했어요. (…) 내가 미쳤다고 생각하지 말아 주십시오. 난 죽음처럼 차갑습니다."³⁶

 막스 브로트는 광활한 러시아에서 길을 잃고³⁷ 비참한 삶을 이어 가던 게오르크 벤데만의 친구가 『판결』에서 뢰비의 특성을 지니고 있으며, 뢰비를 충분히 지원하지 못했다는 카프카의 죄책감도 이야기에 녹아들어 있을 것이라고 확신했다.

　1912년 2월 18일, 동유럽 유대인 극단이 떠나기 직전 카프카는 유대인 시청 연회장에서 뢰비와 함께 낭독회를 열었다. 카프카는 자신이 "은어"라고 부르는 이디시어에 대한 짧은 강연으로 행사를 시작했다. 그는 동화된 유대인이 동유럽 유대인을 거부하는 것을 화제의 실마리로 삼고 단순한 이해 부족을 가장한 은어에 대한 두려움[38]을 이야기한다. 카프카는 이제 사람들이 실제로 은어를 잘 이해하고 있다는 사실을 인정하고 싶지 않다는 것을, 그리고 은어를 멀리하고 싶어 한다는 것을 분명히 하려고 노력한다. 하지만 은어를 이해하고 싶지 않은 사람은 자신도 이해하지 못하는 것이다. 여러분의 마음속에 지식 이외에도 힘이 작용하고 여러분이 느낄 수 있는 힘의 결합이 일어나고 있다는 것을 염두에 둔다면, 여러분은 이미 은어에 매우 가까이 접근해 있는 것입니다. (…) 그러나 일단 은어가 여러분의 마음을 사로잡으면 ― 은어는 모든 것이요, 말이자 하시디즘*적인 멜로디고 이 동유럽 유대인 배우의 본질입니다 ― 그때 여러분은 예전의 평온을 더 이상 인식하지 못할 것입니다. 그렇게 되면 여러분은 은어의 참다운 통일성을 느끼게 될 것입니다. 그것도 너무 강하게 느껴 두려움을 느끼게 될 것입니다. 그러나 은어가 무서워지는 것이 아니라 여러분 자신이 무서워지는 것입니다. 만약 이러한 공포에 저항하고 보다 강력한, 여러분에 대한 자신감이 솟아나지 않는다면, 여러분은 이 공포

---

*　　신비주의적 경향의 유대인 신앙 부흥 운동.

를 혼자서 견뎌 낼 수 없을 것입니다.³⁹

그날 저녁 관객들이 실제로 그런 경험을 했는지는 의문이다. 카프카 자신은 그랬고, 은어는 그를 자신과 더 가까워지게 만들었다.

이 시기에 그는 시온주의에도 관심을 갖기 시작했다. 그는 마침내 디아스포라의 고통과 그의 관점에서 굴욕적이고 대부분 헛된 동화의 시도를 종식시키기 위해 자신의 영토에 모든 곳의 유대인을 모으고 싶어 했던 테오도어 헤르츨의 생각에 관심을 갖게 되었다. 처음에는 우간다가 정착 가능성이 있는 지역으로 거론되었지만, 그다음으로는 팔레스타인이 거론되었다. 대학살이 반복적으로 자행되던 동유럽에서 온 난민들이 이미 그곳으로 향하고 있었기 때문이다.

시온주의는 프라하 유대인 사회에서 상당한 호응을 얻었는데, 새로운 국가-민족적 현실이 만들어질 것이라는 기대보다는 유덴툼의 종교적 르네상스에 대한 열망이 더 큰 역할을 했다. 이것은 일종의 하시디즘적 시온주의를 주창한 젊은 마르틴 부버가 떠들썩하게 프라하에 등장한 것과도 관련이 있을 것이다. 카프카는 나중에 브로트에게 보낸 편지에서 하시디즘 이야기는 즉각적이고 언제나 편안하게 느끼는 유일한 유대적인 것이었고, 다른 모든 것은 단지 떠돌게 하는 것⁴⁰이었다고 썼다.

막스 브로트는 시온주의에 열정적으로 불이 붙어서 처음에는 망설이며 회의적인 태도를 유지하던 친구를 끌어들이려고 했다. 카프카도 동유럽 유대인 극단을 만난 후 시온주의의 새로운 세계에 눈을 떴지만 브로트처럼 확고한 활동가가 되지는 못했다.

2장

그래서 1912년 8월 13일 저녁, 브로트의 아파트에서 펠리체 바우어와 처음 만났을 때 이미 팔레스타인으로 함께 여행하자는 이야기가 나왔다. 카프카와 펠리체는 이 첫날 저녁에 시온주의에 대한 공통된, 당분간 여전히 거리를 두는 관심을 나누며 더욱 가까워졌다.

3장

펠리체 바우어와의 첫 만남

창조적인 돌파

자신에게 놀라다: 『판결』

글쓰기의 진실

1912년 여름, 6월 28일부터 7월 6일까지 카프카는 막스 브로트와 함께 라이프치히를 거쳐 바이마르로 휴가 여행을 떠났다. 라이프치히에서 『관찰』의 출판을 약속한 두 사람은 다소 활기차게 바이마르로 떠났고, 그곳에서 카프카는 괴테 하우스 관리인의 딸과 잠깐 사랑에 빠졌다. 그는 나중에 하르츠 산지의 융보른 요양원에서 마르가레테 키르히너에게 편지를 썼고, 그녀는 그림엽서로 충실하게 답장을 보냈다. 카프카는 친구에게 거의 의기양양하게 이렇게 말한다. 그런데 왜 그녀는 내가 원하는 방식으로 글을 쓰는 걸까? 만약 우리가 글쓰기로 소녀를 속박할 수 있다는 것이 사실이라면?[1]
　마르가레테 키르히너와의 이야기는 곧 끝났다. 더 긴 이야기를 위해 글쓰기로 한 여성을 속박하는 것은 한 달 후 펠리체 바우어에게서 성공했다.
　카프카는 1912년 8월 13일에 브로트 가문의 먼 친척인 25세 미혼의 그녀를 브로트의 집에서 만났다. 구술용 녹음기 회사에서 속기

사로 일하던 펠리체는 베를린에서 방문차 온 것이었다.

이틀 후 일기의 첫 번째 메모는 이렇다. 자주 — 그 이름을 쓰려는데 왜 이렇게 당황스러울까 — 펠리체 바우어를 생각했다.[2] 일주일 후 더 자세한 메모는 이렇다. 펠리체 바우어 양. 내가 8월 13일에 브로트에게 갔을 때 그녀는 식탁에 앉아 있었는데, 그 모습이 하녀처럼 보였다. 나는 그녀가 누구인지 알려고 하지 않고 즉시 그 모습에 적응했다. 광대뼈가 나오고 공허한 얼굴, 이 얼굴은 자신의 공허함을 있는 그대로 드러내고 있었다. 아무것도 걸치지 않은 목. 대충 걸쳐 입은 블라우스, 완전히 집에서 입는 옷 같았지만 (…) 거의 찌부러진 코. 금발이지만 다소 뻣뻣하고 윤기 없는 머리칼, 강한 턱. 나는 자리에 앉으면서 처음으로 그녀를 비교적 자세히 관찰했고, 자리에 앉아 있는 동안에는 이미 확고한 판결을 내리고 있었다.[3]

이 첫 만남이 있은 지 4주 후, 카프카는 이 공허한 얼굴을 자신의 글로 은폐하기 시작한다. 여성을 글로 속박하는 프로젝트가 시작된다.

이미 언급했듯이, 이듬해 팔레스타인으로 함께 떠나는 여행이 출발점이다. 그들은 시온주의에 대한 호의적인 의견을 교환했고 악수로 여행 계획을 확정했다. 그는 지금 자판을 두드리고 있는 이 손 — 이 첫 번째 편지는 타자기로 쓰였다 — 으로 합의를 확인하기 위해 그녀의 손을 잡았다고 쓴다. 이 문제는 잘 준비되어야 한다. 그가 여행의 동반자로 적합한지, 우려할 만큼 여행의 거추장스러운 짐[4]이나 여행의 폭군은 아닌지 확인해야 했다. 그래서 그들은 편지를 통해 서로를 조금 더 알아 가기로 한다. 이것은 긴 이야기의 시작이며, 카프카가 이

전에 경험하지 못했던 창조적인 돌파의 순간이다.

　펠리체에게 첫 번째 편지를 보낸 1912년 9월 20일로부터 이틀 후, 그는 하룻밤 사이에 자신이 『판결』이라는 제목을 붙인 유명한 소설을 썼다. 다음 날 그는 일기에 메모를 남겼다. 나는 이 『판결』이라는 이야기를 9월 22일에서 23일로 넘어가는 밤사이 저녁 10시부터 다음 날 아침 6시까지 단숨에 썼다. 앉아 있느라 뻐근해진 다리를 책상 밑에서 겨우 빼낼 수 있었다. 끔찍하게 힘들기도 했지만 기쁨도 있었다. 이 이야기는 마치 내가 물속에서 앞으로 나아가듯이 발전되어 나갔기 때문이다. 그날 밤 나는 여러 번 나의 무게를 등에 지고 있었다. 어떻게 그 모든 것을 과감히 말할 수 있을 것인가. 어떻게 그 모든 것, 그 모든 환상적인 착상들을 위한 거대한 불꽃이 마련될 것이며, 그 불꽃 속에서 그것들이 사라진 후 다시 살아남게 될 것인가. 창밖으로 하늘이 푸르게 변해 가던 광경. 두 남자가 다리를 건너갔다. 새벽 2시에 나는 마지막으로 시계를 봤다. 하녀가 처음으로 앞방을 지나갈 때, 나는 마지막 문장을 써 내려갔다. 램프가 꺼지고 날이 밝아 왔다. 가벼운 가슴의 통증. 한밤중에 사라진 피로. 여동생들의 방으로 떨면서 들어서던 것. 낭독. 그 전에 하녀 앞에서 기지개를 켜고 이렇게 말했다. '나는 지금까지 글을 썼다.' 손도 대지 않은 침대의 모습은, 마치 이제야 방 안에 들여온 듯하다. 소설을 쓰면서 내가 글쓰기의 수치스러운 골짜기에 머물러 있다는 확신이 입증되었다. 오직 이런 식으로만, 오직 이러한 맥락에서만, 육체와 영혼이 이렇게 완전히 열린 상태에서만 글을 쓸 수 있다.[5]

창조적 순간을 정확히 설명하지는 않는다. 신체의 완전한 망각. 자신도 모르게 다리가 뻣뻣해졌다. 글쓰기는 만드는 것이 아니라 일어나는 것이다. 마치 내면의 필요성에 따라 이야기가 스스로 길을 닦은 것 같다. 이야기가 내 앞에 펼쳐졌다. 큰불이 났다. 하루의 찌꺼기, 정상적인 의식은 타버리고 불 속에 보존되어 있다가 처음으로 노출된 것이 실제 모습이다. 이 모든 과정은 내부에서 진행되지만, 외부에서 그 과정을 보는 것도, 다른 사람들이 그 과정을 관찰하는 것도 즐거움이다. 그것이 방으로 들어오는 하녀 앞에서 자랑스럽게 기지개를 펴고 큰 소리로 낭독하는 이유다. 그리고 성공의 정점에서 이전의 글쓰기에 대한 무자비한 판결이 잇따른다. 글쓰기의 수치스러운 골짜기.

몇 주 후 초고를 교정할 때, 카프카는 이 소설이 펠리체와는 아무 관련이 없지만 그녀에게 헌정하겠다고 알릴 것이다. 그는 이 텍스트가 그녀에게 적어도 그만한[6] 가치가 있기를 바랄 뿐이다.

펠리체와 관련이 없을까? 카프카는 추파를 던진다. 그는 적어도 주인공들의 이름과 관련하여 일기에서 이를 암시한다. 게오르크(Georg)는 프란츠(Franz)와 동일한 수의 철자를, 프리다(Frieda)는 펠리체(Felice)와 유사한 철자를 가지고 있다. 그리고 프리다의 성을 브란덴펠트(Brandenfeld)로 정할 때 펠리체의 베를린과 마르크 브란덴부르크*에 대한 생각[7]조차도 중요한 역할을 했을 것이다.

---

*   브란덴부르크 변경백국은 1157년부터 1806년까지 신성 로마 제국의 주요 공국이었으며, 독일과 중부 유럽 역사에서 중심적인 역할을 했다.

내용적으로도 놀라운 연관성이 있다. 이 소설의 게오르크 벤데만은 작가와 마찬가지로 독신 생활을 벗어나려고 한다. 하지만 작가 카프카와 달리 게오르크는 이미 부유한 집안의 여성 프리다 브란덴펠트와 약혼을 했기 때문에 이미 결정을 했다. 이것이 소설의 출발점이다. 한 명은 이미 약혼했고 다른 한 명은 첫걸음을 내딛고 있다.

조용하고 평화로운 일요일 오전에 게오르크는 멀리 러시아에 있는 친구에게 이 약혼과 임박한 결혼을 알리기 위해 오랫동안 미뤄왔던 편지를 쓴다. 게오르크는 한참 동안 책상에 앉아 내면의 눈앞을 스쳐 지나가는 이 먼 곳에 있는 친구의 이야기를 곰곰이 생각한다. 고향에서 일이 잘 진척되지 않는 것에 불만을 느낀 그 친구는 러시아로 도망치다시피 했다. 그는 상트페테르부르크에서 사업을 시작했지만 한동안 침체기를 겪었던 것 같다. 점점 뜸해지는 고향 방문 때마다 친구는 이에 대해 불만을 늘어놓았다. 지난번에 게오르크는 어린 시절부터 잘 알던 친구의 얼굴이 이제는 덥수룩한 수염으로 덮여 있고 누런 안색은 병이 진행되고 있다는 느낌을 주었기 때문에 친구를 거의 알아보지 못했다. 친구는 그곳에 거주하는 교민들과도 이렇다 할 교류가 없어 보였고, 사회적 교제를 거의 하지 않았으며, 그러다 보니 평생 독신으로 지낼 각오까지 하고 있었다.[8]

여기 신랑 게오르크는 집에 안전하게 있고, 저 멀리 외로운 친구이자 악명 높은 총각은 버려지고 길을 잃었다. 게오르크와 친구는 카프카의 존재의 두 가지 모순적인 측면이다. 두 사람의 관계는 카프카의 내적 긴장을 반영한다.

게오르크는 친구에게 편지를 쓰는 것을 망설이다가 지금 그 이유를 곰곰이 생각한다. 게오르크가 명시적으로 시인하지 않지만 양심의 가책을 느낀다는 사실을 알 수 있다. 그는 자기 스스로를 분명히 알지 못하기 때문에 친구에게 할 적절한 말을 찾지 못한다.

게오르크는 스스로를 정당화하려고 노력하며, 이는 죄책감을 암시한다. 친구에게 어떤 내용의 편지를 보낼 수 있었을까, 그는 스스로에게 묻는다. 곤경에 빠진 게 분명한 친구에게 돌아와서 예전의 친구 관계를 회복하고 이곳에서 새로운 삶을 시작하라고 조언해야 할까? 하지만 그러면 친구는 실패자 취급을 받을 것이다. 그 이유만으로도 그는 타향에 머물 가능성이 더 높다. 그가 돌아온다고 해도 새로운 출발에 성공하지 못할 수도 있다. 그러면 그는 타향에서 한 번, 그리고 여기서도 한 번, 두 번 실패한 셈이 될 것이다. 그러니 그는 그곳에 머무는 것이 더 나을 것이다. 그러므로 양심에 따라 친구에게 조언할 수 없었고 아무 말도 할[9] 수 없었다. 이것이 게오르크가 편지에서 침묵했던 이유에 대한 가장 적절한 설명일 것이다.

친구와의 서신 교환이 완전히 끊긴 것은 아니었지만 중요한 주제는 피했다. 예를 들어 게오르크는 어머니가 사망하고 아버지가 사업에서 은퇴한 후 자신의 경제적 성공을 숨겼다. 그는 자만으로 비치거나 시기심을 불러일으키고 싶지 않았다고 설명한다. 그는 또한 먼 러시아에 있는 총각의 기분을 상하게 하고 싶지 않아 자신의 약혼 사실을 숨겼다. 그는 신부에게 그 이유를 이렇게 설명했다. 나는 그 친구를 방해하고 싶지 않아. (…) 그는 아마 오라면 올 거야. (…) 하지만 마지못해 올 거고 마음이 상할 거야. 어쩌면 나를 부러워하고 분명히 불만을 느낄 텐데, 결국 불만을 해소하지 못하고 홀로 다시 러시아로 돌아갈 거야. 홀로 — 이 말이 무슨 뜻인지 알겠어?[10]

친구를 향한 게오르크의 지나치게 전술적인 행동은 신부를 의심하게 만들었다. 게오르크, 그런 친구를 두었다면 당신은 아예 약혼을 하지 말았어야죠.[11]

신부의 불신이 커지자 이제 다시 게오르크는 결혼 계획을 더욱 단호히 추진하게 되었다.

이 모든 것이 일요일 아침에 게오르크의 머릿속을 스쳐 지나갔고, 그는 자기 정당화를 위해 이 모든 것을 생각해 냈다. 하지만 그는 그다지 성공하지 못했다. 한 가지 의견의 불일치가 남아 있었고, 그는 거기에서 벗어나고 싶었다. 그래서 그는 결심을 하고 마침내 친구에게 자신의 결혼을 통보했다.

왜 이전이 아닌 지금인가? 그동안 그를 망설이게 한 이유가 없어진 것일까? 아니다, 없어진 것이 아니라 구실일 뿐이라는 것을 그는 문득 깨달았다. 그는 친구에게 솔직하게 말할 용기가 없었던 것이다. 난 이런 사람이니까 그 친구도 나를 이런 사람으로 받아들여야지. (…) 지금의 나를 적당히 오려 붙여서 그와의 우정에 더 적합한 인물로 둔갑시킬 수야 없는 노릇이지.[12]

게오르크는 남을 배려하는 것처럼 보이게 하는 허울을 벗어던지고 있는 그대로의 자신을 보여 주고 싶어 한다. 그는 이런 결심을 한다. 하지만 그는 솔직하지 않은 태도를 버릴 수 없을 것이다. 이전에는 약혼 사실을 숨겼던 그가 이제 마치 친구에게 선물을 주는 것처럼 약혼 사실을 과장해서 발표한다.

자네는 이제 아주 평범한 친구 대신에 행복한 친구를 두게 될 거라는[13] 점에서만 우호적인 관계가 약간 바뀔 것이라고 그는 쓴다. 게다가 그 친구도 그의 신부에게서 진실한 여자 친구를 얻게 될 것이다. 신부는 친구에 대해 다소 회의적이었기 때문에 이것은 사실이 아니다.

게오르크는 친구에게 다시 솔직한 모습을 보여 주기로 결심했지만, 스스로 깨닫지 못한 채 솔직하지 않은 태도로 일관하고 있었다. 하지만 이 사실은 독자에게 전달된다.

이것은 게오르크가 착수한 두 번째 결심에도 적용된다. 그는 편지를 손에 들고 아파트 뒷방에 있는 아버지를 찾아가는데, 이런 일은 거의 없었다. 왜 지금, 그리고 이번 기회에? 그 동기 또한 여전히 불분명하다. 무언가가 그를 이끌고 있다.

조금 전까지만 해도 게오르크는 창가에 앉아 친구에게 쓴 편지에 대해 깊이 생각했다. 이제 일어나 아버지 방으로 걸어가면서 그는 낯선 세계로, 자신이 더 이상 통제할 수 없는 영역으로 들어간다. 이전에는 자신에 대해 충분히 익숙하지 않은 사람이었다면, 이제 그는 자신에게 훨씬 더 익숙하지 않은 현실 속으로 빠져들게 된다. 초기의 자신감으로 통제할 수 있다고 믿었던 아버지의 세계가 이제 그 심연을 그에게 드러내고 있는 것이다.

게오르크는 오랫동안 아버지 방에 들어가지 않았기에 이곳이 너무 어두워서 놀랐다. 잠옷 안에 더러운 속옷을 입고 있는 아버지는 방치된 것처럼 보인다. 하지만 여기에 떡 버티고 앉아 가슴에 팔짱을 끼고 있는[14] 아버지의 모습은 여전히 거인 같고 힘센 남자처럼 보인다.

　　아버지는 처음에 러시아에 있는 친구에 대해 아무것도 모르는 척한다. 게오르크는 걱정하고 노환을 의심한다. 아버지를 소홀히 했다는 조용한 자책과 함께 그에게서 배려심이 깨어난다. 그는 친구에 대한 기억, 예를 들어 러시아 혁명의 혼란 속에서 발코니에 서서 칼로 자신의 손바닥에 커다란 피의 십자가를 긋고는 흥분한 군중에게 내밀었던 성직자에 대한 선동적인 이야기를 아버지가 들려주었던 걸 환기시키려고 노력한다. 게오르크가 이해력이 부족한 아버지와 이야기를 나눌 때, 아버지는 위축된 것처럼 보인다. 우월감을 느낀 게오르크는 아버지를 침대에 눕힌다. 아버지는 어린아이처럼 아들의 시곗줄을 갖고 장난친다. 게오르크는 섬뜩한 느낌[15]이 든다.

　　그러다가 전환이 이루어진다. 게오르크는 아버지에게 이불을 덮어 주려 했지만, 아버지는 벌떡 일어나 이불을 걷어치우더니 침대에서 똑바로 일어선다. 네가 나를 덮어 버리려 한 것을 잘 안다, 이 녀석아. 하지만 난 아직 덮이지 않았어. 그리고 내게 남은 마지막 힘으로도 너를 상대하기에 충분하고도 넘쳐![16]

　　힘의 균형이 갑작스럽게 역전된다. 아버지가 멀리 떨어져 있는 친구와 한편이었다는 것이 밝혀진다. 아버지는 그 친구를 아주 잘 알고 있고, 그가 자신의 마음속 아들이라고 소리쳐 말한다. 그러나 게오르크는 어머니에 대한 추모를 모욕했고 친구를 배반했으며 (…) 아버지를 침대에 처박아 놓았다. 그리고 이 모든 것이 한 여자가 치마를 들어 올렸기[17] 때문이다.

게오르크는 아버지가 죽기를 바란다.[18] 아버지의 힘은 끝없이 커져, 이제는 멀리 떨어져 있는 외로운 친구를 포함한 모든 것을 포괄한다. 나는 네 친구와 든든한 유대를 맺었다. 아버지는 승리를 선언한 후 아들에게 최종 판결을 내린다. 이제 너에게 익사형을 선고하노라.[19]

게오르크는 아파트에서 뛰쳐나오지만, 마지막 순간 아버지가 쿵 하며 쓰러지는 소리를 듣는다. 그러고는 그는 아파트에서 급히 나와 길을 따라 내려가서 강물에 뛰어든다.

언뜻 보기에 상황은 상당히 명확하다. 아들이 결혼과 가족이라는 시민 계급의 정상 상태로 향하는 길을 차단하는 것은 아버지다. 카프카가 1919년 「아버지에게 드리는 편지」에서 가정을 만들지 못한 자신의 무능력 또는 불만을 아버지의 권력의 영향 때문이라고 말한 것처럼 말이다. 아버지와 나는 여전하고, 결혼은 아버지의 가장 고유한 영역이므로 나한테 결혼의 길은 막혀 있는 셈이다.[20]

따라서 게오르크가 아버지로부터 유죄 판결을 받은 것은 아들이 주제넘게 결혼 계획을 세우면서 아버지 고유의 영역을 침범한 데 따른 처벌이었을 것이다.

이 상황에서 멀리 있는 친구는 어떤 역할을 했을까? 그는 상황이 좋지 않고, 낯설고 모험적인 것이 그에게 붙어 있으며, 외로운 실패자기도 하지만 무엇보다 독신의 유형이다.

카프카 자신도 이 영역에 매력을 느꼈다. 따라서 그의 아버지가 집에 있는 걸 용납하지 않았던 천재적이고 보살핌을 받지 못하는 이차크 뢰비에 대한 그의 애정은 남달랐다. 카프카는 위태로운 상황에서 겨우 자신을 구할 수 있었던 이차크의 특성 중 일부를 멀리 있는 친구에게 옮겨 놓았을 것이다. 이 소설에서 게오르크는 광활한 러시아에서 모든 걸 잃은 친구를 눈앞에서 보고 충격을 받았다. (…) 그는 약탈당해 텅 빈 가게의 문 앞에 서 있는 친구의 모습이 눈에 선했다. 폐허가 된 진열장 사이에서 (…).[21] 이것은 이차크 뢰비가 경험하고 카프카에게 말한 대학살의 세계기도 하다.

그러나 이것은 또한 카프카가 막스 브로트에게 보낸 후기 편지에서 말한 대로 어둠의 세력, 속박되지 않은 영혼의 해방, 의심스러운 포옹, 그리고 아래에서 무슨 일이 벌어지더라도 위에서는 아무것도 모르는[22] 불안과 글쓰기의 위험한 깊이의 세계기도 하다.

멀리 있는 집 없는 친구는 비유적으로 글쓰기의 이 영역과 연결되어 있으며 따라서 아버지의 반대 세계에 속한다. 그렇다면 아버지와 멀리 있는 친구 사이의 독특한 동맹을 어떻게 이해할 수 있을까?

이는 전기적 배경을 바탕으로 설명할 수 있다. 카프카에게 글쓰기는 아버지 세계의 힘에 대항하는 삶의 힘이었다. 글쓰기는 그에게 아버지의 우월한 권력으로부터 벗어날 수 있는 피난처를 제공했다. 하지만 그는 자신이 대립 관계인 것에 묶여 있고 따라서 글쓰기에 아버지가 남아 있다는 것을 알고 있었다. 「아버지에게 드리는 편지」에서 카프카는 자신의 글쓰기를 오랜 기간에 걸쳐 의도적으로 진행된 아버지와의 결별 과정[23]이라고 부른다.

이러한 관점에서 보면 이 소설에서 아버지가 자신을 멀리 있는 친구의 대표자로 선언하는 것은 전적으로 옳다. 카프카 자신의 해석에 따르면 모든 것이 아버지를 중심으로 이루어지기[24] 때문이다. 여기에는 멀리 있는 친구의 세계와 심지어 글쓰기의 세계도 포함된다.

이제 게오르크는 아버지와 홀로 맞선다. 하지만 왜 그 유죄 판결은 그토록 압도적인 힘을 가지고 있으며, 왜 게오르크는 서둘러 자신의 몸으로 형을 집행하는 것일까?

이전과 마찬가지로 이 역시 게오르크가 자신에 대해 얼마나 잘 알지 못하는지를 보여 준다. 아버지와의 의식적인 관계 이면에는 적어도 그가 인정하지 않는, 또 다른 무의식적인 관계가 여전히 꿈틀거리고 있다. 이것은 다른 관계에도, 예를 들어 멀리 있는 친구와의 관계에도 동일하게 적용된다. 그 친구는 분명히 게오르크가 인정하고 싶은 것과는 완전히 다른 사람이기 때문에, 그와의 관계에 이러한 모호함이 있는 것이다. 그리고 신부의 짜증 나는 행동은 게오르크가 그녀에 대한 자신의 감정을 명확히 알지 못한다는 것을 암시한다.

게오르크가 살고 있는 현실은 손상되어 있다. 그것은 모호하며 따라서 놀라움으로 가득 차 있다. 카프카의 작품에서 그러한 놀라움은 대개 불쾌한 놀라움이다. 하지만 꼭 그럴 필요는 없다. 구조적으로 구원과 해방을 가져다주는 무언가가 이러한 양가감정에서 분출될 수도 있다. 큰 변화가 반드시 재앙으로 이어질 필요는 없으며, 구원으로 이어질 수도 있다. 재앙의 순간과 구원의 순간은 서로 붙어 있다.

『판결』에서 게오르크의 삶에 침입하는 것은 처음에는 재앙이다. 하지만 재앙은 외부뿐만 아니라 내부에서도 찾아온다. 아버지의 힘이 분출하기를 애타게 기다리는 사람은 바로 게오르크 자신이기 때문이다. 바깥에는 돌봄을 받지 못하는 아버지가 있고, 내부에는 내면화된 아버지의 압도적인 힘이 자리하고 있다. 게오르크는 아버지에게 이불을 덮어 주고 싶어 하지만, 아버지는 이불을 걷어차며 그를 얕본다. 게오르크는 반쯤은 내부에서, 반쯤은 외부에서 아버지에게 쫓기며 자멸의 길을 걷게 된다.

하지만 그게 다가 아니다. 게오르크는 여전히 아버지가 뒤에서 쓰러지는 소리를 듣는다. 아버지는 분명 큰 충격을 받았을 것이다.

그래서 게오르크는 자신이 아버지를 몰락의 구렁텅이에 끌어넣고 있다는 사실을 알고 있으며, 이것이 이 소설의 요점이다. 구원은 재앙과 연결되어 있다.

카프카가 이 소설을 밤이 끝날 무렵 황홀경에 가까운 행복감으로 끝맺는 이유는 아마도 이 이중적인 몰락 때문일 것이다. 그는 일기에 잊을 수 없는 홀가분함과 해방감의 순간을 기록한다. 심지어 그는 막스 브로트에게 이 소설의 마지막 문장에 대해 이렇게 언급했다고 한다. 나는 강력한 사정射精을 생각하고 있었네.[25]

펠리체와 막 관계를 맺고 있던 카프카는 상징적인 공간에서나마 자신의 내면에 있는 결혼하고 싶은 욕망을 없애는 순간 안도감을 느꼈을지도 모른다. 아버지를 없애는 순간에도 마찬가지였다.

이 잊을 수 없는『판결』의 밤을 보낸 후 이제 잠자리에 든 카프카는 사무실에 자신의 부재에 대해 사과한다. 오늘 아침에 잠깐 실신했습니다. (…) 하지만 별로 심각하지 않습니다.[26]

카프카는 자신의 초기 텍스트를 "관찰" 또는 "기록"이라고 불렀다. 그러나 『판결』을 쓰면서 그는 새로운 차원의 글쓰기에 도달했다고 믿었다. 오직 『판결』을 통해서만 몸과 영혼의 완전한 개방을 이룰 수 있었고, 이를 통해 비로소 이야기의 독특한 확실함[27]을 성취할 수 있었기 때문이다.

다시 말해, 이것은 외부 관찰에서 내적 행동으로, 의식에서 존재로 전환하는 것이다. 적극적인 자기 관찰에 대한 혐오 (…) 개처럼 여기저기 뛰어다니지 말고 해야 할 일을 하고 살아야 한다[28]고 1년 후 일기에 적혀 있다. 그에게 글쓰기는 단순한 자기 관찰 이상의 것이다. 카프카가 열망하는 글쓰기는 영혼의 관찰이 아니라 행동하는 영혼이다. 다른 일기에 이렇게 적혀 있다. 영혼을 관찰하는 사람은 영혼 안으로 들어갈 수 없다. (…) 따라서 영혼은 미지의 것으로 남아 있어야 한다.[29]

관찰에서 내면의 행동으로 관점을 바꿔야 한다. 그래야만 나라는 존재와 연결될 수 있다. 나라는 존재와의 연결은 글쓰기의 가장 좋은 순간에 일어나는 일이다. 그 순간에 일어나는 일은 의심할 여지 없이 놀랍다.[30]

카프카에게 진정한 글쓰기는 삶에 대한 관찰이 아니라 치열하고 강렬한 삶이다. 그런 글쓰기에는 무의식적인 것이 있다. 글쓰기는 일어난다. 글쓰기는 그냥 만들어진 것이 아니다. 『판결』에서 그는 자기 앞에 펼쳐진 이야기의 전개 방식에 경탄했다. 이것의 분명한 징후는 글쓰기가 단숨에 이루어질 때다. 카프카에게는 이것이 성공적인 글쓰기 행위다. 수정은 글쓰기의 직접적인 흐름 속에서 즉시 이루어진다. 카프카는 나중에 원고를 수정한 적이 거의 없다. 글쓰기의 흐름이 멈추면 소설은 중단된다. 글쓰기의 흐름은 자신만의 길을 닦는다. 카프카에게는 개념도 없고, 구조도 없고, 초안도 없다. 그는 『판결』의 글쓰기 과정을 이렇게 설명한다. 글을 쓰기 위해 자리에 앉았을 때 나는 소리를 지르고 싶을 정도로 불행한 일요일을 보낸 터라 (…) 한 젊은이가 창문을 통해 다리 위로 몰려오는 군중을 바라보는 식으로 전쟁을 묘사하고 싶었습니다. 그러나 모든 것이 손끝에서 뒤바뀌고 말았습니다.[31]

카프카는 예측할 수 없고 통제할 수 없는 글쓰기 과정에 자신을 맡길 수 있을 때, 『소송』의 사무국과 다락방의 미로 같은 세계로, 또는 『성』으로 끊임없이 접근하면서 끝없이 이어지는 이야기와 갈림길, 우회로로 빠져들 수 있을 때 가장 살아 있다고 느꼈다. 도착, 해답, 구원은 준비되지 않았다.

삶은 관찰되고 성찰되는 것과는 다르다. 다시 『판결』로 돌아가서, 이것은 관찰자로서 불성실함에 사로잡혀 자신에게 가까이 다가가지 않는 게오르크 자신에게서도 분명하게 드러난다. 그러나 불길한 충격을 받은 순간 그는 행동하기 시작하고, 그제야 위험한 고통과 운명적인 속성을 지닌 현실이 드러난다. 게오르크는 자신에게 놀란 사람으로 묘사된다. 그는 이제 친구에게 편지를 써서 자신의 결혼 계획을 알린다는 사실에 놀란다. 그리고 놀랍게도 방치된 아버지가 살고 있는 아파트 뒷방으로 간다. 행동과 관련된 이러한 놀라움, 자신의 틀을 깨는 것과 관련된 이러한 놀라움은 지금까지 숨겨져 있던 현실과 그를 갑작스럽게 대결시킨다. 삶을 아직 제대로 살지 못했다는 것을 갑자기 깨닫게 해주는 변혁적인 사건. 여기서 일어나고 있는 일은 제대로 살지 못한 삶의 압도다.

자신에게 일어난 놀라운 일 ― 이것은 게오르크뿐만 아니라 카프카 자신에게도 일어난 일이다. 카프카는 하룻밤 만에 단숨에 쓴 『판결』이라는 소설로 스스로를 놀라게 했다. 그는 그 어느 때보다 삶의 즉각적인 충동에 가까이 다가갔던 것이다. 그리고 삶 자체가 항상 의심할 여지가 없는 것이기 때문에 카프카는 이 소설의 의심할 여지 없음[32]에 대해서도 말할 수 있다. 진리는 의식이 아니라 존재 속에만 존재한다. 진실은 나뉠 수 없다. 따라서 진실은 스스로 인식될 수 없다. 진실을 인식하려는 자는 허위임에 틀림없다.[33] 문학 텍스트의 경우 이것은 다음을 의미한다. 즉 텍스트는 주변에 의견을 형성하기 위해 원전의 권위를 가져야 한다. 그러나 그러한 의견은 원전의 의심할 여지 없음에 손댈 수 없다.

프란츠 카프카가 『판결』에서 직면한 진실은 바로 이것이다. 그는 결혼을 원하는 남자와 그 안에 있는 아버지를 파멸로 단죄했다. 이것은 그의 외부 현실에서 일어나지 않은 채 이 소설에서 완벽하게 필연적으로 일어나는 내적 행동이다. 글쓰기는 인생보다 몇 걸음 앞서 나갈 수 있다.

카프카는 소설에서 공개적으로 드러난 사실을 펠리체에게 두려움에 떨며 숨긴다. 그대는 『판결』에서 어떤 의미를 발견했나요? 직접적 연관성을 토대로 유추할 수 있는 의미 말입니다. 나는 그러한 의미를 발견할 수 없을 뿐만 아니라 설명할 필요도 느끼지 못합니다.[34]

그는 확실히 의미를 찾았지만 소설에서 그에게 일어나는 일, 즉 아버지를 향한 죽음의 소망과 자기 파괴적인 결혼에 대한 의지에 두려움을 느낀다. 이것이 카프카가 펠리체의 손을 잡기도 전에 죄책감을 느끼는 이유다.

4장

펠리체에게 보내는 편지

살지 않은 삶과 딱정벌레: 『변신』

끔찍하고 관능적인 일

또한 웃기 위해

『판결』을 쓴 밤으로부터 이틀 전인 1912년 9월 20일, 카프카는 펠리체에게 첫 번째 편지를 썼다. 여전히 신중하고 조심스러웠다. 하지만 일주일 후 이미 두 번째 편지에서는 펠리체에게 아침을 언제 먹었는지, 사무실에 언제 도착했는지, 사무실 방에서 어떤 경치가 보이는지, 퇴근 후 무엇을 하는지, 어떤 사람들을 만나는지, 날씨는 어땠는지, 잠은 어떻게 잤는지 등에 관한 정보를 물어보았다. 세 번째 편지 이후 펠리체에게 자신의 내면을 열어 보이는 카프카가 처음에는 그녀의 생각과 감정에 거의 관심을 보이지 않는다는 점이 놀랍다. 그는 자신의 외부 현실이 자신의 개성에 대해서는 아무것도 말해 주지 않는다고 주장한다. 하지만 반대로 그는 펠리체에게 정확히 이 외부 현실에 대한 세심한 기록을 요청한다.

　펠리체의 편지는 남아 있지 않다. 그녀는 서신 교환이 시작되었을 때 분명히 자신의 내적 삶에 대해 썼지만, 카프카는 처음에 이에 대해 거의 언급하지 않아서 우리는 그의 편지를 통해서만 이 여성의 어렴풋한 이미지를 얻을 수 있다. 자신감 있고, 안정적이며, 결단력 있고, 직장에서 유능하고, 정상을 꿈꾸는 사람 — 그것이 그가 그녀를 보는 방식이거나 보고 싶어 하는 방식이다.

펠리체는 처음에 쏟아지는 편지의 홍수에 충격을 받았을지도 모른다. 그녀는 카프카가 그날 저녁 자신을 거의 알아차리지 못했다고 약간 들뜬 목소리로 말했을 것이다. 카프카는 그녀와 함께한 첫날 저녁에 그녀가 옷을 차려입은 모습, 그녀가 머리카락을 잡아당기는 모습, 그녀가 말하는 모습과 말하면서 음식 때문에 주의를 딴 쪽으로 돌리지 않는 모습, 그녀가 그의 바이마르 여행 사진을 주의 깊게 바라보는 모습과 괴테 하우스 사진에 대해 경외심으로 가득 차서 논평하는 모습, 그녀가 방에서 서둘러 나갔다가 조금 후에 돌아와서 떠날 준비를 하는 모습, 그가 한마디 말도 하지 않고 당황한 채 그녀와 동행하는 모습, 그녀가 대화를 이어 가려고 노력하는 모습, 작별 인사를 할 때 그가 아마 자신을 제외하고는 아무도 진지하게 받아들이지 않았을[1] 팔레스타인 여행을 다시 언급하는 모습 등을 자세히 설명하는 엄청나게 긴 편지로 답장한다.

그는 이 긴 편지에 이어 곧바로 짧은 사과 편지를 보낸다. 그대는 내가 그저께 편지처럼 한없이 긴 편지로(이미 그 일로 자책하긴 했으나) 책을 읽을 시간뿐 아니라 휴식 시간까지 빼앗고 그대에게 많은 분량의 답장을 신속하게 요구하고 있다고 생각해서는 안 됩니다.[2] 그는 정확히 그렇게 한다. 그는 그녀가 자신의 편지에 가능한 한 빨리, 그리고 자세하게 답장하기를 원한다. 편지가 지체되거나 너무 짧으면 머지않아 그는 그녀를 질책할 것이다. 그는 자신의 편지를 알리거나 답장을 독촉하기 위해 전보를 보낸다. 그리고 그녀의 편지를 기다리는 동안 자신의 마음 상태를 자세히 설명한다. 함께 경험한 것이 거의 없었기 때문에 편지를 쓰고 편지를 기다리는 것에 대한 글이 대부분의 지면을 차지한다.

그는 그녀에게 조언을 쏟아 내기 시작한다. 그녀는 두통에 시달리고 있는가? 피라미돈 같은 진통제를 버리고 약국에 가는 대신 두통의 원인을 찾아보라고[3] 그는 대답한다. 그녀는 치유가 사람과 사람 사이에서만 가능하다는 사실을 잊지 말아야 한다. 그러나 그 자신은 글쓰기에서만 치유를 찾는다. 나의 삶은 오래전부터 글을 쓰려는 시도로 이루어져 왔고 이루어져 있습니다. 그러나 대부분 실패했지요. 글을 쓰지 않을 때는 방바닥에 누워 있습니다. 빗자루로 쓸어 내기에나 적합하지요.[4]

얼마 지나지 않아 11월 17일, 그는 딱정벌레로 변신한 그레고르 잠자가 실제로 죽은 후 가족의 집에서 쫓겨나는 내용의 소설『변신』을 시작한다. 편지의 비유가 이 단편소설로 옮겨졌다.

이 소설을 완성한 후, 그는 펠리체에게 단편소설은 열 시간씩 두 번에 걸쳐 단숨에 써야 한다고 편지를 보낸다. 작업이 중단되면 — 그는 3주 동안 작업했다 — 텍스트가 손상되기 때문이다. 그는 그녀에게 글쓰기에 대해 어떻게 생각하는지 설명한다. 거의 중단 없이 이야기에 몰입할 때 비로소 그는 이야기의 예측 불가능성 앞에 서게 된다. 이를 통해 창조적인 즐거움을 얻을 수 있다. 글쓰기의 유혹에 사로잡히면 글쓰기는 그를 앞으로 나아가게 한다. 끝은 불확실할지 모르지만 시작은 강렬해야 한다.

카프카는 『변신』에서 특히 강렬한 시작을 발견했다. 독신인 그레고르 잠자는 어느 날 아침 눈을 떠보니 자신이 괴물 같은 해충으로 변해 있는 것을 발견한다. 겉으로는 거대한 딱정벌레지만 내면은 여전히 가족의 품에 안긴 그레고르다.

이 소설은 일종의 실험적인 배치로 읽을 수 있다. 그런 엄청난 사건이 닥쳤을 때 가족은 어떻게 변할까? 이런 상황에서 그레고르와 그의 가족의 진실이 드러날까, 아니면 인식할 수 있을 정도로 왜곡될까?

이번에도 『판결』과 마찬가지로 최근 몇 주 동안 카프카에게 가장 큰 고민거리였던 가족 문제가 등장한다. 그는 심지어 출판된 텍스트에서 부모 집의 지옥 같은 소음 문제에 대해 불만을 토로하기도 했다.

앞서 언급했듯이, 1911년 말 아버지가 사위와 함께 석면 공장을 설립하고 말 없는 동업자였던 카프카가 사업에 참여하게 된 이후 카프카가 처한 상황은 더욱 악화되었다. 노동자 산재 보험 공사에서 그는 노동자의 이익을 대변했지만, 자신의 공장에서는 기업가의 이익을 대변했다. 이러한 역할 변화도 힘들었지만, 무엇보다도 견딜 수 없던 것은 글을 쓸 수 있는 소중한 시간을 잃었다는 점이었다. 카프카는 이러한 갈등 때문에 자살을 고려할 정도로 큰 고통을 겪었지만, 그가 냉소적인 아이러니를 담아 쓴 것처럼 살아 있는 것이 죽음보다 글쓰기에 방해가 덜 되기 때문에[5] 자살을 자제했다.

1912년 11월 중순, 카프카가 『변신』을 쓰기 시작했을 때는 가족 문제가 아직 해결되지 않았다. 어느 날 아침 그레고르 잠자는 불안한 꿈에서 깨어났을 때 자신이 흉측한 벌레로 변해 침대에 누워 있는 것을 발견했다.[6] 소설은 이렇게 시작된다. 『소송』의 시작과 비슷한 점이 있다. 『소송』에서 요제프 K는 아침에 일어나 자신이 체포된 것을 발견한다. 그레고르와 요제프 K 모두 자신에게 왜 이런 일이 일어났는지 알지 못한다. 왜, 죄에 대한 질문을 불러일으키지만 설명할 수 없는 사실로 시작된 소설은 대답을 하지 않는다.

하지만 그레고르는 요제프 K와 달리 죄책감에 시달리지 않는다. 이 엄청난 이야기를 해석하는 사람들만이 죄책감에 시달릴 것이다. 그레고르는 처음에 무슨 일이 일어났는지, 자신의 몸이 어떤 상태인지 깨닫는 데 몰두한다. 갑옷처럼 딱딱한 등, 이불이 미끄러질 만큼 튀어나온 배, 의도적으로 움직일 수 없을 듯 눈앞에서 버둥거리는 수많은 가느다란 다리들이 있다. 이 모든 것이 꿈이라면 그는 행복할 것이다. 하지만 꿈이 아니다. 그가 있는 방은 의심할 여지 없이 그의 방이며, 벽에는 그가 좋아하는 모피를 두른 여인의 사진과 독신인 자신이 잡지에서 오려 낸 그림을 포함하여 모든 것이 그에게 친숙하고 올바른 위치에 있다.

주변의 모든 것이 변하지 않은 것처럼 보이기 때문에 그는 잠시 자신의 신체적 변화를 잊는다. 바깥의 모든 것이 변하지 않았는데 왜 자신이 변해야 할까? 잠시 동안 익숙한 것이 익숙하지 않은 것을 가린다. 재앙이 실제로 의식에 도달하는 데는 시간이 걸린다. 이 소설은 그것을 고도의 기교로 사실상 연장된 충격의 순간으로 바꾸어 놓는다. 그레고르는 잠을 좀 더 자서 이 말도 안 되는 상황을 모두 잊어버리는 게 어떨까 하는[7] 생각을 한다. 그러나 그는 오른쪽으로, 잠잘 때 눕는 쪽으로 돌아눕는 것이 불가능하다는 것을 즉시 깨닫는다. 변신된 몸이 고통스럽게 체감된다.

익숙하고 의례적인 일들은 또한 공포의 도래를 지연한다. 시계는 그가 평소 일어날 시간을 놓쳤다는 것을 알려 준다. 오늘은 출장을 떠나는 날이기 때문에 적어도 늦은 기차를 타려면 서둘러야 한다. 그레고르는 세일즈맨이다. 상사가 화를 낼 것이므로 그는 최선을 다해 자신을 방어해야 한다. 그는 회사에서의 승진과 그에 따른 노력과 굴욕에 대해 생각한다. 그는 사업이 파산한 후 상사에게 빚을 지게 된 부모를 대신해서 일종의 살아 있는 담보로 회사에 남아 있었다.

마치 자신이 새롭게 딱정벌레가 되었다는 것을 눈치채지 못했거나 이미 그것을 잊어버린 것처럼, 그는 평소 삶의 문제를 숙고하고 외적으로는 성공했지만 자신이 한동안 일에 지루함을 느꼈다는 사실을 인정한다. 열차 편 연결, 도중에 먹는 형편없는 음식, 끊임없이 변화하고 결코 지속되지 않으며 따뜻해지지 않는 인간관계에 대한 걱정으로 여행의 고역에 시달렸다. 그는 악마가 이 모든 것을 가져가기를 원했다.[8] 그러면서 악마나 누군가가 실제로 이 모든 것, 즉 지금까지 자신의 삶을 가져갔다는 사실을 아직 깨닫지 못한다. 거대한 딱정벌레에게 여행하는 세일즈맨의 존재는 이제 정말 끝났다.

그는 다른 많은 것들도 이해하지 못한다. 왜 이런 변신이? 왜 하필이면 딱정벌레로? 그레고르의 개인적인 관점을 취하는 화자조차 적어도 명시적으로는 이 질문을 하지 않는다. 의미를 찾는 독자로서는 그레고르를 익숙한 직업과 가정생활에서 벗어나게 만든 변신이 그레고르가 바로 이 익숙한 삶에 불만을 품었다는 사실, 살면서 실현하지 못한 것들을 많이 쌓아 두었다는 사실과 관련이 있을 것이라고 추측하게 된다. 이 실현되지 않은, 그래서 무의미한 삶이 벌을 내려 그를 해충처럼 왜곡된 형태로, 딱정벌레로 변신시킬 수 있을까? 그는 사랑받지 못하는 직업을 포기하지 않았고, 이제 해충이 되어 그 직업에서 쫓겨난 것이다. 따라서 그레고르는 자신의 실제 삶을 지연하고 방해한 결과 해충이 되었을 것이다. 그는 자신의 삶을 그르친 이후 꽤 오랫동안 스스로를 해충이라고 느꼈고, 결국 그 해충으로 변했을 것이다.

그렇다면 이 흉측한 것, 내면, 살지 않은 삶이 외부로 드러나서 물체가 되고, 혐오스러운 해충이 되는 것이다. 혐오스러운 것의 이미지로서 해충이라는 비유가 현실이 된다. 그레고르가 딱정벌레처럼 느껴지는 대신 딱정벌레가 된다. 모두가 볼 수 있는 거대한 딱정벌레.

이제 그레고르는 자신의 변신뿐만 아니라 자신을 대하는 가족의 변화된 행동도 이해해야 한다. 모두가 혐오스러운 거대한 딱정벌레 앞에서 물러난다. 그러나 가족에게 친숙한 아들이자 오빠는 강도가 약해지긴 했지만, 여전히 거대한 딱정벌레 안에 존재한다.

어머니, 아버지, 여동생이 차례로 문을 두드리며 먼저 경고한 다음 놀란다. 그레고르는 문 너머로 그들을 안심시키려고 하다가 목소리의 변화를 알아차리고, 이것을 세일즈맨의 직업병[9]으로 잘 알려진 감기의 전조로 해석한다. 그러면서 여전히 상황을 제대로 파악하지 못한 채 아침 식사와 출발을 늦게나마 생각한다. 변신이라는 끔찍한 사실을 서서히 깨닫는 그레고르 자신과 다른 인물들의 모습이 원숙하게 표현된다.

회사의 지배인이 문을 두드리자 그레고르는 금방 갈게요라고 외치지만 문을 열어 주지 않는다. 대신 그는 자신을 변호하기 위해 긴 연설을 하고 문을 연다. 그는 지금 자신을 애타게 찾는 사람들이 과연 이 모습을 보고 뭐라고 할지 확인하고 싶었다. 그들이 질겁하더라도 더 이상 그레고르가 책임질 수는 없으니 침착하게 있으면 그만이었다. 그들이 모든 것을 침착하게 받아들인다면 그도 흥분할 까닭이 없을 것이고, 서두르면 8시에는 정말 기차역에 도착할 수도 있을 것이다.[10]

그레고르는 이제 다른 사람들의 반응을 보고 자신이 정말 인간의 내면을 가진 거대한 딱정벌레인지, 아니면 단지 공상에 불과한 것인지 알 수 있다. 그래서 그는 가족과 지배인에게 자신을 보여 준다. 어머니는 공포에 질려 아버지의 품에 안긴다. 지배인은 얼어붙은 채 눈을 크게 뜨고 발바닥에 불이 난 것처럼[11] 급히 집 밖으로 뛰쳐나간다. 여동생은 울고, 아버지만 비교적 침착하게 공포에 사로잡힌 지배인이 남긴 지팡이와 외투를 들고 위협하여 거대한 딱정벌레를 다시 방으로 쫓아내려고 한다. 아버지는 보통 해충을 대하는 것처럼 그레고르를 대하는 최초의 사람이다. 외부 세계에서는 더 이상 거대한 딱정벌레 안에 그레고르의 속성이 얼마나 남아 있는지 정확히 알지 못한다. 어느 순간 외부에서 본 그레고르는 딱정벌레 안으로 완전히 사라질 것이다.

그런 다음 양쪽 모두 어느 정도 익숙해지기 시작한다. 그레고르는 이제 삶을 어떻게 재구성해야 할지[12] 고민하고, 새로운 몸에 적응하고, 천장과 벽을 기어다니고, 쓰레기를 즐기며, 부모와 여동생에게 자신의 모습을 보이지 않기 위해 소파 밑에 숨는다.

그는 점차 이상한 상황에 익숙해진다. 새로운 의례적인 일들이 만들어지고 여동생은 남은 음식과 쓰레기로 만든 먹이를 방에 넣어주고 가끔 청소하기도 한다. 저녁에는 문이 열려 있고 어스름 속에서 그레고르는 옆방에서 나누는 대화를 듣는다. 그곳에서는 딱정벌레가 아무것도 알아듣지 못한다고 생각해서 숨김없이 대화가 오간다. 그레고르는 아버지에게 여전히 저축한 돈이 약간 남아 있고, 가족이 이전에 자신의 선행에 완전히 의존하지 않았다는 것을 알게 된다. 그러므로 그는 가족을 위해 하기 싫은 돈벌이를 그렇게 열심히 할 필요가 없었다. 그는 기꺼이 돈을 전달했지만 가족은 그 돈을 특별히 따뜻한 마음[13]으로 받지 않았다. 여동생 그레테와의 관계만이 따뜻하게 느껴졌을 뿐이다. 그마저도 지금은 거의 남아 있지 않은 것 같다.

가족이 딱정벌레가 더 쉽게 기어다닐 수 있도록 그레고르의 방을 치울지, 아니면 그레고르가 익숙한 서식지에 머물 수 있도록 모든 것을 그대로 둘지 고민할 때 이 점은 분명해진다. 따라서 중요한 문제는 그레고르를 지금처럼 벌레로 대할 것인지, 아니면 예전의 그레고르로 대할 것인지에 대한 결정이다. 그에게는 실망스럽게도 여동생은 그레고르를 딱정벌레로만 보기 때문에 거의 공격적으로 방을 정리하려 하고, 어머니는 당분간 그레고르의 인간적인 과거를 완전히 잊지 않게 하려고 노력한다.[14]

여동생의 경우 그레고르의 인간적인 과거를 잊는 것은 매우 진전된 상태다. 그녀는 열정적으로 방을 치우기 시작한다. 여동생이 벽에 걸린 모피를 두른 여인의 사진을 떼어 내려고 하자, 그레고르는 온몸으로 사진을 지키려고 한다. 화가 난 여동생은 그레고르에게 위협을 가한다. 그레고르는 여동생이 자신에게 직접 건넨 이 위협의 말을 듣고 씁쓸해진다. 그 장면은 아버지가 그레고르에게 사과를 던지는 것으로 끝난다. 사과 한 알이 그레고르의 등짝에 꽂혀 썩기 시작한다. 그레고르는 그 때문에 죽게 된다.

그레고르는 여동생과의 특별히 친밀했던 관계를 기억한다. 그는 여동생이 음악원에서 바이올리니스트가 되기 위한 교육을 받는 데 필요한 자금을 지원해 주려 했을 정도로 여동생의 연주를 높이 평가했다. 하지만 지금은 여동생의 연주가 그에게 더욱 중요해졌다. 이렇게 음악에 매료되었는데 어찌 그가 짐승이란 말인가? 그레고르는 동경하는 미지의 음식을 찾아가는 길이 눈앞에 펼쳐진 것 같은 기분이 들었다.[15]

저녁에 여동생이 그사이에 집에 들어온 하숙인들이 서비스처럼 요구하는 연주를 다시 시작하면, 그레고르는 더 잘 듣기 위해 옆방으로 기어 들어간다. 그러다가 하숙인들이 알고 있었지만 한 번도 본 적 없는 딱정벌레를 처음으로 알아채면서 상황은 파국으로 치닫게 된다.

하숙인들은 집에서 나가겠다고 통보하고 가족은 절망에 빠진다. 여동생은 부모에게 설명한다. 두 분은 모르실 수도 있겠지만 저는 알아요. 저는 이 흉악한 짐승을 오빠라고 부르지도 않겠어요. 우리는 저걸 치워 버릴 궁리를 해야 한다는 말만 할게요. 우리는 저걸 보살펴 주고 참고 견디려고 인간적으로 할 수 있는 노력은 다했어요. 그러니 아무도 우리를 털끝만치도 비난할 수 없다고 생각해요.[16]

그녀는 과거 그와 친하게 지냈던 여동생이다. 그녀에게 이제 그레고르는 딱정벌레 안으로 완전히 사라졌다. 그레고르는 더 이상 그녀에게 존재하지 않는다. 그녀는 그의 변신을 배신으로 경험한다. 이 때문에 그레고르는 이전 삶과의 관계가 끊어진다. 그는 그날 밤에 죽는다. 다음 날 아침, 하녀가 방에서 사체를 치운다.

상황은 완화된다. 모두가 안도의 한숨을 내쉰다. 가족은 해방을 소풍으로 축하한다. 그레고르의 변신에 공포를 느낀 부모는 여동생의 변신을 기쁘게 알아차린다. 여동생은 어느덧 아름답고 풍만한 처녀[17]로 피어났다.

한편으로 그레고르의 사체가 치워지고, 다른 한편으로 여동생이 활짝 피어난 젊은 몸[18]을 쭉 뻗으며 소설은 끝난다.

두 가지 생리학적 과정, 하나는 역겨운 부패로 이어지고, 다른 하나는 아름답게 꽃피우는 생명으로 이어진다. 마치 그레고르는 여동생이 활짝 피어나도록 하기 위해 파멸해야만 했던 것 같다. 살 만한 가치가 없는 것은 생명력 있는 활력에 자리를 내준다. 결국 여동생은 너무 매혹적으로 보여서 곧 착실한 남자를 찾아 남녀의 무리에 합류

할 것이 분명하다. 그러나 그레고르의 운명은 독신의 실존을 바깥으로 옮겨진 괴물로 확증하는 것이다. 그의 탈출구는 그의 몰락이다. 두 진행 방향이 위아래로 교차하는 지점이 바로 모피를 두른 여인의 불길한 사진을 차지하기 위한 싸움이다. 그레테는 마지막으로 질투심이 불타오르자 사진을 벽에서 떼려 하고, 그레고르는 딱정벌레의 몸으로 사진을 지키려 한다. 그에게는 여전히 욕망이 있지만, 그것을 사용할 수 있는 몸은 없다.

권력관계의 반전은 정반대의 생명선과 일치한다. 처음에 가족은 생계를 책임지는 그레고르에게 의존한다. 그는 자신이 부모님과 여동생을 이렇게 근사한 집에서 생활할 수 있게 해줬다[19]는 것을 자랑스럽게 생각한다. 그레고르가 강했던 만큼 아버지는 약했다. 하지만 그레고르가 딱정벌레로 변신하면서 강해진 아버지가 다시 거실을 지배하게 된다. 한쪽이 얻은 것만큼 한쪽이 잃는 제로섬 게임의 힘겨루기다. 결국 가족은 승리하고 해충의 잔해는 버려진다. 가족은 안도의 한숨을 내쉬며 마지막에 함께 전차를 타고 도시 근교의 야외로[20] 향한다.

물론 그레고르의 죽음 이후 가족의 승리는 더 이상 그레고르의 관점에서 이야기할 수 없다. 화자는 지금까지 그레고르의 시각에만 국한되어 있었다. 일인칭 시점에서 전지적 시점으로 관점의 변화가 필요하다. 카프카는 가족의 승리를 올곧게 묘사하려면 이러한 변화는 피할 수 없는 단절이라고 생각했다. 하지만 그는 이에 만족하지 않았다. 1912년 12월 6일에서 7일에 카프카는 펠리체에게 편지를 쓴다.

그대여, 들어 보세요. 내 짧은 이야기는 끝났지만 오늘의 결말은 나를 기쁘게 하지 못합니다. 더 좋았을 수도 있습니다.[21]

전날 저녁, 그는 그레고르를 죽게 했고 펠리체에게 다음과 같은 말을 전했다. 울어요, 사랑하는 이여, 울어요, 지금이 울 때입니다! 내 짧은 이야기의 주인공이 조금 전에 죽었습니다. 그것이 그대에게 위로가 된다면, 주인공이 모든 사람과 화해하고 아주 평화롭게 죽었다는 사실을 안다면 조금은 위안이 될 겁니다.[22]

그러나 그는 그런 위로로 이야기를 끝내고 싶지 않았다. 죽어가는 그레고르가 화해했을까? 그의 가족과? 카프카는 자신의 가족에 대한 증오가 너무 커서 ─ 나는 가족 모두를 차례로 미워한다[23]고 브로트에게 편지를 썼다 ─ 모든 것을 화해적인 결말로 마무리할 수 없었다. 따라서 서사적인 측면에서 단절이 있더라도 마지막 가족 구성은 악의적인 의미로, 즉 생존자들의 치명적인 승리로 실현되어야 했다.

해충은 제거되었지만 승자들을 우호적인 시각으로 봐서는 안 된다. 그 때문에 카프카는 표지에 곤충이 그려지기를 원하지 않았고 가족만, 그리고 배경에는 어두운 옆방[24]으로 열린 문만 그려지기를 원했다.

이것은 그레고르의 운명이 아마도 가족의 품에서 부화했으리라는 것을 시사한다. 하지만 고발하는 제스처가 강요되어서는 안 된다. 결국 승리하는 가족에 대한 잠재적 증오는 감지할 수 있어야 하지만, 너와 세계의 싸움에서는 세계 편을 들어라[25] 라는 카프카의 원칙에 의해 제한되어야 한다. 이 경우에는 가족에게 너무 명백하게 부당한 일을 해서는 안 된다는 것을 의미한다.

이 이야기는 조금 무섭습니다.[26] 그는 다음 날 편지에서 펠리체에게 경고한다. 이것은 역겨운 이야기입니다. 이 이야기는 그대가 머물고 있고 그대가 거처로 허용한 마음과 같은 마음에서 나온 것입니다. 하지만 그녀는 그것에 대해 너무 슬퍼해서는 안 된다. 내가 글을 더 많이 쓸수록, 내가 더 자유로워질수록 아마도 나는 그대를 위해 더욱 순수하고 더욱 품위 있는 사람이 될 것이기 때문입니다. 분명히 아직도 내게는 버릴 것이 많습니다. 그래서 덧붙여 말하자면 밤 시간은 이 관능적인 일을 하기에 충분히 길지 못합니다.[27]

따라서 자신이 딱정벌레로 변신하는 모습을 상상하는 것은 무서우면서도 재미있는 경험이다. 카프카는 이 상상에 자신을 쏟아붓고 싶을 뿐만 아니라 이 상상을 통해 자신을 정화하고[28] 싶은 욕망도 가지고 있다. 그는 이 소설에서 자신을 작고 경멸스러운 존재로 만들어 자유롭게 질주하다가 한계까지 밀어붙여 결국 다시 웃음거리가 된다. 그는 막스 브로트의 아파트에서 이 이야기를 읽었다고 보고한다. 그에게 내 소설 중에서 광기 어린 부분을 읽어 주었습니다. 우리는 읽다가 많이 웃었습니다.[29]

1년 후 카프카는 펠리체의 여자 친구인 그레테 블로흐에게 구애하면서 그녀에게 이 소설을 추천한다. 그는 그녀가 이 이야기를 기다릴지 기대하고 싶지 않지만, 여하튼 이 이야기가 그녀를 기다리고 있는 것은 의심의 여지가 없다.[30]

5장

넓고 먼 곳에 대한 동경

신세계:『실종자』

사악한 품성의 가족들. 도착했어?

무한한 가능성의 땅에서 실종되다

1912년 9월 26일, 카프카는 『판결』과 『변신』 사이에 아메리카 소설 『실종자』를 집필하기 시작한다. 그는 황홀한 상태에서 글을 쓴다. 카프카가 믿을 수 없는 황홀경[1]에 빠졌다고 브로트는 일기에 기록한다. 11월 중순, 비교적 장기간의 첫 번째 중단 시점에 이미 여섯 개 장(200쪽 이상)이 쓰였다.

아메리카 소설은 가족이라는 지옥에서의 자기 파괴와 변화에 대한 환상에 상상의 균형추를 형성한다. 하지만 불행에서 벗어날 수 있는 다른 탈출구가 있다. 즉 그냥 떠나는 것이다. 카프카는 이미 인용된 1912년 초의 산문 소품 「갑작스러운 산책」에서 이를 상상으로 시도했다. 이 이야기에는 가족으로부터 완전히 벗어나게 되고, 가족의 실체가 사라지고, 반면에 자신은 아주 확고부동하게, 시커먼 윤곽을 점차 드러낸 채 (…) 자신의 진정한 모습으로 고양되는 것[2]이 어떤 느낌인지 설명되어 있다.

이 해방의 비전은 「인디언이 되고 싶은 소망」이라는 제목의 미국강박 관념의 텍스트와 동일한 충동에서 나온 것이다. 그것은 단 하나의 문장으로 구성되어 있다. 그가 인디언이라면, 즉시 채비를 갖추고 달리는 말에 올라탄 채 바람에 기대 땅 위에서 짧게 흔들리는 것을 계속해서 느낀다면 좋을 텐데, 박차를 던져 버릴 때까지, 박차는 없었기 때문에, 고삐를 던져 버릴 때까지, 고삐가 없었기 때문에, 그가 눈 앞의 땅이 매끈하게 풀을 베어 낸 황야임을 겨우 알아보자마자 이미 말 목덜미도 없고 말 머리도 없다.[3]

아마도 이 텍스트는 아메리카 소설의 초안에 속할 것이다. 초판본은 남아 있지 않다. 카프카는 1912년 초부터 여름까지 이 소설을 썼다. 새로 설립한 석면 공장을 둘러싸고 가족 사이에 갈등이 있었을 때, 카프카는 이 소설 작업에 의지했다. 나는 지금 모든 불안에도 불구하고 내 소설에 매달리고 있다. 마치 동상의 인물이 먼 곳을 내다보면서도 그 동상의 받침대에 의지하고 있는 것처럼.[4]

카프카에게 이 소설은 폭과 거리라는 개념과 연관되어 있다. 그는 막스 브로트에게 이 소설은 마치 하늘 전체를 덮을 수 있도록 설계된 것처럼 거대하다[5]고 썼다. 당분간은 여전히 모든 것이 순조롭게 진행되고 있지만, 그는 이 예측할 수 없는 여정에서 정신을 잃게 될[6] 순간이 다가오는 것을 이미 내다보고 있다.

이 기간 동안 카프카는 일간지의 보도를 포함하여 미국에 관한 정보를 손에 넣을 수 있는 대로 모두 읽었다. 나는 거의 이틀마다 신문에서 말 그대로 나만을 위한 그런 기사를 본다.[7] 가장 중요한 자료는 1912년에 출판된 아르투어 홀리처의 책 『아메리카의 오늘과 내일』이었다. 카프카는 곧 이 소재에 익숙해져서 나중에 출판인 쿠르트 볼프에게 자신이 가장 현대적인 뉴욕[8]을 묘사했다고 자신 있게 글을 쓸 수 있었다.

물론 카프카가 주워 모은 것은 미국이었다. 하지만 가족의 관계도 있었다. 카프카보다 나이가 많은 사촌인 오토 카프카는 1906년에 미국으로 이민을 가서 상당한 부를 쌓았고, 1909년에는 그의 남동생이 그 뒤를 따랐다. 또 다른 사촌인 에밀 카프카는 1906년에 이민을 가서 곧 시카고의 대형 백화점에서 주요 직책을 맡았다. 따라서 미국으로의 이민은 가족에게 친숙한 일이었다. 카프카 역시 그런 계획을 품고 있었다. 그는 마드리드의 부유한 삼촌인 알프레트 뢰비의 지원을 기대하고 있었다. 또한 언젠가는 해외에 파견될 기회가 있을 것으로 보고 국제 보험 회사인 아시쿠라치오니 제네랄리의 일자리를 수락했다. 하지만 아무 일도 일어나지 않았고, 1912년 카프카는 자신을 대신하여 소설의 주인공을 미국으로 보냈다.

그는 초안에서 성공하지 못했다. 『판결』에서 창작의 행복감을 경험하고 난 후, 그의 문학적 자신감은 새로운 시도를 할 만큼 충분히 강해졌다. 그리고 이번에는 글쓰기의 흐름이 1912년 11월 중순까지 계속된다. 이 작품은 몇 순간을 제외하면 15년 동안의 절망적인 고통 끝에 1개월 반 만에 안전한 느낌을 받은 첫 번째 주요 작품[9]이라고 그는 펠리체에게 편지를 쓴다. 가능한 한 오랫동안 그는 자신이 옳은 길을 가고 있다는 느낌을 주는 일을 고수할 것이다.

특히 며칠 만에 단숨에 쓴 첫 번째 장,「화부」의 경우 더욱 그렇다. 그는 이 텍스트가 너무 성공적인 것처럼 보여서 별도로 출판할 준비까지 했다.

열일곱 살의 카를 로스만은 하녀를 유혹해서 아이를 임신시켰다는 이유로 가난한 부모에게 쫓겨나 미국으로 보내졌다. 카를은 속도를 줄이면서 천천히 뉴욕항으로 들어가는 배 갑판에 서 있었다. 그는 갑자기 강렬해진 햇빛을 받고 서 있는, 오래전부터 주시해 왔던 자유의 여신상을 발견했다. 칼을 든 자유의 여신상의 팔은 마치 다시 뻗은 것처럼 높이 들려 있었고, 자유의 여신상 주위로는 상쾌한 바람이 불었다.[10]

자발적인 이민이 아니다. 카를 로스만은 그의 부모에게 추방당했다. 나중에 선장실에서 그는 하녀가 자신을 침대로 끌어당겼던 장면을 기억한다. 카프카는 여기서처럼 노골적으로 섹슈얼리티를 묘사한 적이 거의 없다. 그때 그녀는 그의 옆에 누워 그에게서 무엇이든 비밀을 알아내려고 했지만 그는 아무 말도 할 수가 없었다. 그러자 그녀는 장난인지 진심인지 화를 내더니 그의 몸을 잡아 흔들고 그의 심장 소리를 듣고는 자기와 똑같이 들어 보라며 가슴을 내밀었다. 그러나 카를이 시키는 대로 하지 않자 벌거벗은 배를 카를에게 밀착시키고 그의 사타구니를 손으로 더듬었는데, 카를은 너무나 역겨워서 목과 머리를 흔들어 이불 밖으로 내밀었다. 그사이에도 그녀는 그의 몸에 자기 배를 여러 번 갖다 댔다. 그는 벌써 그 여자가 육체의 일부분이 된 것 같았고, 아마 그런 이유로 엄청난 곤경에 처했다는 생각이 그를 사

로잡았다.¹¹

　　이 장면에서 너무 많은 것이 분명해진다. 카를은 정말 죄 없이 추방당했다.

　　이제 그는 미국에 도착하여 배를 타고 뉴욕항으로 미끄러지듯 들어가고, 자유의 공기가 불지만 자유의 여신상에는 뭔가 문제가 있다. 그녀가 높이 들고 있는 것은 횃불이 아니라 칼이다. 자유의 상징이 아니라 징벌적 정의의 상징으로 바뀐 것은 사소한 변화가 아니다. 약속보다는 위협에 가깝다. 카를은 출구로 가려고 애쓰는 군중의 흐름 속에서 잠시 멈춘다. 그는 우산을 잊어버리고 놓고 왔다. 그는 낯선 사람에게 여행 가방을 지켜 달라고 부탁하고 돌아선다. 카프카가 가장 좋아하는 익살극의 한 장면처럼, 그는 흐름을 거슬러 다시 중간 갑판으로 돌아가려고 한다. 그러다가 복도, 계단, 방의 미로에서 길을 잃는다.

　　처음으로 바깥에 나간 카를은 잠시 후 완전히 방향을 잃고 헤매게 된다. 절망에 빠진 그는 어떤 문을 두드리는데, 거구의 남자가 나타나 자신을 화부라고 밝히고 처음에는 그를 거만하고 무례하게 대하다가 점차 친절하게 대한다. 화부는 그를 작은 선실의 침대 위로 끌어당긴다. 그는 자신이 미지의 대륙 연안에 정박하고 있는 배의 안전하지 않은 바닥에 있다는 사실도 거의 잊고 있었다. 그만큼 화부의 침대가 고향같이 편안하게 느껴졌던 것이다.¹² 갑판 위의 우산과 여행 가방은 잊은 지 오래고, 카를은 화부의 연설을 듣는 데 몰두한다. 그것은 고된 노동과 상관인 슈발의 사악한 괴롭힘에 관한 끔찍한 이야기다. 카를은 화부에게 선장에게 고충을 말하라고 조언한다. 카를은 순식간에 정의를 위한 투사가 된다. 소년과 크고 강한 남자 사이의 서열이 뒤바뀐다. 실제로 자신보다 우월한 남자를 신경 쓰는 것은 이제 소년이다. 당연히 소년에게는 이 일을 수행할 능력이 없고, 나중에 더 강력한 누군가가 개입하기 때문에 그는 내부적으로도 다시 다듬어진다. 도처에 권력 투쟁이 숨어 있다.

화부와 그의 새로운 젊은 후원자, 두 사람은 선장의 사무실로 간다. 그곳에서 그들은 항구의 번잡함을 바라볼 수 있는 높은 창문 앞에 그림과 같이 경직된 채 서 있는 여러 신사를 만난다. 하인이 두 침입자인 카를과 화부를 쫓아내려고 한다. 카를이 앞으로 나서 마비된 듯 자신의 상황을 효과적으로 변호할 줄 모르는 화부의 불만을 말하자 신사들 사이에 약간의 동요가 일어난다. 화부는 갈피를 잡지 못하고 장황해지고, 불분명해지고, 심지어 무례해진다. 이 모든 것은 극도로 분노한 내면에서 기인한 것[13]이다. 카를은 사과한다. 카를도 분노했지만 그는 여전히 화부의 대의를 잘 변호할 수 있다. 특히 존경받는 신사들 중 한 명이 내내 카를에게 시선을 고정하고 있다가 화부의 더듬거리는 말을 듣지 않고 카를의 이름을 묻고, 몇 번 말을 주고받은 끝에 자신이 카를의 외삼촌이라고 밝힌다. 즉시 전체 장면이 바뀐다. 카를은 상원 의원의 조카이자 법과 정의의 확고한 수호자로 무대의 중심에 서게 된다. 그의 자신감이 커진다. 이국의 높은 분들 앞에서 좋은 일을 위해 싸우고 있는 자신의 모습을 부모님이 볼 수 있다면, 부모님은 그에 대한 생각을 바꿔 주실까? 그를 부모님 사이에 앉히고 칭찬해 주실까? 부모님에게 복종하는 그의 눈을 한 번만이라도 봐주실까?[14]

부모에게 추방당한 카를은 그들에게 여전히 애착을 품고 있다. 하지만 그의 부모 몰래 외삼촌에게 편지를 보내 카를의 도착을 알린 사람은 가정부였기 때문에 그는 가정부에게 고마워해야 마땅하다. 따라서 화부를 위한 카를의 사심 없는 변호는 놀라운 방식으로 보상을 받게 된다. 동화에서와 같이 그는 뜻밖의 신분 상승을 하게 된다. 그리고 화부는? 그는 거의 잊혔다. 카를은 아니다. 카를은 계속해서 화부를 위해 정의를 요구하지만 외삼촌으로부터 여기서 중요한 것은 정의가 아니라 규율이며 규율에 대한 재량은 선장에게 있다는 말을 듣는다. 외삼촌은 화부를 위한 카를의 변호를 다음과 같이 해석한다. 너는 외로움을 느꼈을 테지. 그때 화부를 만났고 지금 그에게 고마움을 표시하려는 거지. 그건 기특한 생각이야. 그러나 나를 위해 너무 지나친 행동은 하지 마라. 네 처지를 알아야지.[15]

카를은 배신처럼, 그리고 신의가 없는 것처럼 보일 정도로 기꺼이 순응한다. 그는 외삼촌을 실망시킬 수 없다고 생각하고 외삼촌과 함께 배에서 내리고, 두 사람은 육지로 가는 배에 올라탄다. 그러나 그는 외삼촌이 과연 화부의 역할을 대신해 줄 수 있을까[16] 하는 의심을 품는다.

죄책감을 의식한 카를은 화부를 운명에 맡긴다. 그는 자신이 화부를 버렸다고 생각한다. 그는 자신에게 실망했지만, 큰 기대와 무언가를 만회할 수 있다는 느낌을 안고 신세계에 들어간다. 마치 추방당한 그가 지금 자신이 처한 새로운 상황에 대해 도덕적 의무를 지닌 것처럼 말이다.

　　부유한 외삼촌의 저택에서 카를은 가장 현대적인 뉴욕을 제대로 알게 된다.

　　많은 해석자들이 동의하듯이, 카프카는 여기서 책으로만 알고 있던 선진적인 미국 변종의 현대 산업 자본주의에 대한 비평가로 등장한다. 예를 들어 전반적인 가속도에 대한 설명, 그 끝없는 움직임, 불안한 환경 때문에 의지할 곳 없는 인간들과 그들의 활동으로 옮겨 붙은 불안[17]이 이에 해당한다. 또는 외삼촌의 거대한 공장의 전화 교환실과 같이 기계화되고 철저하게 합리화된 작업 과정을 설명하는 부분이 이에 해당한다. 이 과정들이 특별히 자세하게 묘사된 것은 근본적으로 변화된 산업적인 듣기, 말하기, 쓰기의 맥락과 관계가 있는, 즉 강박적인 작가였던 카프카가 자연스럽게 관심을 보인 주제였기 때문이다. 전화 교환실의 묘사는 다음과 같다. 거기에는 눈부신 전등 밑에서 문소리에는 신경도 쓰지 않고, 강철 띠를 머리에 두르고 강철 띠에 달린 수화기를 귀에 댄 채 일에 열중하고 있는 종업원의 모습이 보였다. 오른팔은 유달리 무거운 듯 작은 책상 위에 올려놓고, 연필을 쥔 손가락은 인간의 손이라고는 믿기 어려울 만큼 균일하고 빠른 속도로 움직이고 있었다. 종업원이 수화기에 대고 하는 말은 매우 간단했고, 종종 상대방에게 이의를 제기하고 좀 더 정확하게 질문하고 싶은 것처럼 보였지만, 자신의 의도를 실행하기도 전에 눈을 내리깔고 자신이 들은 내용을 기록해야 했다.[18]

　　이 과정들을 목격한 카를은 공포에 휩싸이는 동시에 경외감을 느낀다. 그는 이 상황을 지배하는 외삼촌에게 이렇게 말한다. 외삼촌께서는 정말 큰 성공을 거두셨군요.[19]

근대성의 상징이기도 한 외삼촌의 사업은 실제로는 생산 시설이 아니라 매입, 보관, 운반, 판매에서 규모가 매우 크며, 고객들과 전화와 전보로 정확하고 끊임없는 연락을 유지해야 하는[20] 중개 기관이다. 따라서 여기에는 나중에 『소송』과 『성』에 묘사된 예측할 수 없는 관청의 미로들의 현대 산업적이며 의사소통적인 원형이 있다. 관청의 미로들은 이 두 작품에서 수수께끼 같고 때로는 형이상학적인 의미를 지니고 있다.

외삼촌의 대저택에서 카를은 높은 곳에서 거리의 협곡을 내려다보며 끊임없이 밀려드는 차량[21]과 분주하게 서로 무심코 지나치는 인파를 바라본다. 여기서는 동정심을 기대할 수 없다.[22] 심지어 인사도 금지되었다.

외삼촌은 그에게 발코니에 서서 아무 일도 하지 않고 북적거리는 군중을 내려다보지 말고 효과적으로 참여하는 법을 배우는 것이 중요하다고 경고한다. 그는 길 잃은 양이 아니며, 인생은 그에게 많은 기회를 제공하므로 그 기회들을 대담하게 포착하는 것이 중요하다. 카를은 가능한 한 빨리 필요한 모든 것을 배우기 위해 노력을 기울여야 한다. 단 언어, 비즈니스, 사회적 에티켓, 승마 등만 배워야 한다. 또한 피아노도 사용할 수 있다. 카를은 몸을 일으켜 열심히 배우지만 특히 피아노에 끌린다. 처음에 카를은 피아노 연주에 많은 기대를 걸었으며, 적어도 취침 전에 피아노 연주가 미국 생활에 직접적으로 영향을 끼칠 가능성에 대해 생각하는 것을 부끄러워하지 않았다.[23] 카를은 자신의 특권적인 상황을 잘 알고 있기 때문에 외삼촌이라는 사람을 통해 자신을 환대해 준 나라에 피아노 연주를 통해서라도 무언가 보답하고 싶어 한다. 아무도 그의 연주에 주목하지 않기 때문에 그것은 매우 공상적인 생각이다.

후원하고 요구하는 외삼촌은 사업 친구인 몸집이 크고 뚱뚱한 두 명의 신사, 신세계의 전형적인 산업계 보스이자 자본가인 그린과 폴룬더에게 카를을 소개시킨다. 폴룬더는 카를을 자신의 별장으로 초대한다. 외삼촌은 그것을 좋게 보지 않는다. 외삼촌은 그런 즐거움은 규칙적인 직업 생활[24]에서만 누릴 수 있는 것이라고 설명한다. 하지만 바로 그런 외삼촌의 반대가 카를을 화나게 한다. 카를은 초대를 수락한다.

도시 외곽에 새로 지어진 거대한 규모의 별장은 방, 홀, 계단이 미로처럼 얽혀 있다. 전기가 아직 들어오지 않아서 모든 것이 어둡다. 한 무리의 하인들이 촛불을 들고 복도를 유령처럼 지나간다. 폴룬더의 딸 클라라가 카를을 괴롭힌다. 그로테스크한 장면이 이어진다. 그녀는 카를을 침대 위로 끌어당기고, 카를은 저항하고, 그녀는 카를의 뺨을 때리며 말한다. 그런데 너는 명예를 존중하는 남자일지도 모르니 — 그렇게 믿고 싶은데 — 이렇게 따귀를 맞으면 더 이상 살고 싶은 마음이 생기지 않을 테니 세상에서 스스로 자취를 감추고 말지도 모르지.[25] 이 순간 카를은 마치 자신이 혼잣말을 하는 것 같은 느낌을 받는다.

하녀와의 이야기에 따르면, 이것은 순진한 카를의 두 번째 유혹으로 다시 비참한 결과를 초래한다. 자정이 되자 카를은 외삼촌으로부터 다음과 같은 편지를 받는다. 너는 내 뜻을 어기고 오늘 밤 내 곁을 떠날 결심을 했지. 그러니 평생 동안 너의 결심을 충실히 지키도록 해라. 그렇게 하는 것만이 남자다운 결심이라 하겠다.[26]

카를은 외삼촌을 떠나고 싶지 않았고, 자정 전에 돌아오려고 했지만 공격적인 클라라 때문에 그렇게 하지 못했다. 그래서 그는 또다시 죄 없이 추방당했다고 느낀다. 처음에는 외삼촌의 칭찬, 그다음에는 거절, 그리고 이제 그는 바닥으로 가는 길이 계속되는 것을 어렴풋이 깨닫는다.

그는 낡은 여행 가방과 우산, 집에서 가져온 소지품을 건네받고, 밤에도 교통이 혼잡한 거리로 다시 나선다. 이제야 카를은 자유롭지만 무방비한 상태로 미국에 도착했음을 실감한다.

조그마한 여관에서 그는 자신의 물건을 훔치고 괴롭히는 두 명의 부랑자, 로빈슨과 들라마르슈를 알게 되고 이들에게서 벗어나지 못한다. 두 사람은 그에게 재앙이 된다. 며칠간의 행군 끝에 카를은 거대한 규모의 호텔인 "옥시덴털"에서 엘리베이터 보이로 일하게 된다. 그는 당분간 두 명의 동료와 떨어져 지내게 된다. 다시 한번 운 좋게도 카를은 고립무원 속에서 자신을 비호해 줄 사람을 찾는다. 처음에는 외삼촌이었는데 지금은 여주방장이 그를 돌봐 준다. 한동안은 잘 지내지만, 부랑자 중 한 명인 로빈슨이 술에 만취해 다시 나타난다. 카를은 그를 돌보다가 잠시 자신의 직무를 소홀히 한다. 그리고 이전에 배에서와 마찬가지로 재판이 열린다. 그러나 이번에는 카를은 다른 사람을 변호할 수 없고 자신을 변호해야 하는데, 실제로는 성공하지 못한다. 이전에 카를을 보호하던 여주방장이 그에게 절교를 선언한다. 정당한 일은 정당하게 보이는 법이야. 이제 고백하지만 네 일은 그렇지 않아.[27] 카를은 해고된다.

그는 처음에는 부모, 그다음에는 외삼촌, 그리고 이번에는 여주방장에게 세 번째로 죄 없이 추방당한다.

카프카는 이 대목, 6장이 끝날 때까지 전진했다. 그리고 그 시점인 1912년 11월 중순에 그는 『변신』을 집필하기 위해 3주 동안 이 소설의 작업을 중단했다.

추방의 모티프는 이제 이 소설에서 단편소설로 옮겨 갔다. 딱정벌레로 변신한 그레고르 역시 결국 가족에게 추방당하고 쓰레기로 버려진다. 카를은 아직 거기까지 가지 않았다. 그의 몰락 이야기는 아직 끝나지 않았다.

거리로 돌아온 카를은 다시 두 부랑자를 만나게 된다. 로빈슨은 카를을 뚱보 여가수 브루넬다에게로 유인한다. 들라마르슈는 그 사이에 그녀와 살림을 합쳤다. 최악의 가정생활이 그를 기다리고 있다. 카를은 더러운 아파트를 청소하고, 남은 음식으로 식사를 준비하고, 비만으로 거동이 불편한 브루넬다를 돌봐야 한다. 여기서 카프카는 가족에 대한 혐오감을 모두 털어놓는다.

이 숨막히는 지옥에서 잠시 벗어나기 위해 카를은 발코니로 나간다. 거기서 그는 협곡과 같은 거리의 활기찬 북적거림을 지켜보게 된다. 그 아래에서는 선거전이 벌어지고 있고, 후보자들이 거대한 남자들의 어깨에 실려 다니고, 공짜 맥주가 있고, 브라스 밴드 음악이 연주되고, 행진하는 대열이 다가오고, 패싸움이 벌어지는 등 카프카가 상상했던 미국의 삶 전체가 펼쳐져 있다. 갑자기 카를은 주변이 어둡고 질식할 것 같다고 느낀다. 브루넬다가 그를 붙잡고 가슴 사이에 끼어 옴짝달싹 못 하게 해서 청각과 시각이 가로막혔기 때문이다.

카프카는 12월 16일에 펠리체에게 편지를 쓰면서 이 혐오스러운 세계에 몰입한다. 나는 많은 시간을 보냈지만 소설에는 너무 적은 시간을 들였습니다. 게다가 이제 그대에게 돌아가는 것을 거의 주저하고 있습니다. 의외로 자연스럽게(그 장면을 묘사하기에는 터무니없이) 내게서 흘러나온 그 역겨운 장면으로 인해 내 손이 아직 더럽기 때문입니다.[28]

몇 주 후, 소설은 브루넬다가 머리를 빗고 안락의자에 앉아 다리를 넓게 벌린 채 두껍고 붉은 혀를 입술 사이에서 이리저리 움직이며[29] 카를에게 다가오는 장면까지 진척되었다. 여기서 텍스트가 끊긴다. 1913년 1월 26일, 카프카는 펠리체에게 편지를 쓴다. 내 소설이 이런 꼴이라니! 그저께 저녁에 완전히 두 손을 들고 말았습니다. 내게서 달아나는 소설을 더 이상 붙잡을 수가 없습니다.[30]

카프카는 이제 카를과 함께 바닥에 도달했다. 그는 카를을 곤경에서 구출할 수[31] 있을지 의구심을 품는다. 카프카는 또한 카를이 곧 뛰어들 것 같은 심연에 매력을 느낀다. 그는 소설의 주인공처럼 자신

역시 바닥으로 끌어 내려지는 느낌을 받는다. 카프카는 추락하고 싶은 욕망을 카를과 공유한다. 추락하는 동안에도 그는 내부적으로 카를과 연결되어 있다. 심지어 그는 막스 브로트에게 순진무구한 카를을 사랑한다고 말하기도 한다.

카프카는 훗날 일기에서 자신도 모르게 디킨스처럼 소설을 쓰려고[32] 했다며, 그 중심에는 오물과 비참함, 그리고 모든 사람의 냉혹함 때문에 타락할 위험이 있고 구원을 필요로 하는 순진하고 사랑스러운 인물이 있었을 것이라고 언급한다.

1913년 1월 말, 소설 작업이 당분간 중단되자 그는 펠리체에게 소설을 위한 몇 가지 메모를 하려고 갑자기 밤에 일어났다고 썼다. 이 소설의 편집자는 다음과 같은 메모였을 것이라고 추측한다. 내가 분명하게 느끼지만 인식할 수 없는 어떤 관계들이 있다. 조금 더 깊이 잠수하면 충분하겠지만, 바로 여기서는 부력이 너무 강해 내 밑에서 흐르는 조류를 느끼지 못한다면 내가 물 밑바닥에 있다고 믿을 수 있을 정도다. 어쨌든 나는 수천 번 굴절된 빛이 나를 비추는 높은 곳으로 향한다.[33]

그는 가능한 한 낮게 내려갔다가 다시 빛의 빛으로 올라간다고 생각하면서 이렇게 덧붙인다. 비록 나는 위의 모든 것이 싫지만.[34]

사실 소설은 그보다 먼저 더 아래로 내려간다. 바닥에 도달한 카를은 카프카가 이미 『소송』을 작업 중이던 1914년 8월에 작성된 텍스트 파편에 등장한다. 이 텍스트 파편의 제목은 「브루넬다의 출발」이다.

이른 아침, 가능한 한 사람들의 눈에 띄지 않게 하기 위해, 브루넬다는 계단으로 옮겨져 수레에 실린다. 엄청난 무게의 고깃덩어리와 같은 브루넬다는 회색 천으로 덮여 있다. 카를이 수레를 끌자 그것은 무게 때문에 금방이라도 무너질 것만 같다. 로빈슨과 들라마르슈는 사라졌고, 카를은 혼자 천을 덮어 감춘 짐을 수레에 싣고 운반하고 있다. 그를 만난 사람들은 그가 잡동사니나 감자를 운반하고 있다고 짐작한다. 그 지역은 목적지인 제25번 사업장, 아마도 매춘 업소에 가까워질수록 점점 더 초라해지고 어두워진다. 카를은 심부름꾼, 포주, 친구 등 무엇이든 될 수 있다. 이 제25번 사업장의 위치는 다음과 같이 묘사된다. 그럼에도 모든 것이 기름때가 묻어서 역겨웠다. 모든 것이 잘못 사용된 것 같았고, 아무리 청결해도 이런 상황을 개선할 수 없는 것처럼 보였다.[35]

더러움의 절정인 이 지점에서 카프카는 중단한다.

하지만 몇 주 후인 1914년 10월 초, 카프카는 이 소설이 처음 출간되었을 때 브로트가 "오클라하마의 야외극장"이라는 제목을 붙인 장으로 다시 시작한다.

이 장의 의미에 대해 많은 논쟁이 있었다. 구원의 유토피아로 해석되기도 하고 그것에 대한 패러디로 해석되기도 한다. 환멸을 느끼게 하는, 바닥으로 가는 여정의 연속적인 서술이나 위대한 전환점, 탈출구로 해석되기도 한다.

막스 브로트는 다음과 같이 보고한다. 나는 대화를 통해 알게 되었다. 카프카가 특히 좋아하고 가슴 뭉클하도록 아름답게 낭독했던

'오클라하마의 야외극장'의 미완성 장이 마지막 장이 되어 화해적인 방식으로 마무리될 예정이었다. 카프카는 수수께끼 같은 말로 그의 젊은 주인공이 천국의 마법을 통한 것처럼 이 '거의 무한한' 극장에서 자신의 직업, 자유, 뒷받침, 심지어 집과 부모를 다시 찾을 수 있을 것이라고 미소 지으며 암시했다.[36]

1915년 9월 29일의 일기는 이와 상반되는 것으로 보인다. 로스만과 요제프 K, 죄 없는 자와 죄 있는 자. 결국 둘 다 똑같이 처벌을 받아 죽임을 당한다. 죄 없는 자는 맞아 쓰러졌다기보다는 오히려 옆으로 떠밀려 더 손쉽게 죽었다.[37]

어떤 사람들은 로스만이 살해당했다면, 야외극장은 실제로 죽은 자의 영역에서 벌어지는 놀이로 이해되어야 한다고 결론지었다.

하지만 그것에 대해서는 할 말이 거의 없다. 우리는 이전 장들의 현실적인 서사 공간에서 몽환적인 것으로 부드럽게 전환되기 때문이다. 단절이 있지만 그것은 문체가 아니라 줄거리 수준에만 있다. 브루넬다 에피소드와의 연결이 끊어졌다.

우리는 길모퉁이에서 과장된 내용이 적힌 광고 포스터를 자세히 읽고 있는 카를을 만나게 된다. 오늘 클레이턴 경마장에서 아침 6시부터 자정까지 오클라하마 극장의 직원을 채용합니다! 오클라하마 대형 극장이 여러분을 부릅니다! 단지 오늘 한 번의 기회뿐입니다! 지금 이 기회를 놓치면 영원히 놓치게 됩니다! 자신의 미래를 생각하는 사람은 우리와 함께 일합시다! 누구나 환영합니다! 예술가가 되고 싶은 사람은 지원하십시오! 우리 극장은 모든 사람에게 일자리를 줄 수 있습니다! 우리와 일하겠다고 결심한 사람에게는 지금 이 자리에서 축하를 보냅니다! 그렇지만 자정 전에 도착하도록 서두르세요! 모든 문이 12시에 잠기고 다시는 열리지 않습니다! 우리를 믿지 않는 사람은 저주받을 겁니다! 어서 클레이턴으로 오세요!**38**

문장에는 날카로운 울림이 있고, 각 문장은 느낌표로 끝난다. 둘도 없는 기회가 선전된다. 모든 사람이 필요하며, 지금 잡지 않으면 일생일대의 기회를 놓치는 것이다. 충족해야 하는 전제 조건은 없다. 자신의 미래에 대한 관심만 있으면 된다.

이 호소문은 마치 회개, 중생, 영혼의 구원에 관한 것처럼 거의 종교적인 어조로 광고된다. 광고이자 경고이며 심지어 위협이기도 하다. 우리를 믿지 않는 사람은 저주받을 겁니다!

카를은 이제 광고 포스터에 익숙할 만큼 미국에 오래 거주했다. 그는 더 이상 광고를 믿지 않는다. 하지만 이 포스터는 다른 포스터들보다 훨씬 더 비현실적**39**이었다. 바로 이런 이유로 다른 세계에서 온 메시지처럼 읽힌다. 구원에 대한 약속, 복음, 실제로는 비현실적이지만 믿고자 하는 의지에 호소한다. 게다가 보수에 대한 언급이 없다. 카를은 이를 즉시 알아차린다. 아무튼 그는 너무 현실적이다. 그는 사람들은 누구나 예술가가 되기를 원하지는 않겠지만, 누구든 자신이 한 일에 대해서는 보수를 받고 싶을 것**40**이라고 생각한다.

마침내 품위 있는 삶의 출발점을 찾으려는**41** 카를의 열망은 회의론보다 더 강하다. 그래서 그는 지하철을 타고 클레이턴 경마장으로 향한다.

그곳의 넓은 지역에서 귀를 먹먹하게 하는 나팔 소리가 그를 맞이한다. 흰옷을 입고 날개가 달린 천사 복장을 한 수백 명의 여성들이 받침대에 서서 합창이 아닌, 격렬하게 뒤죽박죽이 되어 서로를 향해 있는 힘을 다해 나팔을 불고 있다. 이 지옥 같은 환영의 소동은 그곳에 온 소수의 사람들을 향한 것이다. 카를은 나팔을 부는 천사들 사이에서 오랜 지인인 패니를 발견하고 깜짝 놀란다. 그것은 마치 낯선 곳에서 익숙한 것이 갑자기 번쩍이는 꿈과 같다. 카를은 패니에게 너희 모두 나팔 부는 솜씨가 형편없는데 내가 한번 불어 봐도 되겠느냐고 말한다. 그리고 이제 그는 너무 잘 불어서 다른 사람들이 그의 연주에 귀를 기울인다. 갑자기 카를이 관심의 중심이 된다. 그래서 그 장면은 그에게 유리하게 시작된다. 곧 실제 채용 절차가 이어진다.

자칭 인사부장이 증명서를 요구한다. 카를은 증명서가 없고 이 때문에 채용되지 않는 것은 아닐까 두려워한다. 하지만 이상하게도 여기서는 그러한 서류가 문제가 되지 않는 것 같다. 카를은 각 직업군을 위한 작은 막사가 있는 채용 사무소로 보내진다. 카를은 한때 열망했던 직업인 엔지니어 채용 사무소에 신청한다. 하지만 그는 옷차림이 너무 초라하고 너무 어려서[42] 엔지니어가 되기에는 부적합하다는 평가를 받는다. 그래서 카를은 한 그룹에서 다른 그룹으로 옮겨지는데, 이는 분명히 모든 사람에게 적합한 무언가가 있는 것처럼 보이는 고도로 차별화된 시스템이 존재하기 때문이다. 카를은 시스템을 돌아다니며 어디를 가든 원칙적으로 자신이 필요할 수 있지만 이 특정 분야에서는 그렇지 않다는 걸 확신하게 된다. 결국 그는 마지막 막사인

과거 유럽 중학교 학생[43]들을 위한 채용 사무소에 도착한다. 카를은 또다시 법정 앞에 서지만 이번에는 상황이 좀 더 우호적이다.

그곳은 그에게 마지막 피난처[44]로 여겨지고, 그는 꿈에서와 같이 오랜 지인인 실업 학교 시절 선생님을 다시 만났다고 생각한다. 여기서도 증명서가 없다는 것은 문제가 되지 않지만, 그것은 아마도 단지 유럽 중학교 학생이라는 신분 자체가 수치스러운 것이므로, 누군가 자신이 그러한 사람이라고 주장한다면 그 사람의 말은 액면 그대로 믿을 수 있기[45] 때문일 것이라고 카를은 생각한다.

카를은 우선 자신의 실명을 되찾고 싶어서, 실명을 밝히고 싶지 않다고 생각한다. 그래서 그는 마지막 일자리인 브루넬다가 있는 매춘 업소에서 부여받은 이름을 사용한다. 니그로. 이 이름은 이제 모든 사람이 볼 수 있도록 전광판에 표시된다. 니그로, 기술 노동자.[46]

카프카는 홀리처의 책에서 교수형에 처해진 흑인과 그 주위에 모여 있는 백인들이 자랑스러운 포즈를 취하고 있는 것으로 유명한 악명 높은 사진을 본 적이 있을 것이다. 홀리처는 이 사진에 "오클라하마에서 온 전원시"라는 빈정대는 제목을 달았다. 홀리처의 철자 실수를 이어받은 카프카는 오클라하마라는 극장과 니그로라는 이름으로 이 불길한 "전원시"를 암시했을 것이다.

카를은 비록 마지막이지만 채용되었고, 이제 모두가 식사를 위해 긴 식탁에 초대받는다. 무대는 점점 더 몽환적으로 변한다. 놀고먹는 세계의 그림처럼 바삭바삭하게 구워진 고기가 포크가 꽂힌 채 여기저기로 운반된다. 오랜 지인인 옥시덴털의 엘리베이터 보이 자코모가 다시 등장한다. 자코모는 여주방장이 예상했던 것처럼 골격이 튼튼한 미국인으로[47] 성장하지 않았고 여전히 작고 여린 모습을 유지하고 있다. 카를과 자코모는 앞으로 항상 함께할[48] 것을 약속한다. 그리고 그들은 구직자들을 오클라하마로 데려갈 기차로 서둘러 출발한다. 카를과 자코모는 이제 친구가 되었다. 그들은 서로 붙어 앉았고, 둘 다 이 여행을 아주 기대하고 있다. 그들은 미국에서 이렇게 마음 편하게 여행을 해본 적이 없었다.[49]

오클라하마의 야외극장은 성공의 유토피아일까? 오클라하마에서 실제로 구직자들을 기다리고 있는 것이 무엇인지 아직 명확하지 않기 때문에 여전히 불확실하다. 잠시 동안 모든 것이 추방처럼 보인다. 하지만 카를은 의심하지 않는다. 그는 기술 노동자 범주에 채용되었고 이에 만족하고 있다. 물론 이것은 구원이 아니며 모든 소망의 목표도 아니다. 그러나 그러한 결말은 게오르크처럼 다리에서 떨어지거나 그레고르처럼 딱정벌레로 변신하는 것보다 확실히 낫다. 카를은 카프카가 이미 작업 중이던『소송』의 요제프 K보다 훨씬 더 나은 결말을 맞는다. 이에 비추어 볼 때, 카프카가 막스 브로트와의 대화에서 설명했듯이, 이 소설의 결말은 사실 그가 쓴 다른 어떤 소설보다 밝다.[50]

이 이야기는 채용과 오클라하마로 급히 떠나는 것으로 끝나지 않는다. 끝없는 기차 여행을 묘사하는 또 다른 페이지가 이어진다. 이제야 카를은 미국의 위대함을 깨닫고, 그에 비하면 다른 모든 것은 작고 무의미해 보인다. 그는 거칠고 광활한 대지의 장엄함에 경외감을 느낀다.

소설 전체에서 처음이자 마지막으로 상세한 풍경 묘사가 나오는 곳이 바로 여기, 맨 마지막 부분이다. 첫째 날에 그들은 높은 산악지대를 지나갔다. 뾰족한 쐐기 모양의 푸른 기운이 감도는 검은 암석 덩어리들이 기차 쪽으로 다가왔다. 사람들이 창밖으로 몸을 내밀고 그 암석 덩어리들의 꼭대기를 찾으려 했으나 허사였다. 어둡고 좁고 톱날 같은 계곡들이 펼쳐졌다. 사람들은 지나온 방향을 집게손가락으로 따라가려고 했다. 폭이 넓은 계곡물이 큰 파도가 되어 산기슭의 작은 언덕을 흘러내려 갔다. 그러면서 수많은 거품을 일으키는 잔물결이 생겨나 기차가 지나가는 다리 아래로 쏟아졌다. 계곡물의 찬 기운 때문에 얼굴이 덜덜 떨릴 정도로 계곡은 가까이에 있었다.[51]

더 이상 목적지가 없는 여행이 시작된다. 여행은 예측할 수 없는 것으로 이어진다. 오클라하마는 단지 그것의 이름일 뿐이다. 그리고 이 순간 카를 로스만이 시야에서 사라진다. 그는 이제 정말 실종자가 된다. 그는 이미 오래전에 자신의 이름을 버렸다.

카프카는 펠리체에게 소설이 그와 분리될 수 있다는 두려움에 대해 편지를 썼다. 결국 이 동정심 많은 청년은 남을 돕기 좋아하고, 거리낌 없고, 낙관적이지만, 정글 같은 삶의 투쟁을 벌일 만큼 무모하지는 않다. 카프카는 이 카를 로스만이라는 인물로부터 도망쳤다.

무한한 가능성이 펼쳐진 광활한 땅에서 실종되었지만, 동시에 그는 자신이 출발한 곳의 불행에서 벗어나기도 했다. 어쩌면 카를 로스만의 소원은 인디언이 되어 달리는 말을 타고 바람에 기대[52] 대초원을 가로지르며 자유의 폭풍을 느끼는 것이었을지도 모른다.

6장

펠리체의 침묵

거리 두기로서의 글쓰기

그레테 블로흐, 파혼의 법정

소송이 시작되다

펠리체 바우어는 카프카에게서 진정한 글쓰기의 환희를 촉발시켰다. 『판결』, 『변신』 그리고 아메리카 소설의 여러 장이 빠르게 연속적으로 만들어졌다.

펠리체에게 보내는 편지와 문학 텍스트의 글쓰기는 거의 같은 수준에서 움직였기 때문에 서로에게 자극을 주었다. 펠리체는 가상의 인물보다 더 현실적이지 않기 때문에 그의 글쓰기 바로 옆에서 움직인다. 이제 나의 삶을 그대에 대한 생각으로 확장했습니다. (…) 그러나 이 사실조차도 글쓰기와 연관이 있습니다.[1] 여전히 문학적 허구의 일부인 펠리체는 이에 상응하는 요구를 하는 독립적인 현실을 대표한다. 카프카는 펠리체의 편지를 통해 새로운 삶의 영역으로 이끌려 들어가지만, 이 역시 상상의 글쓰기라는 상상의 영역 안에 갇혀 있다. 글쓰기의 성쇠만이 나의 삶을 결정합니다.[2]

펠리체가 마침내 편지의 광기에 지쳐 개인적인 만남을 밀어붙이는 순간 위험은 다가온다. 카프카는 놀란다. 그는 그녀에게 경고한다. 나의 건강은 겨우 제 한 몸을 위해서만 좋을 뿐이지 결혼을 하기에는 좋지 못합니다. 아버지가 되는 것은 말할 것도 없고요.[3] 그는 글쓰기에만 능숙하며, 그가 글을 쓰지 못하게 된다면 그에게 남는 것은 아무것도 없을 것이라고 설명한다. 그러나 누군가에게 가까이 다가가려 하고 그 일에 전력하면 (…) 나는 아무 의미도 없는 존재가 되어 버립니다. 이 무의미함과 함께 무엇을 할 수 있겠습니까?[4] 그녀는 실제 만남에서 그가 글쓰기 바깥에서는 아무것도 아닌 존재임을 보여 줄 것이라는 사실을 각오해야 한다. 누구도 그를 이해하지 못한다. 글을 쓰지 않을 때 그는 자신의 그림자에 불과하기 때문이다.

이후의 일기에는 이렇게 적혀 있다. 나는 다른 곳에 살고 있다. 인간 세계의 매력이 너무 커서 순식간에 모든 것을 잊어버릴 수 있기 때문이다. 그러나 내 세계의 매력 또한 크며, 나를 사랑하는 사람들은 내가 '버려진' 존재이기 때문에 (…) 여기서는 전혀 없는 이동의 자유를 내가 다른 차원의 행복한 시간 속에서 누린다고 느끼기 때문에 나를 사랑한다.[5]

펠리체는 이러한 이동의 자유를 추적하기 위해 카프카의 텍스트를 접해야 했다. 그러나 펠리체는 매우 주저했다.

카프카는 1912년 12월 11일, 『관찰』이 출판된 직후 펠리체에게 브로트 집에서의 첫 만남을 암시하는 발언과 함께 책을 보냈다. 나의 불쌍한 책에 친절을 베풀어 주길 바랍니다. 그날 우리가 만났던 밤에 내가 원고를 정리하는 걸 그대가 보았는데 바로 그 원고들로 구성되었습니다.[6] 그는 이 첫 번째 책에 대해 다음 편지에서 여러 번 언급했다. 하지만 12월 말까지 펠리체는 여전히 응답을 하지 않았다. 실망한 그는 그녀에게 질투심을 불러일으키려 했다. 그는 그녀가 좋아했던 작가들에 대해 평가 절하하는 글을 썼다. 프란츠 베르펠, 소포클레스, 리카르다 후흐, 셀마 라겔뢰프, 옌스 페테르 야콥센한테 질투가 납니다. 펠리체는 헤르베르트 오일렌베르크의 『실루엣』을 칭찬했다. 카프카는 그 산문이 너무 숨이 가쁘고 불순하다고 썼다. 게다가 그대 편지엔 다른 사람들도 있는데 나는 그들 모두와 싸움을 하고 싶습니다. 그대에게 무슨 해를 끼치기 위해서가 아니라 그들을 그대로부터 쫓아 버리기 위해서, 그대를 그들로부터 벗어나도록 하기 위해서, 그대에 대해서만 언급한 (…) 물론 나에 대해서만 언급한 편지를 읽기 위해서입니다.[7]

다음 날 밤의 편지에서 그는 이 질투 장면의 실제 동기에 대해 이야기한다. 그대는 내 사진을 좋아하지 않듯이 내 책도 좋아하지 않습니다. 그것은 그리 불쾌하지 않습니다. 거기 적힌 것은 대부분 옛일이니까요. 그대에게는 낯선 나의 일부분이기는 합니다. (…) 그러나 그대는 아무 말도 하지 않습니다. 무언가를 말하겠다고 미리 알리지만 말하지는 않습니다.[8]

불쾌감은 깊어지고 이어지는 편지에는 불협화음이 남아 있다. 카프카는 펠리체의 편지에 등장하는, 그녀에게 칭찬을 받는 수많은 지인과 작가들에 대해 비꼬는 듯한 발언을 한다. 예를 들어 엘제 라스커쉴러에 대해 말한다. 나는 그녀의 시를 참을 수 없습니다. 그녀의 시에서 부자연스러운 단어의 남발로 인해 생기는 공허와 반감 때문에 지루함밖에 느끼지 못합니다.[9] 또는 아르투어 슈니츨러에 대해 이야기한다. 나는 슈니츨러를 전혀 좋아하지도, 존경하지도 않습니다. 그는 확실히 능력은 좀 있습니다. 그러나 그의 희곡과 위대한 산문은 내가 보기에 역겨운 글 나부랭이로 채워져 있습니다. 비난받아 마땅합니다.[10]

카프카는 자신의 창작 단계가 지속되는 한, 펠리체가 그의 문학 작품에 대해 언급하지 않거나 거의 언급하지 않는다는 사실을 견딜 수 있었다. 하지만 글쓰기의 흐름이 정체하기 시작하자, 평소처럼 자책 뒤에 숨어 있는 펠리체에 대한 분노가 커진다. 그는 이렇게 쓴다. 내가 그대에게 어떤 고통을 주어야 할까. (…) 그리고 물론 모든 책임은 나에게 있다.[11]

분노의 이 단계에서는 사랑의 확인과 경고가 결합된다. 펠리체, 그대가 나를 좋아한다는 것은 나의 행복입니다. 그러나 확실한 것은 아닙니다. 그대가 스스로를 기만할 수도 있기 때문입니다. 어쩌면 나는 글 속에서 그대를 속이는 기술을 부리고 있는지도 모릅니다. 그대는 거의 나를 본 적도, 내가 말하는 것을 들은 적도, 내 침묵에 괴로워한 적도 없습니다. 또한 나를 그대에게 가까이 다가가게 만든 것과는 다른 우연적이고 필연적인 추악함에 대해서는 아무것도 알지 못합니다.[12]

그는 자신의 사랑을 고백하면서도 면책을 주장한다. 그는 그녀에게 가까워지고 싶다면 그에 따른 결과도 감수해야 한다고 경고했다. 그런 경고에도 불구하고 펠리체는 가까워지기 위한 노력을 계속한 것 같다. 그래서 그녀는 베를린에서 만나자고 요구한다. 우여곡절 끝에 카프카는 동의한다. 1913년 3월 19일에 그는 그녀에게 편지를 쓴다. 베를린으로 가려는 유일한 목적은 편지 때문에 오해가 생긴 그대에게 내가 정말 어떤 사람인지 말하고 보여 주려는 데 있습니다. (…) 면전에서는 달아날 도리가 없습니다.[13] 이 기회에 두 사람은 그동안 수많은 편지를 주고받았음에도 여전히 서로를 얼마나 모르는지 공포에 질려 깨닫게 될 것이다.

카프카는 1913년 3월 22일 부활절 토요일에 베를린에 도착했다. 그는 "아스카니셔 호프" 호텔에 머물며 펠리체의 소식을 기다렸다. 일요일 오후가 되어서야 만난 두 사람은 그루네발트에서 산책하며 몇 시간을 보냈지만, 카프카에게는 고통스러울 정도로 무의미한 시간이었다. 그는 편지에서 친밀감을 추구했지만, 실제 친밀감은 그를 마비시켰다. 직접적인 현존이 그를 압박했고, 그 사이에는 편지를 통해 생생하게 묘사할 때만, 즉 글을 쓸 때만 만들어질 수 있는 공간이 없었다.

펠리체는 자제력을 잃을까 봐 두려워서 피했던 만남을 찾고 있었다. 그는 그녀에게 자신을 이기기 위해 필요한 글쓰기의 고독을 이렇게 설명한다. 글을 쓴다는 것은 자신을 과도하게 열어 놓는 것을 뜻합니다. 인간관계에서 마음을 활짝 열거나 헌신을 할 때는 자신이 그 안에서 길을 잃어버렸다고 느끼게 됩니다. 제정신이 들어서야 그것에서 물러서려고 하지요. (…) 그 때문에 글을 쓸 때 혼자 있는 것은 당연한 일입니다. 글을 쓸 때 주위가 조용해야 하는 것도 당연합니다. 밤도 너무 짧습니다. (…) 자주 생각해 보았는데 나에게 가장 좋은 삶의 방식은 글 쓰는 도구와 램프를 갖고 밀폐된 넓은 지하실의 가장 깊숙한 곳에 앉아 있는 것입니다. 사람들이 음식을 가져다주는데 내 방에서 멀리 떨어진 곳, 지하실의 가장 바깥쪽 문 뒤에 가져다 놓습니다. 잠옷을 입고 지하실의 반원형 천장 아래를 지나 음식이 있는 곳으로 가는 길이 유일한 산책이 될 것입니다. 그러고는 천천히 책상으로 돌아와, 천천히 먹고 나서 곧 다시 쓰기 시작합니다. 무슨 글을 써야 할까요! 어느 정도 깊이에서 낚아챌까요![14]

카프카가 편지의 이 구절을 보고 웃었을 정도로 코믹한 어조가 묻어나지만, 여기에는 절대적인 글쓰기의 이미지가 스케치되어 있다. 여기서 글쓰기는 높은 곳으로, 이 세상을 초월한 곳으로 가지 않고 지하로 간다. 이것은 동굴 거주자의 황홀경이며, 연인은 그에게 음식을 가져다주어야 한다. 그러지 않으면 중간 세계, 결혼, 부성애, 가족, 자녀, 직업이라는 평범한 세계는 그에게서 멀리 떨어져 있어야 한다.

그는 종종 엉망진창이 된 가족의 일요일을 역겨운 장면으로 묘사한다. 기저귀를 갈고, 바닥에 똥을 싸고, 가족 식탁에서 시끄럽게 술을 마시고 카드놀이를 하며, 말다툼을 하고, 문을 두드리고, 숨을 내쉬고, 견딜 수 없는 친밀함을 느낀다. 그는 이 모든 것을 견디기 힘들어하고 시작의 허니문에 속지 말라고 경고한다. 그는 1913년 9월 18일에 막스 브로트에게 편지를 쓴다. 내가 그들과 친분이 있든 없든 모든 결혼식 커플은 나에게 역겨운 광경이네.[15]

하지만 아무리 역겨운 일이라고 할지라도, 그는 그러한 시민 계급의 생활에 대한 의무감도 느낀다. 결혼하고, 가정을 꾸리고, 태어나는 아이들을 받아들이고, 이 불안한 세상에서 기르고, 심지어 어느 정도 이끄는 것은 제 확신에 따르면 한 인간이 해낼 수 있는 최대한의 일입니다.[16] 이러한 신념을 강화하기 위해 그는 자신의 가족이 아닌 다른 가족을 보고 이렇게 선언한 플로베르의 말을 즐겨 인용한다. "그들은 진실 속에 있다." 그리고 『탈무드』에는 가족과 부성애에 대한 높은 평가가 있다.

　　이러한 관점에서 볼 때 번식과 가족 형성의 세계는 평범한 것이 아니라 신성한 것이다. 하지만 카프카가 냉정하게 자신을 성찰한다면, 그에게는 그러한 축복이 없다. 그는 거리가 유지되는 친밀함을 선호한다. 이것은 사랑, 파트너 관계, 우정에 적용되며, 심지어 종교적인 언급에도 적용된다. 그래서 그는 한때 고대 그리스 신들에 대한 믿음에 이렇게 존경을 표현했다. 그들(그리스인들)은 결정적인 신이 그들 자신으로부터 충분히 멀리 떨어져 있으리라고 생각할 수 없었고, 신들의 세계 전체는 결정적인 것을 지상의 몸에서 분리하고, 인간이 숨 쉴 수 있는 공기를 확보하기 위한 수단일 뿐이었네.[17]

　　카프카의 종교적 거리 두기는 내면세계에도 적용된다. 현실은 그에게 너무 가까이 다가와서는 안 된다. 그는 글쓰기가 만들어 내는 유희 공간을 필요로 한다. 여기서 그는 숨 쉴 수 있는 공기를 찾는다.

　　1913년 3월 27일 베를린에서 펠리체와 처음 만났을 때, 그가 두려워한 것처럼 이 유희 공간과 숨 쉴 수 있는 공기가 부족했다. 두 사람은 서로에게 수많은 편지를 썼지만, 그루네발트에서 산책하는 동안에는 서로에게 할 말이 없었다. 그러나 글쓰기로만 여자를 속박하려는 그의 시도는 아직 끝나지 않았다. 이제 펠리체는 그에게 두 가지 모습으로 존재한다. 하나는 미래의 신부로서 그의 글쓰기를 위협하는 모습이다. 그 때문에 그는 그녀에게 너무 가까이 가지 않도록 조심하고, 결정적인 순간에 뒤로 물러선다. 다른 하나는 그가 다시 현실로 돌아오기를 바라는 모습이다. 펠리체, 가끔 그대가 나를 자기 자신을 잘 아는 사람으로 변신시키는 힘을 가지고 있다는 생각이 듭니다.[18]

그러나 자명한 것은 무엇일까? 평범한 시민 계급의 삶일까? 아니다, 자명한 것은 다시 문학적인 꿈이다. 이런 점에서 두 명의 펠리체 — 그의 글쓰기를 방해하는 펠리체와 의도치 않게 글쓰기를 부추기는 펠리체 — 는 다시 하나의 동일한 존재다. 어쨌든 그녀는 그를 다시 글쓰기로 이끈다. 사랑하는 그대, 이 행복과 불행의 혼합이 (…) 나를 빙글빙글 돌게 만듭니다.[19]

베를린에서의 만남이 실패로 끝난 이후, 카프카는 우선 친밀한 어조를 강조한다. 나는 그대 안에서만 숨을 쉽니다.[20] 그런 다음 불신이 다시 깨어난다. 그는 그들의 마지막 편지가 이전과는 다르다고 썼다. 나에 관한 일들은 그대에게 더 이상 중요하지 않습니다.[21] 다음 편지에서 그는 다시 서로를 그대로 부르자[22]고 제안하지만 즉시 이 제안을 철회한다. 그는 이것이 자신의 힘을 넘어서는 일이고, 글쓰기가 손에 잡히지 않는 그 순간 그녀가 필요하다고 고백한다. 이 무시무시한 세계에서 그대 옆에 있으면 얼마나 기분이 들뜨는지 모르겠습니다.[23]

오순절인 1913년 5월 11일과 12일, 두 사람은 이번에는 카프카의 주장에 따라 베를린에서 다시 만나기로 약속했다. 만남은 다시 실망으로 끝났다. 그녀 없이는 살 수 없지만 그녀와 함께도 살 수 없다.[24] 이 진부한 결론이 머릿속에서 맴돌고, 그는 돌아오는 길에 그녀에게 편지를 쓴다. 그는 자신의 인상을 수집하고 자신이 그녀에게 이롭지 않다는 것을 깨닫게 된다. 그는 항상 그녀가 다른 사람들에게 동정을 베풀고 적극적으로 대한다고 생각했다. 그러나 나를 대할 때 그대는 무기력하고 먼 산이나 들판을 쳐다봅니다. 그대는 내 어리석은 말과 이유가 충분한 침묵을 내버려두고 나에 대해서는 아무것도 알려고 하지 않습니다.[25]

그러나 그녀는 이제 그가 아직 감히 말하지 못했고 지금 가까스로 말하고 있는 것을 진지하게 받아들여야 한다. 나에게는 그대가 대충 알고 있지만 심각하게 받아들이지 않는 장애가 존재합니다. 즉 그에게는 모든 면에서 순종적인 육체의 쾌감[26]이 부족하다. 그는 두려운 발기 부전을 암시하고 있는 것인가? 어쨌든 이러한 쾌감의 부족은 그에게서 거리낌 없음을 빼앗아 간다. 그는 항상 자신의 결점 많은 신체를 의식해야 했고, 그것은 다른 사람들에게도 전달되었다. 그는 펠리체와 함께 있을 때도 그것을 알아차렸다. 나는 그대가 나와 함께 있으면 얼마나 달라지는지 (…) 평소 자신감이 넘치고 두뇌 회전이 빠르고 긍지에 찬 처녀일 그대가 얼마나 무감각한 냉담함에 사로잡히는지 알고 있습니다.[27]

그는 의사의 진찰을 받을 것이라고 썼다. 그러고는 청천벽력처럼 기습적으로 펠리체를 놀라게 하는 질문을 던진다. 펠리체, 이렇게 불확실한 상황에 직면하여 이런 말을 꺼내는 것이 어렵고 이상하게 들릴 것입니다. 그러나 경청할 필요는 있습니다. 아직 말하기엔 너무 이르지만 나중에 말하면 너무 늦습니다. (…) 더 이상 말할 시간이 없습니다. 적어도 나는 그렇게 느낍니다. 그래서 이런 질문을 하렵니다. 유감스럽게도 제거할 수 없는 위의 전제 조건하에서 내 아내가 되고 싶은지 숙고해 보시겠습니까? 그대는 그러기를 원하나요?[28]

    이 대목에서 그는 1913년 6월 8일에 편지를 중단한다. 그는 감히 편지를 보내지 못한다. 일주일 후인 6월 16일이 되어서야 그는 용기를 내어 편지를 계속 쓴다. 그다음에는 자신에 대한 상세한 설명과 함께 어떻게든 경고 효과를 낼 수 있는 모든 것을 나열한 자기 비하가 뒤따른다. 하지만 꼼꼼하게 완성된 결점 목록은 또다시 우스꽝스러워 보인다. 그는 다른 사람들과 교제할 때 자신보다 더 비참한 사람을 만나 본 적이 없는데도 계속 쓴다. 나는 배우거나 읽은 것, 체험하거나 들은 것, 인간과 사건에 관한 그 어떤 기억도 가지고 있지 않습니다. 마치 아무것도 경험하거나 배우지 못한 것 같습니다. 실제로 대부분의 사물에 대해 어린 학생보다 아는 것이 많지 않습니다. 내가 아는 것은 너무 피상적이어서 벌써 두 번째 질문에서 막혀 버립니다. 더 이상 사고할 수도 없습니다. 사고하다 보면 곧 한계에 부딪힙니다. (…) 원래는 이야기도 할 수 없을뿐더러 제대로 말할 수도 없습니다.[29] 이 모든 것은 궁극적으로 그다지 중요하지 않은 지적 능력에 관한 것이기 때문에 필요하다면 이겨 낼 수 있다. 그보다 나쁜 것은 그가 인간과의 접촉을 완전히 잃어버렸다는 것이다. 우리 삶의 대부분을 차지하는 이 불필요한 인간관계[30]는 그에게 참을 수 없는 것이었다. 그리고 그런 식으로 계속된다. 그는 방금 그녀에게 청혼했지만 이제 많은 방해 이유들을 쌓고 있다. 여기에는 펠리체가 그와 결혼할 경우 겪게 될 손실도 포함된다. 그대는 거의 완전히 만족한 지금까지의 삶을 잃게 되겠지요. 베를린과 즐거운 사무실, 친구들, 소박한 오락, 건강하고 활달하고 좋은 남자와 결혼해 바라 마지않던 예쁘고 건강한 아기를 낳을 전망을 잃게 될 것입니다. 이처럼 상상하기 힘든 손실 대신에 그대는 병약하고 사교적이지 않으며 말이 없고 우울하고 경직되어 있을 뿐만 아니라 거의 희망이 없고 유일한 덕목이라고는 그대를 사랑하는 것밖에 없는 남자를 얻게 될 것입니다.[31] 그다음에는 재정적 고려 사항이 이어진다. 카프카는 펠리체가 계속 일할 수 있다는 생각을 하지 못한다. 그는 관습적인 생각에 갇혀 자신이 결혼 생활에서 혼자만 벌이를 하게 될 것이라고 추측한다. 그렇기 때문에 일등석 기차를 타는 것을 좋아하는 펠리체는 더 검소하게 사는 법을 배워야 할 것이다. 그대는 정말 나 때문에, 위에서 말한 사람 때문에 이런 일을 하고 견뎌 내려고 하나요?[32]

  펠리체는 당분간 꼼짝도 하지 않는다. 어쨌든 그녀는 청혼을 거절하지 않는다. 6월 20일에 카프카는 펠리체의 동의에 충격을 받은 듯 이런 글을 쓴다. 사랑하는 펠리체, 전혀 그렇지 않습니다. 그대는 자신의 불행이 될지도 모르는 일에 빠져들지 말아야 합니다.[33] 그녀는 그의 결점 목록을 제대로 이해하지 못했고, 조목조목 따져 보지 않았다.³⁴ 그 때문에 그는 다음 편지에서 그녀의 동의가 아직 의식적인 긍정³⁵이 아니라고 썼다. 그것에 반대하는 모든 이유를 신중하게 고려하지 않았기 때문이다. 결국 카프카는 패배를 인정한다. 그는 펠리체의 동의를 받아들이고 어머니에게 이 사실을 알리면서 아직 비공식적인 약혼 사실을 아버지에게 알려 달라고 부탁한다.

    그의 부모는 흥신소에 의뢰해 바우어 가족의 배경을 조사하게 한다. 카프카는 이에 동의하고 펠리체에게도 이 사실을 알리지만 펠리체는 그 일에 대해 화를 내지 않는다. 얼마 후 바우어 가족도 그들 쪽에서 카프카 가족에 대한 정보를 입수할 것이다. 카프카는 그 어떤 흥신소도 나에 대한 진실을 말해 줄 수 없을 것³⁶이라는 조롱 섞인 말로 반응한다. 이와 관련하여 자세한 내용을 알고 싶다면 『판결』을 읽어 보는 것이 좋다. 여기에는 많은 힌트가 담겨 있다. 이 소설에서 결혼을 원하는 남자가 아버지에게 비난을 받고 작가에 의해 익사형으로 처형되기 때문이다. 이것은 특히 신랑에게 좋은 참고 자료는 아니다.

    하지만 바우어 가족은 카프카의 『판결』을 읽지 않았을 것이다. 그래서 카프카는 프라하에서 아파트를 찾아볼 수밖에 없었다. 그는 주택 협동조합의 조합원이었고, 처음에는 곧 아파트로 이사할 수 있을 것 같았다. 하지만 지연되었다. 비로소 안심한 그는 1913년 7월 13일에 자신이 선택한 아파트에는 다음 해에야 입주할 수 있다는 내용의 편지를 썼다. 2월이나 1월, 아니면 크리스마스까지는 지금처럼 지냈으면 합니다. 그대는 나를 더 잘 알게 될 것입니다. 나의 내면에는 그대가 알지 못하는 끔찍한 구석이 있습니다.³⁷

이제 주택 문제로 약혼이 당분간 연기되었으므로 카프카는 다시 펠리체에게 자신의 문학적 열정에 대해 경고할 수 있었다. 나는 밤을 새워 가며 글을 쓰는 것만을 원할 따름입니다.[38] 그는 이렇게도 쓴다. 나는 문학에 관심이 없지만 문학으로 구성되어 있으며, 나는 문학 이외 다른 것이 아니고 다른 것이 될 수 없습니다.[39]

펠리체가 1913년 8월 질트섬에서 휴가를 보내고 있을 때, 그는 그곳으로 편지를 보냈다. 그대를 기다리고 있는 것은 그대가 베스터란트에서 맛본 행복한 삶, 즉 서로 팔짱을 끼고 유쾌하게 떠드는 삶이 아닙니다. 삭막하고 슬프며 말이 없고 만족을 모르는, 병약한 사람을 곁에 둔 수도원 생활과 같은 삶입니다. 그대에게는 미친 것처럼 보이겠지만 그는 보이지 않는 문학에 보이지 않는 사슬로 얽매여 있습니다. 그리고 사람들이 가까이 다가오면 이 사슬을 건드린다는 이유로 소리를 지릅니다.[40]

카프카는 청혼 이후 펠리체의 부모에게 공식적인 편지가 아닌 자세한 설명 편지를 쓰고 싶다는 의사를 여러 번 표명했다. 펠리체가 그렇게 하라고 적극 허락했지만 그는 이를 미뤄 왔다. 1913년 8월 14일, 그는 마침내 편지를 썼다. 겉보기에 우호적인 답장을 받은 그는 그녀의 부모가 아직 자신의 문제와 펠리체와의 관계에 관한 문제를 이해하지 못했다고 결론지었다. 그 때문에 그는 이번에는 펠리체의 아버지에게 두 번째 편지를 썼다. 카프카는 1913년 8월 28일에 카를 바우어가 자신을 너무 친절하게 평가하고 있다는 인상을 받았다고 썼다. 그는 신뢰를 받을 자격이 없었고, 그의 모든 존재가 문학에 집중되어[41] 있기 때문에 펠리체에게 신뢰할 만한 지원을 제공할 수도 없었다. 이 편지의 초안에는 훨씬 더 단호한 내용이 담겨 있다. 문학이 아닌 모든 것은 저를 지루하게 하고 문학이 아닌 모든 것이 저는 싫습니다. (…) 따라서 저는 가정생활에 대한 감각이 부족합니다. 누군가가 저를 방문하면 말 그대로 저에게 향하는 악의를 봅니다. 결혼은 저를 바꿀 수 없을 것입니다.[42] 실제로 보낸 편지에서 그는 다음과 같은 수사학적 질문으로 혐오스러운 자기표현을 누그러뜨렸다. 따님은 건강한 처녀로서, 그러한 본성을 실제적인 결혼의 행복으로 이끌어 줄 그런 남자 곁에서 살아야 하지 않을까요?[43]

따라서 펠리체의 아버지에게 보내는 이 편지는 신부에 대한 구혼이 아니라 일기에 다음과 같이 기록한 신랑에 대한 경고다. 함께 있는 행복에 대한 처벌로서의 성교. 가급적 금욕하며 살기, 총각보다 더 금욕하며 살기, 그것이 내가 결혼을 견딜 수 있는 유일한 가능성이다. 하지만 그녀는?[44]

카프카는 이 편지를 카를 바우어에게 직접 보내지 않고 펠리체에게 보내 아버지에게 전달해 달라고 부탁한다. 그녀가 그렇게 했다는 징후는 없다. 그녀는 극도로 불안해하며 마침내 카프카에게 명확히 해줄 것을 요구한다. 그러나 그는 대답한다. 나는 그대 앞 바닥에 누워 있습니다. 제발 나를 발로 차 쫓아 버리세요. 다른 모든 가능성은 우리 두 사람에게 파멸을 의미할 뿐입니다.[45] 그녀는 그를 배척하지는 않지만 조심스럽게 후퇴하기 시작한다.

9월 6일에 카프카는 먼저 빈으로 여행을 떠났고, 그곳에서 재해

예방에 관한 심포지엄에 참석한 다음 동시에 열린 국제 시온주의자 대회에 참석했다. 그러고 나서 그는 트리에스테와 베네치아를 거쳐 가르다 호수의 리바로 가는 휴가 여행을 떠났다. 떠나기 전에 그는 펠리체에게 당분간은 편지를 기대하지 말라는 편지를 보냈다. 1913년 9월 20일 베로나에서 보낸 그림엽서 이후로 당분간 연락이 끊겼다. 9월 28일에 그는 막스 브로트에게 펠리체와의 관계가 14일 동안 완전히 끝났다[46]고 말했다.

리바의 요양원에서 그는 스위스 출신의 소녀를 만나 잠시 사랑에 빠졌다. 연말에 카프카는 펠리체에게 다시 구애를 시작하면서, 그가 아이라고 불렀던 열여덟 살 소녀와의 이 연애 사건을 그녀에게 고백했다. 두 사람 다 이 관계가 지속될 수 없다는 것을 깨달았다고 그는 썼다. 그녀가 헤어질 때 사람들 앞에서 훌쩍이지 않도록 나는 공연히 너스레를 떨어야 했지요. 마음이 그다지 좋지는 않았습니다.[47]

펠리체는 이 일을 그냥 무시할 수 없었고, 이듬해 약혼이 취소될 때 그녀는 이 연애 사건을 언급하며 그를 비난했다.

카프카가 리바에서 돌아온 후, 서신 교환은 중단되었다. 두 사람 다 일시적인 이별을 최종적인 것으로 간주하기를 망설였지만, 그렇다고 해서 바로 관계를 되살리기에는 너무 조심스러웠다. 그러다가 펠리체의 여자 친구인 그레테 블로흐가 개입했다. 그녀는 펠리체와 마찬가지로 사무용 기기 분야에서 일했고 그곳에서 책임 있는 위치에 올랐던 경험이 있었다. 그녀는 미혼이었고 베를린의 문화생활에 열정적으로 참여했다. 1913년 11월 회사에서 그레테를 빈으로 파견했을

6장

때, 펠리체는 그녀에게 카프카와 대화를 나누기 위해 프라하에 들러 달라고 부탁했다. 아마도 이것이 화해를 시작하기 위한 방법이었을 것이다. 만남이 이루어졌지만 카프카는 처음에 매우 냉담한 태도를 보였다. 그러나 편지를 주고받기 시작하면서 곧 신뢰의 분위기가 조성되었다. 불과 2주 만에 두 사람은 서로에게 너무 솔직해져, 카프카는 펠리체와의 서신 교환에 대해 비판적인 글을 쓸 수 있었다. 그는 그레테에게 글쓰기 외에는 아무것도 다루지 않는, 공허하고 시간만 낭비하는 편지들, 기저에는 서신 교환의 고통을 묘사하는 것 외에는 아무것도 없는[48] 편지들이 너무 많다고 썼다.

따라서 카프카는 서신 교환의 고통에 대해 불평하고 동시에 작년의 펠리체 때와 마찬가지로 그레테와 곧 친밀한 성격을 띠는 서신 교환을 새롭게 시작한다. 그 패턴은 다른 면에서도 비슷하다. 그는 그레테에게 가능한 한 상세하게 일상을 묘사하도록 압력을 가한다. 그리고 편지를 쓰고 그녀의 편지를 기다리는 것에 대해, 편지가 제시간에 자주 도착하지 않을 때의 슬픔에 대해 쓴다. 아직 거침없는 사랑의 선언은 없지만, 예를 들어 그가 다음과 같이 썼을 때 애정이 끓어오르고 있었다. 나는 당신의 편지에 즉시 답장을 보내 많은 것을 이야기하거나 당신의 손에 키스를 하는 것과 같은 그 어떤 일을 해야 했습니다.[49] 그리고 나중에는 이렇게 썼다. 사랑하는 그레테 양, 나는 당신을 향한 아주 분명하고 진정한 그리움을 느낍니다.[50]

그사이 펠리체와 카프카는 다시 가까워지려고 노력한다. 11월 9일 베를린의 동물원에서 두 사람은 두 시간 동안 산책을 하며 결혼에

대한 생각을 접어두고 예전처럼 서로에게 편지를 쓰기로 합의했다.[51]

1913년에서 1914년으로 접어들 무렵 카프카는 또 다른 사실을 기억한다. 그는 편지만 주고받다가는 의도치 않게 편지에 적대감이 스며드는 것을 피할 수 없을 것이라고 썼다. 계속 그렇게 살 수는 없었다. 그러므로 놀라운 반전이 일어난다. 결혼은 내가 원하는 우리 사이의 관계를 유지할 수 있는 유일한 형식입니다.[52] 그는 또다시 결혼에 부적합한 자신의 결점 목록을 상기시키며 펠리체에게 자신의 걱정을 무시해 달라고 부탁한다 — 사랑 때문에. 그는 이미 이전 편지에서 이것을 어떻게 이해해야 하는지 설명했다. 나는 그렇게 깊지 않은 어떤 특정한 심연에서 그대에게 매료당하고 싶은 마음밖에 없습니다.[53]

따라서 그것이 그의 가장 깊은 소망이지만, 가장 강렬한 소망은 아닐 수도 있다. 아마도 그는 이 모든 이야기에서 벗어나고 싶고, 혼자 있고 싶을 것이다. 그런데 왜 그는 여전히 펠리체에게 구애하는 걸까? 글쎄, 이 순간 거리를 두는 사람은 그녀이기 때문이다. 그것이 그를 화나게 하기 때문에 그는 그것에 맞서 싸운다. 그 때문에 그는 다시 주도권을 잡는다. 그는 1914년 1월 23일에 신뢰할 수 있는 새로운 친구인 그레테 블로흐에게 편지를 보낸다. 나는 펠리체에게 다시 손을 내밀어 달라고 요청했지만 (…) 전혀 또는 거의 답장을 받지 못했습니다.[54]

그는 1914년 2월 28일과 3월 1일, 다시 베를린을 방문해 동물원을 산책할 때 답변을 받았다. 펠리체는 자신의 불충분한 애정[55]에 대해 말했다. 이어지는 편지에서 카프카는 이 상당히 명확한 진술을 너무 오랫동안 이리저리 뒤집어 결국에는 모든 명확성을 잃었다. 그녀가 스스로 인정하지 않지만 그녀는 불행하다고, 그는 그녀에게 편지를 쓴다. 그녀의 불행은 그녀가 그에게 느끼는 애정에 저항하는 것이다. 그대가 동물원에서 한 말은 이 불행 속에서 나온 것 같았습니다.[56] 펠리체는 한 발 물러섰고, 카프카는 그녀를 다시 끌어당기기 위해 몇 가지 해결책을 궁리한다.

펠리체는 카프카와 함께 살면서 필요한 지원을 받지 못할지도 모른다는 두려움으로 점점 더 간절해지는 청혼에 응답했다. 그것이 카프카가 항상 그녀에게 경고했던 것이고, 이제 그녀는 그의 경고를 진지하게 받아들이고 있지만, 그는 그것을 달가워하지 않는다. 그는 자신의 말을 그대로 받아들이게 하고 싶지 않기 때문에 자신의 경고를 상대화하려고 노력한다. 펠리체, 하지만 나는 나 자신을 완전히 알지는 못합니다. 의외의 일들과 실망들은 나에게만 해당됩니다. 나는 내 본성에서 나온 훌륭한, 아니 가장 훌륭한 의외의 일들만 그대와 관련을 맺을 수 있도록 온 힘을 다할 것입니다. 이에 대해서는 보증할 수 있습니다.[57]

이것은 1914년 3월 25일 자 편지의 다음 문장에서 확인할 수 있는 그의 특이한 결단력과 마찬가지로 펠리체에게 깊은 인상을 남겼을 것이다. 내 생애에서 이토록 확고하게 어떤 결정의 필요성을 느껴 본 적이 없습니다. 나는 그대와 결혼을 하거나 직장을 그만두는 방식으로 현재의 삶에서 벗어나야 합니다. 베를린으로 이주할 경우 저널리즘 분야의 최하위 계층 어딘가에 꽉 달라붙어 있어야 하는 상황[58]까지 고려했다.

펠리체는 계속되는 설득에 생각을 바꾸었다. 아마도 그녀는 그렇게 결단력 있어 보이는 카프카를 잃고 싶지 않았을 것이다. 두 사람은 1914년 4월 12일과 13일에 베를린에서 만났고, 1914년 5월 말에 양가 가족이 모두 모인 가운데 베를린에서 공식적인 약혼식을 올리기로 약속했다.

그때까지 몇 주 동안 카프카는 펠리체보다 그레테 블로흐와 더 집중적으로 연락을 주고받았다. 그는 그레테에게 다음과 같이 편지를 썼다. 나의 약혼이나 결혼은 적어도 나에게는 아름답고 매우 필수적인 가능성이 있는 우리의 관계를 조금도 바꾸지 않습니다.[59] 그는 펠리체와 조직 문제에 관해 상당히 구체적으로 의견을 주고받는 동안 약혼 축하 행사에 초대받은 그레테에게 그녀의 옷에 대해 편지를 쓴다. 당신의 옷을 더 이상 개선하지 마십시오. 어떤 것이든 상관없이 나는 그 옷을 지금은 가장 애정 어린 눈으로 바라볼 것입니다.[60] 카프카는 약혼 날짜를 두려움운 마음으로 바라봤기 때문에 그레테 블로흐에게 매달렸다.

그는 6월 1일 약혼식에 대해 일기에 다음과 같이 썼다. 베를린에서 돌아옴. 죄수처럼 묶인 채로. 나를 진짜 사슬로 묶어 구석에 앉히고 경찰을 내 앞에 배치한 뒤 그냥 그렇게 바라보게 했어도 이보다 더 나쁠 수는 없었을 것이다. 그게 내 약혼식이었다.[61] 약혼을 일종의 체포로 묘사한 이 일기는 이미 우리가 알고 있듯이 체포로 시작되는 소설『소송』의 내적 작업을 암시한다.

약혼식이 끝난 후 몇 주 동안 펠리체에게 보낸 편지는 없지만 그레테에게 보낸 편지는 많다. 약혼 일주일 후인 6월 6일. 가끔은 — 지금은 당신만이 사정을 아는 유일한 사람입니다 — 이대로 결혼하는 것에 대해 내가 어떻게 책임을 질 수 있을지 정말 모르겠습니다.[62] 며칠 후 그는 그것이 범인이 범행을 저지르고 나서 맞는 첫날 밤과 같았으며, 임박한 불행의 견딜 수 없는 위협[63]을 느꼈다고 썼다.

그레테는 이런 편지의 홍수에 불안감을 느꼈고, 카프카에게 약혼을 권유한 자신에게도 일부 책임이 있다고 생각했다. 카프카에게 보낸 단편적인 편지에서 그레테는 억지로 약혼에서 두 사람의 행복을 확인하고 싶었고 그에 따라 그들에게 조언했다는 사실에 절망을 표현했다. 그레테 블로흐는 이제 반대 방향으로 움직이려고 했다. 그녀는 친구에게 위험을 경고하기 위해 카프카의 편지 몇 통을 건넸다. 예방 차원에서 그녀는 자신과 관련된 우려할 만한 구절들을 잘라 냈다.

몇 년 후인 1940년, 펠리체와 여전히 친구로 지내고 있던 그레테는 친구에게 보낸 편지에서 1914년 늦여름에 아들을 낳았다고 보고했다. 아들의 아버지에 대한 그녀의 암시는 그 아버지가 카프카가 아닐까 하는 추측을 불러일으켰다. 이 아들이 1921년에 일곱 살의 나이로 사망했다는 것 외에는 자세한 내용은 알려지지 않았다.[64] 카프카가 이에 대해 알고 있었다는 증거는 단 하나도 없다.

파혼의 과정으로 돌아가겠다.

1914년 7월 11일 베를린에서 토론을 하기로 약속했고, 카프카는 전날 여동생 오틀라에게 편지를 썼다. 지금은 그 일과 나에 대해 어떤 것도 확정적으로 말할 수 있는 계제가 없구나. 나는 말하는 것과 달리 쓰고, 생각하는 것과 달리 말하고, 생각해야 할 것과 달리 생각하고, 그러다 보면 끝을 모르는 어둠 속으로 한없이 빠져들게 돼.[65]

7월 11일 오후 베를린의 아스카니셔 호프에서 카프카가 법정으로 인식한 토론회가 열렸다. 약혼자 외에도 펠리체의 언니 에르나와 그레테 블로흐가 참석했다. 카프카는 일기에 이렇게 기록했다. 호텔 안의 법정. 마차를 타고 감. 펠리체의 얼굴. 그녀가 머리에 손을 대고 손으로 코를 문지르며 하품을 한다. 갑자기 몸을 벌떡 일으키고 곰곰이 생각한 뒤 오랫동안 간직했던 적의가 있는 말을 한다.[66] 대화의 자세한 내용은 알려지지 않았으며, 결과만 약혼 취소로 알려졌다.

그 후 카프카는 펠리체의 부모를 방문하여 그녀가 이미 준비해둔 그의 관점에서 이별에 대해 설명했다. 펠리체의 부모는 카프카를 차츰차츰 좋아하게 되었기 때문에 슬픈 시간이었다. 그는 거의 펠리체 가족의 일원이었다. 다음 날 약속된 방문은 이루어지지 않았다고 그는 썼다. 나는 가지 않을 것이다. 그것은 우리 모두에게 쓸모없는 시련이 될 것이다. 그는 우리 모두가 원했던 연결이 불가능한 것으로 판명되더라도 우리가 좋은 관계를 유지할 수 있기를 바랐다.[67]

이후 카프카는 슬픔과 죄책감, 안도감을 느끼며 발트해로 여행을 떠났고 그곳에서 프라하에 있는 친구 막스 브로트, 펠릭스 벨치에게 편지를 보냈다. 나는 파혼했네. (…) 모두 나의 좋은 친구들이었고, 나는 모두의 좋은 친구였네. 게다가 그것이 최선이라는 걸 알고 분명히 어쩔 수 없는 일이기 때문에 나는 이 문제에 관해서만큼은 사람들이 생각하는 것만큼 불안하지 않다네.[68]

하지만 호텔 안의 법정은 지속적을 영향력을 행사했다. 1914년 7월 29일 자 일기에는 『소송』의 요제프 K가 처음으로 등장한다. 부유한 상인의 아들인 요제프 K는 어느 날 저녁 아버지와 크게 다툰 후 몹시 불안하고 피곤한 상태에서 별 의도 없이 상인 협회 건물로 갔다. 그 건물은 항구 근처 사방이 트인 곳에 있었다. 문지기가 머리를 깊이 숙여 인사했다.[69]

『소송』의 문지기 전설에 대한 성공적인 선취다. 이 텍스트 초안에서 요제프 K가 공손하게 받아들여지기 때문이다. 어떤 문지기도 그를 막지 못하고, 그는 아버지의 박해로부터 피난처를 찾는다. 이 요제프 K는 겁을 먹지 않는다. 그를 기소할 수도 있는 법정은 존재하지 않는다.

7장

전쟁 중 글쓰기, 『소송』

법원의 미로에서 길을 잃다

글쓰기의 죄, 악마 숭배

몸에 새겨 넣은 글씨, 『유형지에서』

약혼과 파혼 이후 자신이 범행을 끝낸 범죄자 같다고 느끼던 카프카는 몇 주 후인 1914년 8월 11일에 장편소설 『소송』을 쓰기 시작했다. 그는 아스카니셔 호프에서의 만남을 호텔 안의 법정이라고 불렀는데, 이 소설은 다른 종류의 법원에 관한 이야기다.

약혼과 파혼의 위기 속에서 그는 경직된 기분을 느꼈다. 일로 나를 구원하지 않으면, 나는 끝장이다[1]라고 그는 일기에 적는다. 그는 주인공 요제프 K가 자신을 구원하지 못하고 먼저 체포된 후 결국 살해당하는 소설을 작업하며 자신을 구원한다. 호텔 안의 법정은 소설에서 터무니없는 전기轉機를 맞이한다. 이는 때때로 작가가 글을 쓰는 동안 행복감을 느끼게 한다.

그사이 제1차 세계 대전이 시작되었다. 그의 두 매제는 이미 징집되었다. 그 역시 징집을 예상해야 했지만, 이런 상황에서도 그에게는 글쓰기가 전부였다. 그는 1914년 7월 31일 자 일기에 이렇게 적었다. 그럼에도 나는 무조건 글을 쓸 것이다. 글쓰기는 자기 보존을 위한

나의 투쟁이다.[2]

그는 애국적인 퍼레이드를 싫어했다. 그것은 그에게 전쟁의 가장 역겨운 부작용[3]이었다. 물론 그는 전쟁이라는 사건과 이렇게 거리를 두는 것에 의구심을 품으며, 심지어 자신을 비난하기도 한다. 그는 1914년 8월 6일 자 일기에 이렇게 썼다. 문학의 측면에서 보면 내 운명은 아주 단순하다. 내 꿈 같은 내면의 삶을 묘사하려는 의향이 다른 모든 것을 중요하지 않은 것으로 바꾸어 놓아서, 다른 모든 것은 섬뜩할 정도로 위축되었고, 더구나 위축되기를 멈추지 않는다.[4]

물론 그는 전쟁이 그에게 중요하지 않은 것이 되었을 때 양심의 가책을 느꼈다. 그가 『소송』을 집필할 때도 마찬가지였다. 며칠 전부터 글을 쓰고 있는데 계속 쓰고 싶습니다. 적어도 내게는 목적이 있습니다. 규칙적이고, 공허하고, 미치광이 같은 독신 생활에 변명이 생겼으니까요.[5]

이 소설 또한 변명에 관한 이야기다.

누군가 요제프 K를 중상모략한 것이 틀림없다. 그가 무슨 특별한 나쁜 짓을 하지도 않은 것 같은데 어느 날 아침 느닷없이 체포되었기 때문이다.[6] 이렇게 1장이 시작된다. 요제프 K는 방금 깨어나서 그에게 아침 식사를 침대로 가져다주던 하숙집 여주인의 가정부를 기다리고 있다. 그때 낯선 남자가 방에 들어와 그를 체포하겠다고 선언한다. 그레고르 잠자가 아침에 침대에서 딱정벌레로 변한 자신을 발견하는 『변신』에서와 똑같이 두려운 깨어남이다. 이제 체포된 것이다.

카프카는 『실종자』에서 그랬던 것처럼 이 소설이 다시 분리되는 것을 막기 위해 첫 장과 마지막 장을 동시에 작업했다. 이는 흔적을 남겼다. 체포되는 동안 요제프 K는 마지막 장에서 처형을 예상하며 잠시 자살에 대해 생각한다.

이 운명의 날 아침, 요제프 K는 자신이 고소당했다는 사실을 알게 되지만 어떤 혐의로 고소를 당했는지는 알지 못한다. 그 때문에 그는 처음에 고소의 의미에서 죄책감을 느끼지 못한다. 고발과 죄책감은 감지할 수 없다.

고소와 유죄 여부만큼이나 법원도 수수께끼 같다. 어떤 기관이 이 소송 절차를 이끌고 있지요?[7]라고 요제프 K는 검은색 옷을 입은 감시인들에게 묻지만 대답을 얻지 못한다. 이것만은 분명하다. 즉 평범한 법원 당국이 아니다. 감시인들에게도 그들이 근무하는 당국은 불확실하고 알려져 있지 않은 가운데, 감시인들은 요제프 K가 어떤 혐의로 고소를 당했는지도 모른다. 자신을 감독관이라고 밝힌 감시인 중 한 명이 부재중인 하숙집의 동거인 뷔르스트너 양의 방으로 심문을 위해 요제프 K를 호출한다. 창문 손잡이에 걸려 있는 흰색 블라우스는 그녀의 사생활을 암시하며 에로틱한 모티프를 불러일으킨다. 감독관은 요제프 K에 대해 아무것도 알고 싶어 하지 않고 단지 그에게 우리에 대해서보다는 당신 자신에 대해 더 많이 생각해 보도록 하십시오[8]라고 조언하기 때문에 심문은 심문이 아니다.

법정, 고소, 죄, 심문, 체포 — 이 모든 것은 다른 의미를 갖게 된다. 카프카는 이 다름을 강조하기 위해 요제프 K가 이 소송을 국법의 영역으로 넘기면[9] 도움이 될지 잠시 고민하는 구절을 삭제했다.

따라서 법정과 소송이 국법과 전혀 관련이 없다는 사실만큼은 분명하다. 그 때문에 요제프 K가 처음에 느낀 분노, 즉 자신이 법치 국가에 살고 있으며 자신의 아파트까지 쳐들어와 그를 급습하는 것은 전례가 없는 일이라는 주장은 실제로 그가 체포된 것이 아니기 때문에 아무 소용이 없다. 자신의 방과 생활이 상당히 엉망이 되고 난 이후, 그는 다시 집을 나와 은행에 일하러 갈 수 있다. 요제프 K는 감독관에게 당신의 일상생활도 방해받지 않을 겁니다[10]라는 말을 듣는다.

아마도 요제프 K는 검은색 옷을 입은 이 신사들을 그냥 무시하는 것이 최선일 것 같다는 생각을 했을 것이다. 그들이 끌어대는 그런 법이 존재하기나 할까? 그런 법은 그들의 머릿속에나 있을 뿐[11]이라고 요제프 K는 그들에게 말한다. 하지만 얼마 지나지 않아 법은 요제프 K의 머릿속에서 점점 더 강력해진다.

하루아침에 모든 것이 『변신』에서와 같이 달라진다. 비록 체포되었지만 K는 은행에서 계속 일할 수 있다. 그러나 익숙한 현실은 다른 모습을 취하고, 요제프 K도 자신을 다른 사람처럼 느끼며, 점점 더 직업의 발전에 방해가 된다. 성실한 은행원이 외부 경력에 유용하게 사용할 수 있었던 에너지가 자기 탐색과 자기 정당화 작업에 집중적으로 사용된다.

진전된 단계에서 요제프 K는 자신을 변호하는 변호사의 위임을 철회하고 직접 청원서를 작성해 법원에 제출하는 것을 고려한다. 물론 청원서를 쓴다는 것은 거의 끝이 없는 작업이다. 특별히 소심한 성격이 아니더라도, 청원서를 완성한다는 것 자체가 불가능한 일이라는 생각은 누구든지 쉽게 할 수 있다. (…) 현재 무슨 이유로 기소되었는지도 모르고 앞으로 그것이 어떻게 확대될지 전혀 감조차 잡을 수 없는 상황에서, 지금까지의 삶 전부를 아주 사소한 행동과 사건들에 이르기까지 기억 속에 떠올려 서술하고 모든 방면에서 검토해야 하는 작업이기 때문이다. 더구나 그것은 참으로 우울한 작업이다. 그런 일은 언젠가 은퇴를 하고 난 후에 유치해진 정신이 몰두하기에 적합하고, 노년의 기나긴 날들을 보내는 데 도움이 될 것이다. 그런데 K는 모든 생각을 자신의 일에 집중해야 하는 이때, 아직 승진 가도에 있고 어느새 부행장에게 위협적인 존재가 되어 시간이 너무나도 빨리 흘러가는 이때, 그리고 젊은이로서 짧은 저녁 시간과 밤 시간을 즐기고 싶은 이때, 이런 청원서나 작성하기 시작해야 한단 말인가. 이런 생각을 하니 또다시 탄식이 터져 나왔다.[12]

이 두려움에 대한 현실 테스트는 그 뒤로도 이어지는데, 그가 이런 생각을 하는 동안 은행 고객이 대기실에서 은행의 부장인 요제프 K의 조언을 구하며 기다리고 있기 때문이다. 그러나 그는 자신의 일에 너무 정신이 팔려 부행장이 그를 무시하고 고객을 돌보는데, 요제프 K는 이를 패배로 인식해야 한다.

이것은 불길한 소송의 결과로, 요제프 K를 외부 현실에서 빼내 그의 내면으로 끌어들인다. 거기 바깥에서 자신의 권리를 주장하는 것이 점점 더 어려워진다. 그는 스스로도 그 징후를 알아차린 외부의 부패를, 자신과 마찬가지로 파탄에 이르게 하는 자기 관련의 소송에 휩쓸린 채 의욕을 잃고 가련하게 굴욕을 느끼는 사람들 속에서 매우 분명하게, 그리고 불안해하며 발견한다. 그는 다락방에 있는 넓게 펼쳐진 법원 사무처에서 이 비참한 인물들을 만난다. 모두가 허름한 옷차림이었지만, 얼굴 표정, 태도, 수염의 모양과 그 밖의 사소한 세부적 특징들로 보아 대부분이 적어도 중상층에 속하는 사람들이었다. (…) 그런데 그들은 완전히 꼿꼿한 자세로 선 것은 아니고, 등은 구부정하고 무릎은 꺾인 채로 마치 길거리의 걸인처럼 서 있었다.[13]

나중에 요제프 K는 변호사 훌트의 사무실에서 한때 부유하고 자부심이 넘치던 상인 블로크를 만나게 되는데, 그는 유난히 기가 꺾인 것처럼 보인다. 그는 더 이상 의뢰인이 아니라 변호사의 개였다.[14] 블로크는 물과 빵을 옆에 두고 변호사의 청소 용구 창고에 자신을 가둔 채 겉으로는 방치되어 악취를 풍기면서 법원의 서류를 성서처럼 경건하게 연구한다. 그는 종일 같은 페이지를 읽었는데, 손가락으로 한 줄 한 줄 더듬어 가며 읽었어요.[15] 요제프 K는 자신에 대한 소송의 권한을 계속 용인할 경우 자신도 그러한 몰락의 위협을 받게 될 것이라고 어렴풋이 느낀다. 판결은 어느 시점에 단번에 내려지는 것이 아니라 소송이 서서히 판결로 넘어가는 것이지요.[16]

소송의 권한은 실제로 도움을 요청받는 사람들, 즉 변호사들에 의해 강화된다. 예를 들어 블로크는 법정과의 직접적인 논쟁이 아니라 변호사 훌트 때문에 품위가 떨어지고 망가진다. 또한 요제프 K는 법정보다 변호사 사무실에서 조수 레니와 시시덕거리는 데 더 많은 시간을 보낸다. 그 때문에 대성당에서 신부는 그를 비판한다. 당신은 남의 도움을 너무 많이 구하고 있어요. (…) 특히 여자들한테서 말이

오. 그것이 진정한 도움이 아니라는 걸 깨닫지 못했나요?[17] 블로크의 사례는 요제프 K가 스스로 일어서지 않고 다른 사람의 도움에만 의존하면 어떻게 몰락하게 되는지 극적으로 보여 준다. 한번 관여하면 멈출 수 없다. 예를 들어 몰락한 블로크는 수많은 무능한 변호사를 고용한다.

요제프 K는 법원에 단 한 차례만 소환된다. 두 번째로 그는 소환장 없이 법원 사무처를 방문한다. 한편으로 법원은 점점 더 먼 영역으로 후퇴하고 있으며, 잘 보이지 않고 실체가 없다. 다른 한편으로 법원은 점점 더 가까이 다가와 마침내 거의 모든 다락방에서 법원 사무처를 찾을 수 있게 된다. 그럼에도 요제프 K가 직접적이고 개인적으로 관계를 맺고 있는 법원의 대표자는 소수에 불과하다. 체포 현장의 감시인, 예심 판사, 변호사 옆 구석에서 조용히 기다리고 있는 고위 법원 직원, 대성당의 신부, 마지막으로 처형장의 사형 집행인 두 명뿐이다. 덧붙여서 법원 관계자들은 변호인 훌트, 법정 화가 티토렐리, 대성당의 교도소 신부의 이야기와 연설 속에만 존재한다. 법원의 힘은 말로 표현된다. 이 힘은 말에만 의존하는 것일까?

실제 만남에서 법원은 희극적이고 섬뜩하면서 동시에 코믹한 모습으로 등장한다. 법원은 더러운 교외 주택과 임대 주택 지붕 아래 복도와 판자벽으로 이루어진 미로다. 법원은 숨도 제대로 쉴 수 없고, 우글거리는 무능력한 변호사 무리에게 시달리는 공간이다. 어떤 사람들은 때때로 관리들에 의해 계단 아래로 던져지고, 다른 사람들은 썩은 바닥에 빠져 버둥거리는 다리가 천장을 통해 피고인의 대기실 아래로 흔들거리며 내려오기도 한다. 요제프 K는 이 모든 것을 견딜 수 없고, 나약한 감정에 압도당하고, 간신히 숨을 쉬고, 어지러움을 느끼며, 어렵게 겨우 출구에 도달한다.

심문을 위한 최초이자 유일한 소환은 전화로 이루어진다. 요제프 K는 일요일 오전에 도시의 외딴 지역으로 소환된다. 일요일 오전은 카프카에게 매우 바쁜 시간이다.『판결』에서 게오르크 벤데만의 일이 좋지 않게 끝난 것도 일요일 오전이었다.

요제프 K는 교외의 추한 임대 주택 단지의 지정된 주소에서 복도를 헤매다가 마침내 빽빽하게 들어찬 군중이 그를 기다리고 있는 방을 발견한다. 그리고 소환장에 시간이 표시되지 않았음에도 지각했다는 이유로 예심 판사로부터 질책을 받는다. 여기서는 꿈의 논리가 지배한다.

처음에 실제 체포가 없었던 것처럼 지금 심문도 실제 심문이 아니다. 요제프 K가 도장공으로 지칭되기 때문에 모든 것이 혼동에서 비롯된 것으로 보인다. 요제프 K는 분개하며 전체 소송을 음흉하고 비열한 절차라고 부른다. 그는 동정심[18] 때문에 게임에 참가할 준비가 되어 있지만 자신이 좋아하는 한에서만 참가하겠다고 설명한다. 자부심이 강한 말이다. 이 연설의 기세에 힘입어 요제프 K는 대대적인 맞고소로 넘어간다. 이 법원의 모든 진술 뒤에, 내 경우에는 체포와 오늘의 조사 뒤에 어떤 거대한 조직이 있다는 것은 의심의 여지가 없습니다. 뇌물을 밝히는 감시인들, 어리석은 감독관들, 예심 판사들을 고용하고 무고한 사람들을 체포하고 그들을 상대로 무의미하며 내 경우처럼 대개 아무 성과도 없는 소송을 시작하는 것[19]이 유일한 목적인 조직이다. 그는 자신의 불법적인 체포 사실을 반복해서 언급하며 그 일에 협력한 부패한 무법자들[20]과 부패 집단[21]에 분노한다.

이 장면은 정치 집회를 연상시킨다. 카프카는 이 방향을 너무 명확하게 가리켰을 몇 가지 내용을 삭제했다. 예를 들어 사회주의적[22]이라는 특성 표시는 삭제되었지만 집회의 프롤레타리아적 성격이 강조되고, 그에 걸맞게 피고인들은 상류층[23]에 속하는 것으로 묘사된다. 이런 식으로 논쟁이 진행되는 것은 아니지만, 때때로 계급 투쟁의 성격을 띠기도 한다.

집회실 뒤편에서 한 여성이 모든 사람이 보는 앞에서 강간당하는 사건이 발생하면서 집회는 아수라장으로 끝난다. 잠시 후 요제프 K는 예심 판사가 훑어보던 법전이 실제로는 포르노 그림이 인쇄된 너덜너덜한 책이라는 사실을 알게 되면서 법원 조직 전체의 타락에 대한 자신의 판단이 옳았음을 확인하게 된다. 요제프 K는 법원 관리를 음탕한 여성 사냥꾼으로 여긴다. 예심 판사에게 멀리서 여자를 한 명 보여 줘보십시오. 그는 여자를 놓치지 않으려고 법원 탁자고 피고인이고 죄다 밀치면서 달려들 겁니다.[24]

어디에나 존재하는 동시에 불투명한 이 타락한 법원은 전체주의 시대를 예견한 것으로 해석되거나, 좀 더 온화한 버전에서는 관리되고 관료적으로 표준화된 세계의 소름 끼치는 모습으로 해석되기도 했다. 오슨 웰스가 감독한 유명한 영화는 이 소설을 정확히 이런 의미로 해석한다. 세속화된 세계에서 본래의 의미를 잃어버린 초월의 비현실적인 존속이 법원에 숨겨져 있지만 어디에나 존재하는 권력 심급에서 묘사되는 것처럼, 전체주의적 세계 또는 관리되는 세계에서 이러한 사회적이며 정치적인 차원과 그에 따른 무력감은 확실히 소설에 반영되어 있다.

그러한 해석에는 분명한 양극성이 있다. 여기에는 무력하지만 죄가 없는 개인이 있고 저기에는 압도적인 익명의 권력이 있다. 두 영역은 명확하게 분리되어 있다.

하지만 이 소설은 이렇게 명확히 분리되는 양극성을 뛰어넘는다. 이 과정은 개인과 권력이라는 두 측면이 그렇게 명확히 분리되지 않고 오히려 서로 합쳐지는 과정으로 이해될 수도 있기 때문이다. 이렇게 볼 때 법원의 권한은 권력에 기꺼이 복종하려는 의지에서 비롯된다. 법원에 더 많이 관여할수록 법원의 권한은 더 강력해진다. 요제프 K는 이러한 맥락을 감지하고 있다. 그 때문에 그는 자신을 변호하려는 노력을 통해 소송에 점점 더 끌려들어 가지 않고 단순히 소송에서 벗어나는 방법에 대해 숙고한다. 따라서 소송 밖에서 어떻게 살 수 있는가[25]라는 문제가 중요하다. 고발당했다고 해서 죄책감을 느껴야 하는 이유는 무엇인가. 명확한 혐의조차 없는데 죄책감을 느낄 필요는 없을 것이다. 그렇다면 문제는 소송이 아니라 어떤 식으로든 죄책감을 느끼려는 치명적인 의지다. 누구나 타락한 법원의 협박을 받을 수 있다. 차라리 자신에 대해서도 무죄를 추정하는 것이 더 나을 수도 있다. 그 때문에 요제프 K는 처음에 은행에서 업무를 처리하는 것과 같은 방식으로, 즉 효율적이고 일상적이며 자신감 있고 감정적이지 않게 소송에 대처하려고 노력한다. 자신에게 혹시 죄가 있을지도 모른다는 생각을 처음부터 완전히 떨쳐 버려야 했다.[26] 이러한 관점에서 볼 때, 요제프 K에게 소송은 그가 자주 은행 쪽에 이득이 되도록 결말지었던 중요한 비즈니스 거래와 별다를 게 없었다.[27] 그는 죄책감에 시달리기보다는 차라리 가능한 한 모든 생각을 자신의 이익에 집중해 매달리기[28]를 원하며, 게다가 이 법원 조직의 부패에 맞서 싸우는 것이 중요하다.

하지만 요제프 K는 법원과 소송 전체의 이 대담한 탈법화를 견딜 수 없다. 이로 인해 또 다른 소송이 시작된다. 이것을 소송의 세 번째 단계라고 할 수 있다. 처음에 불특정 혐의를 포함한 체포, 즉 소송의 외부 단계가 시작된다. 그런 다음 두 번째 단계로 피고인의 소송에 대한 질문, 즉 법원을 탈신비화하려는 시도로서 소송에 대한 소송이 시작된다. 마지막으로 세 번째 단계는 소송의 내면화다. 그 출발점은 의심일 것이고, 대성당의 신부가 요제프 K의 무죄 주장에 죄 있는 사람들이 늘 그런 식으로 말하지요[29]라고 응수했다는 의미에서 죄를 못 느끼는 감정 자체가 죄가 될 수 있다.

즉 죄를 못 느끼는 감정이 죄다. 이 흔적은 소설에서도 찾아볼 수 있다. 이러한 관점에서 요제프 K의 죄는 그가 처음에 피상적이고 외적으로 기능적이며 순응하는 삶을 살았다는 것이다. 요제프 K는 체포됨으로써 이러한 "비본래의" 삶에서 깨어나게 된다. 그리고 자신을 돌아보게 된다. 체포 장면에서 감독관은 이렇게 말한다. 우리나 앞으로 당신에게 일어날 일들에 대해서보다는 당신 자신에 대해 더 많이

생각해 보도록 하십시오.[30]

　지금까지 요제프 K가 살아온 비본래의 삶은 사회적으로 순응하는 삶이었고, 이제 죄책감을 기꺼이 느끼려는 것부터가 실존적 각성의 과정이라고 할 수 있다. 이는 개인으로 하여금 죄책감을 느끼지 않는 삶의 허위에 직면하게 하고, 자신에게 죄책감이 없다는 자기 만족감 자체가 죄라는 것을 깨닫게 한다. 이 소송을 통해 요제프 K는 자신의 삶을 돌아보며 내면의 공판일을 맞이하게 된다. 그는 그것이 엄청나게 힘든 일이라는 것을 발견한다. 자신의 삶 전반을 검토하고 정당화하려면 휴가를 내서 청원서의 형태로 아주 사소한 행동과 사건들까지[31] 법원에 제출해야 한다고 생각한다. 그리고 그런 휴가조차도 그 일을 하기에는 충분하지 않을 것이다. 그는 인생 전체를 바꿔야 할 것이다. 카프카는 소설 작업을 진행하기 위해 1914년 10월 초에 휴가를 떠나기로 결정한 바로 그 시점에, 법원에 청원서를 제출하는 것을 다룬 이 대목을 쓴다. 따라서 소설 작업은 이 대목에서 삶을 정당화하기 위해 법원에 제출하는 위대한 청원서 작업으로 반영된다.

　지금까지 직업적으로 성공한 요제프 K는 자신에 대한 새로운 고민에 휩싸이게 된다. 그는 자신이 지금까지 잘못된 삶을 살아온 것은 아닌지 자문해 봐야 하지 않을까? 이전에는 아무 죄가 없다고 느꼈던 요제프 K는 이전에는 전혀 몰랐던 실존적 자기 과실의 죄를 알게 된다. 그는 자신에 대해 확신하고 있었다. 이제 그는 법원에 의해 이러한 자기 확신에서 벗어나게 된다. 법원은 요제프 K에게 실존적 전환을 가져다준다. 이러한 관점에서 볼 때, 법원은 그에게 자신을 직시하도록 요구하는 내면의 힘일 것이다.

　이러한 실존주의적 해석에서 법원은 개인을 자신에게로 돌려놓고, 따라서 자기 권한 부여의 기회를 열어 준다는 점에서 거의 해방을 가져다주는 것처럼 보인다. 법원을 신비하고 억압적인 권력으로만 본다면 그것은 법원을 착각하고 있는 것이다. 갑자기 법원은 깨달음, 심지어 거의 구원과도 관련이 있다.

　하지만 법원은 "당신은 당신의 삶을 바꿔야 한다"는 의미의 이러한 실존적 충동에서 멈추지 않는다. 이 충동은 형이상학과도 연결된다. 이것은 요제프 K가 대성당에서 교도소 신부와 만날 때 발생하는데, 아마도 소설의 핵심 장면이라고 할 수 있다.

　요제프 K는 이탈리아인 고객에게 대성당의 명소를 몇 군데 보여 주기로 하고 약속을 잡는다. 비 오는 날 오전, 대성당은 매우 어둡다. 요제프 K는 헛되이 고객을 기다린다. 대성당은 텅 비어 있지만, 잠시 후 그를 기다리고 있던 것이 분명한 신부가 설교단에서 말을 걸어와서 그는 깜짝 놀란다. 그는 자신을 교도소 신부라고 소개하고, 그가 K를 불렀으며 소송 진행에 대해 알고 있다고 설명한다. 저들은 당신에게 죄가 있다고 여기고 있어요.[32] 반면에 요제프 K는 법원에 대한 경멸을 표명한다. 그는 잠시 거만한 자의 역할을 해본다. 신부님은 자신이 봉사하는 법원이 어떤 곳인지 잘 모르시는 것 같습니다.[33] 그러면서 그는 신부에게 설교할 일도 없으니 설교단에서 내려오라고 요청한다.

　자신을 기만하지 마세요. 설교단에서 내려온 신부가 말한다. 어떤 점에서 제가 자신을 속이고 있다는 건가요? K는 무시하듯이 묻는다. 당신은 법원과 관련해 자신을 기만하고 있습니다.³⁴ 신부가 대답한 다음 「법 앞에서」라는 비유를 들어 이 기만을 설명한다.

한 시골 남자가 법의 문으로 와서 문지기에게 자신을 들여보내 달라고 요청한다. 문지기는 그의 입장을 거부한다. 가능하지만 지금은 안 된다. 시골 남자는 기다리며 적어도 문을 통해 내부를 들여다보려고 한다. 그렇게 끌린다면 내가 금지하더라도 들어가 보게. 그러나 알아 두게나. 나는 힘이 세지. 그런데 나는 말단 문지기에 불과하다네. 홀을 지날 때마다 문지기가 서 있는데, 갈수록 더 힘센 문지기가 서 있지. 세 번째 문지기만 되어도 나도 그 모습을 감히 쳐다보는 것조차 감당하기 어려워. 시골 남자는 주눅이 들어 기다린다. 평생을. 헛되이. 그는 죽기 전에 자신의 모든 경험을 다시 한번 모아 문지기에게 아직 묻지 않은 질문으로 집약한다. 모두가 법을 추구하지만 지난 수년 동안 자기 이외에는 아무도 들여보내 달라고 요청한 사람이 없는 것은 어떻게 된 일이냐고 그는 묻는다. 문지기는 남자의 약해진 청력에 도달하기 위해 허리를 굽히고 그의 귀에 대고 큰 소리로 말한다. 이곳은 자네 이외에는 아무도 입장을 허가받을 수 없었어. 이 입구는 오직 자네만을 위한 것이었으니까. 나는 이제 가서 문을 닫네.³⁵

카프카는 소설과는 별개로 「법 앞에서」라는 비유를 단편집 『시골 의사』에 실었다. 독립적인 텍스트로서 이 비유는 카프카가 친숙했던 문지기 전설의 카발라 전통에 부합한다고 카를 에리히 그뢰칭거가 밝혔다. 그는 이 전설의 여러 변형 중 하나를 인용한다. "누군가가 신성한 곳으로 들어가기를 원한다면 (…) 여러 개의 문이 있다. 그리고 각 문에는 그 재화를 지키는 경비원이 여러 명 배치되어 있어 자격이 없는 사람은 들어오지 못하게 한다."[36]

카프카는 이 전통에 새로운 지평을 더하는데, 바로 누군가에게만 허용된 입장을 거부하는 문지기의 역설적인 모습이다. 따라서 문지기는 의심스러운 인물이 되는데, 이는 K와 신부의 대화에서도 논의된다. 문지기는 시골 남자의 입장을 거부할 권한이 있는 것일까, 아니면 직무 유기를 하고 있는 것일까? 그러한 문지기가 조직 전체의 신성함을 손상시키고 있는 것은 아닐까?

몇 년 후, 카프카는 일기에서 자신의 글쓰기가 쉽게 새로운 비교秘敎, 즉 카발라로 발전할 수 있었다. 그에 대한 단초들이 존재한다[37]라고 요약해서 적었다. 아마도 이러한 카발라 전통을 이어 가는 이 비유는 이러한 단초들 중 하나라고 할 수 있다. 예를 들어 직접적인 개별 구원의 방식에 반대하는 중재자(문지기)에 대한 비판의 형태로 말이다. 그러한 중재자가 필요할까? 여느 때와 같이 이해되는 구원에 직접 접근할 수는 없을까? 이 모든 중재자는 도움을 약속하면서 자신의 힘에 대한 신뢰를 훼손하는 변호사들과 무능력한 변호사들만큼이나 의심스럽지 않을까?

이 비유는 독립적으로 출판되었지만, 소설의 맥락에서 이것이 무엇을 의미하는지에 대한 의문이 남아 있다.

우선 이 비유는 요제프 K가 걸려든 법원 제도를 정신적이고 종교적인 차원으로 명시적으로 전환하여, 법원이 처한 타락한 환경과 극명한 대조를 이룬다. 그러나 대성당 장면에서 불길한 법원은 모든 해석에 앞서 이 수수께끼 같은 카발라의 비유에서 나오는 형이상학적인 화려함으로 등장한다.

엄밀히 말하면 이 비유는 요제프 K의 경우와는 맞지 않는다. 이 비유는 성스러운 것, 진실한 것 속으로 밀고 들어가는 데 얼마나 어려움이 따르는지를 설명한다. 그러나 요제프 K는 그곳에 들어가고 싶지 않고, 약속의 땅을 찾고 있는 것도 아니다. 반대로 그는 어떤 신성한 영역에 도달하지 않고, 임대 주택과 다락방에 거주하는 권위에 의해 쫓기고 있다. 그는 지상 세계를 갈망하지 않고 지하 세계에 쫓기고 있다고 느낀다.

그렇다면, 요제프 K가 구원의 길이 아니라 도피의 길을 가고 있다면 신부는 왜 그에게 이 비유를 말했을까? 그는 법정에서 어떻게 자신을 기만할 수 있는지를 보여 주기 위해 직접 이렇게 말한다.

누가 속이고 누가 속고 있는가? 요제프 K에게 문제는 분명하다. 문지기가 시골 남자를 속이고 있다. 요제프 K와 신부 사이의 해석적 대화는 문지기에게만 집중되어 있다. 그가 자신의 권한을 남용했는지, 조금이나마 제한했는지 아니면 지나치게 교활했는지, 양심적으로 의무를 수행했는지, 권력의 지위를 악용했는지 등이다. 신부가 잠시 문지기의 행동을 해석하면서 이러쿵저러쿵 이야기한 후, 요제프 K가 조급하게 묻는다. 신부님은 시골 남자가 기만을 당한 게 아니라고 생각하세요?[38] 그러자 신부는 또 다른 가능성을 제시한다. 아마도 문지기 자신이 기만을 당한 사람일지도 모른다. 아마도 문지기가 법의 내부에 대해 오해하고 있고 그것을 두려워하기 때문에 시골 남자를 불안하게 했을 것이다.

눈에 띄는 것은 기만의 한 가지 가능성, 즉 시골 남자의 자기기만의 가능성이 배제되어 있다는 것이다. 시골 남자가 절망하여 오해한 것일 수도 있기 때문이다. 그는 보편적인 법, 즉 모든 사람을 위한 법을 찾고 있다. 그러나 그것을 깨닫지 못한 채 자신만의 개별적인 법 앞에 앉아 있다. 그는 감히 들어가지 못하고 허락을 기다린다. 강력해 보이는 문지기와 그의 말에도 불구하고 그는 그것이 자신의 입구이기 때문에 들어가야만 했다. 스스로 용기를 내서 들어갔어야 했다. 하지만 그는 평생을 자신의 입구 앞에 겸손하게 쪼그리고 앉아 마지막에는 문지기의 모피 외투 깃에 붙은 벼룩에게 자신을 도와 달라고 부탁한다. 어쩌면 문지기의 말 한마디가 시골 남자의 입장을 막은 것일지도 모른다. 말로만 이루어진 장벽! 그가 어떻게든 밀고 들어갔다면, 이 말은 그저 공허한 것에 불과했을지도 모른다. 오직 그만을 위한 입구였다면, 그만이 지켜야 할 개별적인 법이 있었을 것이고, 그만이 걸어야 할 구원의 길이 있었을 것이다.

신부는 이 해석을 선호하는 것 같다. 이는 대화 말미에 나오는 발언으로 알 수 있다. 법원은 당신에게 아무것도 원하지 않습니다. 법원은 당신이 오면 받아들이고, 가면 내버려둘 뿐입니다.[39] 신부는 요제프 K에게 주도권을 발휘하라고 격려한다. 그것이 중요하기 때문이다. 법원은 사람들이 부여하는 것만큼만 권한을 갖는다. 법원은 사람들이 원할 때 받아들이고, 사람들이 원할 때 풀어 놓아준다.

자기 권한 부여에 대한 격려. 개별 법을 따르고 개별적인 길을 가는 것. 시골 남자에게 이것은 주눅 들지 않고 개별 법으로 입증된 법안으로 밀고 들어가는 것을 의미한다.

시골 남자와 마찬가지로 요제프 K도 법원에 주눅 들지 않고 법원을 자신에게 속한 것으로 보아야 할 것이다. 포괄적 관할권을 가진 초월적 종교 세계의 법원이 아니라, 물론 공권력이나 일반적 사회 기관으로서가 아니라, 평범하고 외부적인 상황에서 구체화되는 내면의 법원으로 말이다.

이 비유는 개별적인 법에 관한 것이며, 따라서 이 소설은 개별적인 법원이자 내면의 법원에 관한 것이다. 이 법원은 자기 자신과 대면하도록 강요하고, 그때까지 자신과 차단되어 있던 평범하고 순응적인 삶에서 벗어나게 한다. 시골 남자가 자신의 개별적인 법을 인식하지 못하는 것처럼, 그를 박해하는 법정의 피고인 역시 자신의 내적 법원을 인식하지 못한다. 두 경우 모두 개별적인 것은 보편적이고 외부적인 권력으로 이해되고 오해된다.

이 비유가 가르치는 것처럼 개별적인 법은 자기 권한 부여를 요구하지만, 이 소설이 보여 주는 것처럼 개별적인 법원은 적어도 카프카의 작품에서는 다른 어떤 법원보다 더 무자비할 수 있으며, 어쩌면 치명적인 결과를 초래할 수 있는 자기 자신과 얽히게 한다.

하지만 얼마나 이상한 일인가? 피고인은 점점 더 깊이 자기 안으로 빠져들고 있지만, 실제 고발은 침묵하고 있으며, 죄는 내면의 법원에서도 공격받을 수 있다. 해석으로 채워야 할 여백이 남아 있다. 원죄, 인간의 소외 등 종교적, 형이상학적, 사회학적으로 많은 해석이 뒤따라왔다.

이제 약혼이 깨진 후 카프카가 아스카니셔 호프에서 구상한 소설의 주인공인 요제프 K에게 분명히 지울 수 없었거나 지우고 싶지 않았던 매우 구체적인 죄책감에 시달리면서 소설 작업을 시작했다는 사실을 다시 한번 기억해야 할 것이다.

왜?

카프카에게는 요제프 K의 운명을 포함하여 그가 쓰는 모든 글 앞에 죄가 놓여 있기 때문일 것이다. 그것은 글쓰기 그 자체다. 글쓰기는 죄다. 카프카는 펠리체에게 보낸 편지에서 글쓰기의 심연[40]에 빠져들 때 그녀에게 얼마나 죄책감을 느꼈는지 자주 묘사했다. 글쓰기에 완전히 몰입하면 그는 모든 활력을 필요로 하기 때문에 직업, 결혼, 가족, 자녀 등 일상적인 삶의 의무에서 멀어지게 된다. 글을 쓰면서 그는 삶에 대한 죄책감을 느낀다. 그는 글만 쓰기 때문에 삶에 삶을 빚지고 있다. 삶에 대한 죄책감 — 이것은 펠리체, 아버지, 가족, 친구들, 유덴툼, 업무 그리고 마지막으로 정치적 운명에도 적용된다. 즉 시민 계급의 삶 전체에 대한 죄책감이다. 글을 쓰면서 그는 외부에서 세계에 무언가를 주지 않기 때문에 죄책감을 느낀다.

따라서 그는 세계에 대한 정당화 문제를 가지고 있다. 그러나 그게 전부는 아니다. 그는 입장을 바꾼다. 만약 그가 모든 힘을 글쓰기에 쏟지 않는다면, 성가신 삶의 의무 때문에 글쓰기에 빚을 지고 있다면, 글쓰기에 대한 정당화 문제가 생긴다. 예를 들어 아버지의 명령에 따라 석면 공장을 돌보거나 펠리체와 함께 가구점에 가서 미래의 가구를 찾거나 사무에 몰두할 때, 그는 글쓰기에 사용할 수 있는 소중한 시간을 낭비하고 있다고 느낀다. 그러면서 글쓰기라는 내면의 작업에 대해 죄책감을 느끼게 된다. 오늘 내가 아무것도 쓰지 않았다는 사실을 무엇으로 사과하지? 사과할 길이라고는 없다. 더군다나 컨디션이 최악인 것도 아닌데. 계속해서 이런 소리가 들린다. '너, 보이지 않는 법원아, 오기는 올 테지!'[41]

글쓰기를 하면서 삶을 소홀히 했고 살면서 글쓰기를 소홀히 했다는 이중의 고발이 내면의 법원에 있다.

카프카는 끊임없이 죄책감을 불러일으키는 이 순환의 고리에서 움직인다. 삶에 얽매인 그는 둔감[42]에 시달리고 글쓰기에 몰두한 나머지 그에게는 모든 것이 악마 숭배처럼 보인다. 어둠의 세력으로의 이러한 하강, 본래 속박된 유령들의 이러한 해방, 의심스러운 포옹, 그리고 내가 햇빛을 받으면서 이야기를 쓸 때면 아래에서 무슨 일이 벌어지더라도 위에서는 전혀 모르지.[43]

『소송』을 작업하다가 창작의 황홀경에 빠져들자, 카프카는 1914년 10월 초에 갑작스럽게 2주간의 휴가를 내고 글쓰기에 전념했다. 하지만 그는 단지 소설을 쓴 것만이 아니라 악마 숭배, 어둠의 세력 속으로 더 깊이 내려가는 길을 선택했다. 단 며칠 만에 그는 고문과 처형 환상을 다룬 『유형지에서』를 썼다.

이 소설에서 어둠의 세력은 열대 태양의 강렬한 빛 아래에서 활동한다. 세계를 개혁하기 위해서가 아니라 오로지 구경만 하러 이 외딴 유형지에 온 여행자에게 담당 장교가 이곳에서 사용하는 고문과 처형 기계를 자랑스럽게 설명하고 보여 준다. 이 기계는 죄수가 묶여 있는 진동 침대로 구성되어 있으며, 그 위에는 네 개의 놋쇠 봉이 받치고 있는 소위 제도기라는 구동 기구가 내장된 장치가 있다. 그 사이에는 써레라고 불리는 복잡한 바늘 시스템이 장착된 강철 띠가 이 장치에 연결되어 있다. 죄수가 처형 절차에 걸리는 열두 시간이 지난 후 죽을 때까지, 써레로 죄수의 몸에 죄수의 죄가 새겨진다. 죄수가 자신의 판결 내용을 알고 있느냐고 여행자가 질문하자 장교가 대답한다. 알려 줘봐야 아무 소용이 없을 겁니다. 직접 자신의 몸으로 체험하게 될 테니까요.[44] 재판도 없고, 변호도 없다. 죄는 항상 의심의 여지가 없기[45] 때문에 이 모든 것이 생략되었다고 장교는 설명한다.

　　열두 시간에 걸친 살해 절차 중 장교가 열광하는 순간이 있는데, 바로 불길한 여섯 번째 시간이다. 장교는 이 절차가 여전히 명예롭게 진행되던 옛 시절에는 수많은 관중이 이 고문의 순간을 축제처럼 함께 즐길 수 있었다고 설명한다. 저는 양팔에 조그만 어린아이를 한 명씩 안고 종종 그곳에 웅크리고 있었습니다. 고통당하는 얼굴에 나타나는 신성한 변화의 표정을 우리 모두는 어떻게 받아들였던가! 드디어 달성했는가 싶더니 어느새 사라져 버리는 정의의 빛이 우리의 뺨을 얼마나 물들였던가![46]

　　고문의 이 여섯 번째 시간은 중요하다. 상처를 통해 몸에 적힌 내용을 읽을 수 있을 때 신성한 변화가 일어난다. 이런 식으로 자신의 상황을 깨닫는 진실의 시간이다. 이 순간 아무리 우둔한 자도 사리 분별이 생기고, 눈이 아닌 상처로 자신의 몸에 치명적인 써레가 새겨 넣은 글을 해독하는 죄수의 빛나는 얼굴을 보게 된다. 최고의 영감의 순간이다.

이 고문과 처형 기계는 여전히 작동하지만 시대가 바뀌었다. 장교는 우울한 기분에 빠져 뒤를 돌아본다. 지금은 더위에 말라 버린 골짜기에 홀로 덩그러니 남아 있긴 하지만, 기계는 아직도 작동하고 있으며, 스스로 작동하고 있다. 그리고 시체는 마지막에 가서 신기할 정도로 부드럽게 날아 구덩이 속으로 떨어진다.[47] 하지만 엄숙함, 경건한 마음, 많은 관중은 없다. 모든 것이 비밀스럽고 소심하게 일어난다. 신임 사령관은 절차 전체를 폐지하고 싶어 하지만, 장교는 이 전통을 고수하며 심지어 여행자를 자기 편으로 끌어들이려고 한다.

여행자는 혐오와 매혹 사이에서 갈등한다. 그는 끔찍한 사건을 목격하는 행위 자체가 죄가 되기 때문에 이미 죄책감을 느낀다. 여행자는 절차를 지속하기 위해 신임 사령관에게 지지를 표명해 달라는 장교의 요청에 응하지 않는다.

이 장교는 고문과 처형 기계가 여전히 명예를 누리던 시절, 놀라울 정도로 정밀하게 몸에 글을 새겨 넣을 수 있던 시절의 생존자다. 장교는 죄수들도 매료되어 귀를 기울일 정도로 아주 헌신적으로 작동 원리를 설명한다. 하지만 장교의 헌신은 기계 자체뿐만 아니라 처형 절차의 여섯 번째 시간의 기적에도 적용된다. 누구나 써레 밑에 누워 보고 싶을 것이라고 그는 설명한다.

이것이 바로 여행자가 이 기계와 처형 절차를 보존하는 데 도움을 주고 싶지 않다는 것을 깨달았을 때 장교가 하는 일이다. 이제 시간이 되었습니다.⁴⁸ 장교는 이 말과 함께 써레 아래 침대에 눕는다. 그러나 기계는 작동 오류로 그의 몸에 아무것도 쓰지 않고 단순히 그를 뚫고 지나간다. 그는 여섯 번째 시간의 기적을 경험하기도 전에 죽었다. 커다란 강철 바늘의 끝이 이마를 뚫고 들어갔다. 여기에 이어지는 문장은 삭제되었고, 그 부분에 이렇게 적혀 있다. 어떤 진실에 대한 증언을 하는 것처럼.⁴⁹

그것은 어떤 진실일 수 있을까?

어쩌면 이 잔인한 사건은 글쓰기에 대한 비유일지도 모른다. 죄는 몸에 기록된다. 글쓰기는 죄인 동시에 처벌이며, 여섯 번째 시간의 기적이자 위대한 영감이다.

하지만 장교에게 이 글쓰기-고문과 살인 기계는 더 이상 제대로 작동하지 않는다. 그는 속아서 신성한 변화의 순간을 빼앗긴다. 남은 것은 신성한 변화가 없는 자살뿐이다.

이 소설은 죄의 조사와 처벌이 완전히 기계적인 과정이 되어 버린 사회적 상황에 대한 환상을 강조하고 있지만, 글쓰기 그리고 죄와 처벌에 관한 것이다. 하지만 이러한 전체주의적 고문과 처형 환상의 눈부신 효과는 다시 한번 글쓰기에 관한 의미의 수준을 모호하게 만든다. 즐거움으로서의 글쓰기, 죄로서의 글쓰기, 동시에 처벌로서의 글쓰기다. 하지만 적어도 여섯 번째 시간의 기적을 통해 깨달음과 변용이 한 사람에게 찾아온다.

카프카가 이 소설을 썼을 때 전쟁은 이제 막 시작되었고, 사람들은 현대 무기의 끔찍한 영향에 대해 알게 되었다. 이 역시 기계적 살인을 다룬 이 소설의 경험적 배경의 일부다. 하지만 글쓰기의 내면의 또 다른 어둠의 세력도 작용했다.

카프카는 출판인 쿠르트 볼프에게 보낸 편지에서 이 소설의 두 가지 측면을 — 끔찍한 외부 사건과 양가적인 내면의 사건을 — 슬쩍 언급한다. 이 마지막 소설을 설명하기 위해 덧붙여 말씀드립니다만, 이야기 자체는 고통스러울 뿐만 아니라 우리의 보편적 시대와 저만의 특수한 시대가 동시에 매우 고통스러웠고 또 지금도 고통스럽다는 것, 그리고 저만의 특수한 시대는 보편적 시대보다 훨씬 더 오랫동안 고통스럽다는 것을 암시합니다. 제가 계속 글을 썼더라면 얼마나 더 이 길로 빠져들었을지 신은 아실 겁니다.[50]

8장

두 번째 약혼

형이상학적 탐색: 「사냥꾼 그라쿠스」와 「시골 의사」

신화와 사회: 「만리장성을 쌓을 때」

시온주의, 「학술원에 보내는 보고서」

1915년 1월 20일, 카프카는 일기에 글쓰기를 끝냈다[1]고 기록한다. 그는 『소송』을 더 이상 진척시키지 못한다. 1914년 늦여름부터 그를 휩쓸어 간 급류는 이제 실개천이 되어 완전히 말라 버릴 위기에 처해 있다. 생산적인 단계는 펠리체와의 관계가 끝난 것처럼 보였을 때 시작되었고, 그가 그녀와의 관계를 재개하면서 끝난다. 글쓰기를 중단한 후 새로운 삶의 시도. 하지만 글을 쓰지 않으면, 모든 것이 배경과 깊이가 없이 지루해 보인다. 글을 쓰지 않으면, 그는 바로 머리가 무거워졌다.[2]

그는 오스트리아 국경 마을인 보덴바흐에서 6개월 만에 펠리체와 만나기로 약속했다. 기존의 패턴은 그가 글을 쓸 때는 펠리체가 필요하지 않고, 글쓰기가 그를 떠났을 때는 다시 펠리체에게 도움을 요청한다. 그녀는 그에게 세상을 대표하지만, 그녀와 함께 있으면 혼자 버려진 것 같은 기분이 든다. 글을 쓰지 않으면, 그는 보잘것없는 존재다. 그는 종종 그녀에게 이 자기 상실의 과정을 묘사했지만, 그녀는 약혼자의 히스테리를 완화할 자신감이 있는 것처럼 다시 그에게 관여한다.

    1915년 1월 24일 이 만남에서 카프카는 그녀에게 몇 작품을 읽어 준다. 펠리체는 눈을 감은 채 소파에 누워 상당히 무관심하게 듣다가 문지기 이야기에 이르러서야 정신을 차린다. 이것이 그에게 이 만남의 유일한 좋은 순간이며, 그 외에는 고문이었다. 내 주위는 온통 지루함과 암울함뿐이었다. 우리는 내가 자유롭게 숨 쉴 수 있는 좋은 순간을 단 한 번도 공유하지 못했다. 나는 편지를 제외하고는 추크만텔과 리바에서 경험했던 사랑하는 여인과의 달콤한 관계를 F와는 전혀 갖지 못했다. 단지 끝없는 경탄과 예속, 동정, 절망과 자기 경멸만이 있었다.[3]

    보덴바흐에서의 불쾌한 만남 이후, 카프카는 일기에 다음과 같이 적었다. 우리가 그 언젠가 다시 결합할 가능성은 전혀 없다는 생각이 든다. 하지만 나는 그런 생각을 그녀에게나 여전히 결정적인 순간에 나 자신에게도 말할 엄두를 내지 못한다.[4] 그들은 관계를 완전히 끊고 싶지는 않지만, 서신 교환을 제한하고 싶어 했다. 보덴바흐에서 펠리체와 만나고 난 직후 편지에는 이렇게 적혀 있다. 우리는 편지를 통해 얻은 게 별로 없었습니다. 이제 다른 방법으로 무언가를 얻도록 노력해야 합니다.[5]

    그는 펠리체가 자신의 임무이자 기회이기도 한 석면 공장을 더 잘 관리해 달라고 부탁했을 때, 그녀가 실제로 자신과 얼마나 멀리 떨어져 있는지 다시 한번 깨닫게 된다. 그는 분개하며 대답한다. 어째서

그대는 나보다 공장을 더 잘 이해한단 말입니까!⁶

그가 다음과 같이 편지를 보냈을 때 그녀는 그를 전혀 이해하지 못했을 것이다. 게다가 나는 전쟁 때문에 고통을 겪고 있습니다. 주된 이유는 직접 참전할 수 없다는 점입니다.⁷ 그리고 나중에 그가 군인이 되는 것이 행운일 것이라고 말했을 때도 그녀는 이해하지 못했을 것이다. 글쓰기가 정체되고, 석면 공장이 괴롭히고, 사무실이 지루하다면 전쟁에 나서는 것이 더 낫다고 그는 생각한다. 그러나 그는 무슨 일이 자신을 기다리고 있는지 알고 있었다. 최근에 노동자 산재 보험 공사가 카프카의 사무실에 나타나고 있는 전쟁 부상자들을 처리해야 했기 때문이다.

카프카는 두 차례에 걸쳐 징병 검사를 받고 복무 적합 판정을 받았지만, 노동자 산재 보험 공사가 불만을 제기해 복무가 연기되었다. 애국심은 그에게 낯선 것이었고, 그는 어떤 전쟁 목표와도 자신을 동일시하지 않았으며, 공식적인 적들에 대한 적개심도 느끼지 않았다. 전쟁과 그의 관계는 정치적 시온주의와 그의 관계와 거의 동일하다. 유대인과 나의 공통점은 무엇일까? 거의 없다. 나는 숨 쉴 수 있다는 사실에 만족하면서 구석에 조용히 처박혀 있어야 할 것이다.⁸ 그는 전쟁의 사건들을 직면하면서도 이 구석에 처박혀 있었다. 그럼에도 글을 쓰는 것 외에는 아무것도 행복하지 않기 때문에 무의미하게 소모되고 있다고 느낀 그는 전쟁에 몸을 던질 준비가 되어 있다. 전쟁에서도 그는 여기 프라하에서 글을 쓰지 않는 사람으로 있을 때와 마찬가지로 자신과 개인적인 관계가 거의 없을 것이라고 생각한다. 이런 상황일수록 자신의 고난과 고통을 다른 사람들과 나누는 것이 더 낫다. 그는 펠리체에게 편지를 쓴다. 최선의 경우에도 그들은 자신의 존재를 위해서, 아니면 더 정확하게는 자신의 존재와 공동체 사이의 관계를 위해서 투쟁합니다. 이것은 내 경우와도 다르지 않습니다.[9]

카프카는 징집되지 않았다. 그는 만족스럽지 않았지만, 펠리체는 분명히 안심했고 1916년 초부터 다시 만남을 추진했다. 카프카는 망설였고, 예를 들어 가구점을 돌아다니는 것과 같은 약혼 시절의 공포를 회상했다. 그는 만남 전에 이렇게 썼다. 그래서 우리가 만나기에 앞서 그대와 내가 이전의 만남들에 대해 충분히 생각해 봐야 한다고 주의를 주고 싶습니다. 그대는 더 이상 만남을 원하지 않을 것입니다.[10]

하지만 그의 태도는 점차 바뀌었다. 5월에는 출장으로 마리엔바트*에 갔는데, 날씨가 좋지 않았음에도 너무 즐거워서 휴가 계획을 세울 정도였다. 그는 펠리체에게 편지를 보냈고, 펠리체는 이를 힌트로 삼아 그곳에서 함께 휴가를 보내자고 제안했다. 카프카는 처음에는 망설이다가 동의했고, 두 사람은 7월 3일부터 10일까지 카프카의 취향에 비해 너무 화려했던 "발모랄" 호텔에 투숙했다. 그들은 문을 사이에 두고, 문 양쪽에 열쇠 구멍이 있는 방 두 개에서 동거를 시작했다. 이틀 후, 카프카는 일기에 이렇게 기록한다. 누군가와 함께 산다는 것은 힘든 일이다. (…) 어쩌면 깊은 밑바닥에만 사랑이라고 부를 만한 작고 얕은 시내가 흐르는 게 아닌가 싶다.[11] 하지만 뭔가 바뀐 게 분

---

*   현재 체코의 카를로비바리주에 위치한 온천 도시.

명하다. 마리엔바트에서 함께 보낸 마지막 날 일기에 이렇게 쓰여 있기 때문이다. 추크만텔에서 말고 나는 아직 한 번도 여자와 친밀한 관계를 맺은 적이 없다. 그 후 리바에서도 스위스 여자와 가까이 지냈다. 첫 번째 여자는 성숙한 여성이었지만 내가 뭘 몰랐고, 두 번째 여자는 어린아이 같아서 내가 몹시 당황했었다. F와 나는 편지 속에서만 친했지, 우리가 인간적으로 친해진 것은 겨우 이틀 전부터다. 그렇게 확실하지는 않다. 의심의 여지가 있다. 하지만 그녀의 고요한 눈빛과 여성의 심연을 드러낸 모습이 아름답다.[12]

의심의 눈초리를 무릅쓰고 두 사람은 두 번째 약혼을 했지만, 이번에는 공식적으로 약혼하지 않았다. 브로트에게 보낸 편지에서 카프카는 그녀가 호텔의 두 방 사이 문을 열고 약혼 키스를 받기 위해 그를 만나러 왔을 때 이 두 번째 약혼 시도에서 그에게 무슨 일이 일어났는지 설명했다. 전율이 그를 휩쓸었다. 그 순간 그는 2년 전 끔찍했던 약혼식과 펠리체와 단둘이 있을 때의 두려움을 떠올렸다. 하지만 지금은 상황이 완전히 달랐다. 두 사람은 전쟁이 끝난 후 결혼해 베를린에서 살기로 합의했다. 그들은 평범한 가정생활을 피하기로 했다. 펠리체는 직장을 포기하지 않을 것이다. 아이에 대한 언급은 없다. 그리고 글을 쓰는 것 외에 그가 무엇을 할 것인지는 여전히 불분명하다. 그는 자기 비하적인 말을 계속한다. 누구나 그 상황을 생생하게 묘사하려면, 아마도 카를스호르스트*에 있는 방 두 개의 광경이면 될 거야. 그

---

*   베를린의 리히텐베르크구에 있는 지역.

중 한 방에서는 펠리체가 일찍 일어나서 나갔다가 밤에 지쳐서 침대에 쓰러지고, 다른 방에서는 내가 소파에 누워서 우유와 꿀을 먹는 거지. 거기에는 비도덕적인 남자가 누워서 기지개를 켜고 있지.[13]

마리엔바트에서 맺은 협약 중 하나는 펠리체가 베를린의 쇼이넨피어텔 지역에 동유럽 유대인 난민 아이들을 위해 최근 설립된 "민족 학교"에서 자원봉사를 하기로 한 것이었다. 카프카는 동화된 유대인들이 동유럽 유대인들과 접촉하기를 꺼린다는 것을 잘 알고 있었다. 그 역시 그러했고 이런 상황을 극복하려고 노력하며 마음을 열기 시작한 것은 몇 년 전인 1911년이었다. 뢰비와 그의 동유럽 유대인 극단과의 우정을 통해 그는 자신만의 세계, 심지어 약간 낭만화된 세계를 알게 되었다. 그는 펠리체도 이 세계에 다가갈 수 있기를 바랐다. 그러나 무엇보다도 펠리체는 현장에서, 그는 멀리서 공동의 과제를 수행하는 것이 중요했다. 그는 이를 통해 자신과 펠리체가 정신적으로 더 가까워지기[14]를 바랐다.

펠리체는 이 자원봉사 활동에 몸을 던졌다. 일주일에 몇 번씩 저녁마다 언어와 문학 수업을 진행했고, 도서관에 비치할 책을 수집하고 정리했으며, 청소도 마다하지 않았다. 카프카는 멀리서 문학 작품을 추천하고 교육적인 조언을 해주기도 했다. 이러한 맥락에서 그는 안정을 제공할 수 있는 공동체 구축에 대한 생각을 발전시켰다. 가장 놀라운 점은 이 외톨이가 자신이 이 분야에서 유능하다고 생각했다는 것이다. 글쓰기에 대한 열정 때문에 공동체의 안전은 그에게 먼 꿈으로 남아 있어야 했기 때문이다. 그가 그녀에게 이런 내용을 담은 편지를 쓰자 그녀는 이렇게 대답한다. "당신은 자신에 대해 무한할 정도로 분명한 사람이라 혼자 있으면 평소보다 훨씬 더 슬퍼질 것입니다." 카프카는 답장에서 이 구절을 인용하고 그녀가 옳다는 말과 함께 상황이 정말 나쁘다는[15] 말을 덧붙인다. 이것은 살아남은 펠리체의 몇 안 되는 문장 중 하나다.

글쓰기의 고독은 유혹적이고, 얼마 후 펠리체와의 유대감은 다시 느슨해진다. 이것은 1916년 11월 10일, 카프카가 한 갤러리의 초청으로 뮌헨에서 『유형지에서』를 낭독했던 날 불행하게 진행된 만남에서 촉발되었다. 펠리체는 카프카를 다시 만나기 위해 베를린에서 왔고, 카프카의 이야기를 듣고 경악을 금치 못했다. 이런 종류의 글을 쓰기 위해 그는 그녀와 관계를 끊은 것일까? 카프카가 편지에서 자신을 변호했기 때문에 그녀는 그것을 "이기심"이라고 불렀다. 그의 이기심은 사람으로서 그를 지칭한 것이 아니라 오로지 그 일,[16] 즉 그가 쓴 글만을 지칭한다고 그는 썼다.

이 일은 바로 글쓰기고, 인생을 위해 달리듯이 그는 자신의 삶을 위해 글을 쓰는 것이기 때문에 모든 것이 뒷전으로 밀려날 수밖에 없다.

이제 다시 후퇴할 때가 되었다.

카프카와 마찬가지로 가족과 거리를 두고 싶어 했던 막내 여동생 오틀라는 흐라드친 언덕 위의 연금술사 골목에 있는 중세풍의 손바닥만 한 집을 빌려서 1916년 11월 말 오빠가 이곳에서 완전히 은둔하며 글을 쓸 수 있도록 넘겨주었다. 카프카는 언덕 아래 구시가지에 방을 마련하고 매일 저녁 흐라드친 언덕에 올라 글을 썼다. 그는 이곳에서 좋은 시간을 보냈고, 자정이 다 되어 성의 오래된 계단을 따라 시내로 걸어가는 것은 멋진 일이었습니다[17]라고 펠리체에게 편지를 썼다.

    1916년 11월부터 1917년 4월까지 이 몇 달 동안 카프카는 『시골 의사』 단편집에 수록할 만큼 성공적이라고 생각한 텍스트를 썼다. 전쟁 3년 차인 이 시기에는 혹독하게 추운 겨울이 계속되었고 석탄과 식량도 부족했다. 그는 1916년 여름에 출판인 쿠르트 볼프에게 이 텍스트들을 제공했고, 쿠르트 볼프는 즉시 받아들였지만 전쟁으로 인해 1920년에야 출판했다.

    이 몇 달 동안 카프카는 노트에 수많은 초고를 적었는데, 그중 일부는 상당히 진전되었지만 매우 중요한 작품임에도 단편집에 포함되지 않았다. 특히 미완성 단편 「사냥꾼 그라쿠스」와 「만리장성을 쌓을 때」 묶음이 포함되지 않았다. 카프카는 「사냥꾼 그라쿠스」에서 어떤 것도 출판하지 않았지만 「만리장성을 쌓을 때」에서 『시골 의사』 단편집에 실을 두 개의 텍스트, 즉 「낡은 문서」와 「황제의 칙명」을 떼어 두었다.

    「사냥꾼 그라쿠스」의 첫 번째 시도는 「다락방 위에서」라는 제목의 스케치다. 아이들에게는 비밀이 있었다.[18] 이 텍스트는 이렇게 시작된다. 변호사의 아들인 소년 한스는 잡동사니로 뒤덮인 다락방 구석에서 낯선 남자를 발견한다. 그는 얼굴에 억센 콧수염을 기르고, 머리에 털모자를 쓰고, 넓은 갈색 코트를 입고, 그 위에 말처럼 강력한

마구를 걸치고, 무릎에는 짧고 휘어진 군도를 차고, 발뒤꿈치에는 박차를 박은 채 마룻바닥에 움직이지 않고 앉아 있다. 눈은 광택이 없다. 이 불길한 형상은 소년에게 다가갔고, 소년은 두려움에 움츠러들지만 감히 낯선 사람의 이름을 묻고 대답을 듣는다. 나도 한스라는 사람이란다. 한스 슐라크라고 하지. 바덴주의 사냥꾼이고 네카 강가의 코스가르텐 출신이란다. 아주 오래된 이야기지.[19]

다락방에서 아이들이 만나게 되는 무서운 사람에 대한 이 오래된 이야기는 이제 여러 번의 시도를 통해 전해진다. 첫 번째 버전은 일종의 무대 장치로 시작된다. 항구의 방파제 위에 앉아서 주사위 놀이를 하는 소년들, 우물에서 물을 길어 오는 소녀들, 술집에 앉아 포도주를 마시는 남자들, 지루하게 호수를 바라보는 과일 판매상, 작은 배 한 척이 마치 수면 위로 들려서 오듯 천천히 다가온다. 배는 정박한다. 비단보에 덮인 남자가 실려 있는 들것이 해변으로 옮겨져 광장의 큰 집으로 들어간다. 아무도 그것을 주목하지 않는 것 같다. 비둘기들만 창문을 쪼아 댄다. 자신을 가르다 호수에 있는 리바 시장이라고 밝힌 실크해트를 쓰고 상장喪章을 단 노인이 집으로 들어오고, 갑자기 등장한 소년들이 양쪽으로 늘어선 가운데 사공이 집 안으로 안내해 들것에 실린 남자에게로 데려간다. 곧 알게 되겠지만, 이 남자는 「다락방 위에서」의 수수께끼 같은 남자와 같은 사냥꾼이다. 그는 슈바르츠발트*에서 왔기 때문에 좀 더 음산한 것처럼 생각되며, 거칠게 헝클어진 머리

---

*   독일 남서부의 고원 산지로 숲이 울창하여 '검은 숲'이라 불린다.

카락과 수염, 그을린 피부로 뭔가 무서운 느낌을 준다. 그는 미동도 없이, 숨도 쉬지 않고, 두 눈을 감은 채 누워 있었다. 그럼에도 주변 분위기만이 그가 죽은 사람이라는 암시를 줄 뿐이었다.[20]

그는 한때 예수가 십자가를 지는 것을 돕지 않아 흡혈귀가 되어 세상을 떠도는 "영원한 유대인" 아하스베르처럼 죽을 수 없는 죽은 사람이다. 그러나 이 모든 재앙을 초래한 사냥꾼의 행동은 범행이 아니라 평범한 직업적 행위일 뿐이었다. 그는 알프스 영양을 사냥하다가 넘어져 피를 흘리며 죽었다. 하지만 사냥꾼이 강조했듯이 모든 것이 순리에 따라 진행되었다.[21] 먼저 지상에서의 활발한 삶, 그리고 내세의 전망이 포함된 죽음. 그 때문에 죽을 때가 즐거운 순간이었다. 이제 산들도 나에게서 그런 노래를 들어 본 적이 없었다.[22] 이제 나룻배가 그를 내세로 데려다줄 것이기 때문이다. 모든 것은 오래된 형이상학적 질서, 즉 먼저 지상이고 그다음 저승이라는 두 존재 영역의 변화에 따라 일어나야 했다. 이것을 믿는 사람은 누구나 사냥꾼 그라쿠스처럼 말할 수 있다. 나는 즐겁게 살았고 또한 즐거운 마음으로 죽었습니다.[23]

하지만 그 후 재앙이 닥쳤다. 죽음의 나룻배가 목적지인 저승으로 향하지 못했다. 무슨 일이 있었던 걸까? 제가 탄 죽음의 나룻배가 항로를 잘못 들어, 그러니까 키를 잘못 틀어 사공이 부주의한 바로 그 순간, 아름다운, 저의 무척이나 아름다운 고향을 영영 벗어나게 되어 버린 것입니다. 저도 뭐가 뭔지 모르겠습니다. 제가 아는 것이라곤 오로지 제가 이 지상에 머물러 있었다는 사실, 그리고 그때부터 줄곧 제

가 탄 나룻배가 이승의 물 위를 항해하고 있다는 사실뿐입니다.[24]

그러면 저승에 당신 몫은 전혀 없다는 건가요? 이 질문에 사냥꾼 그라쿠스는 대답한다. 저는 언제나 위로 올라가는 큰 계단 위에 있습니다. 이 무한히 넓은 옥외 계단 위에서 정처 없이 떠돌아다니고 있는 것입니다. 때로는 위로, 때로는 아래로, 때로는 오른쪽으로, 때로는 왼쪽으로 언제나 움직이고 있습니다. 그러나 제가 가장 크게 비약을 하면 어느새 벌써 저 위에 있는 대문이 저에게 환히 빛을 비추고, 저는 지상의 물 가운데 황량하게 처박혀 버린 오랜 나룻배 위에서 깨어납니다.[25]

여기서 카프카는 형이상학적 그로테스크라는 새로운 기교를 시도한다. 궁극적인 질문이 명시적으로 언급되지만, 일반적인 파토스와 경외심을 불러일으키는 진지함은 없다. 이 작품은 연극이기 때문에 전체적으로 무대와 같은 성격을 띠고 있다.

사냥꾼 그라쿠스는 낡은 형이상학적 질서의 종말을 상징한다. 도달할 수 있는 내세는 존재하지 않고, 보통 죽음과 함께 개인의 삶이 사라지는 이 하나의 존재만 있을 뿐이다. 마치 니체의 영원 회귀처럼 내세 없이 이 존재를 견뎌야 하는 사냥꾼 그라쿠스는 존재하지 않는다. 사냥꾼 그라쿠스는 구원을 받지 못했다고 느낀다. 그에게 이 지독한 존재의 무한에서 벗어날 탈출구는 없다. 항상 똑같이 계단을 오르내릴 뿐이다. 살기에는 너무 적고, 죽기에는 너무 많다.

끝없는 지상의 바다에서 또는 하늘과 땅 사이의 무한히 넓은 옥외 계단 위에서 죽음의 나룻배를 타고 방황하는 사냥꾼 그라쿠스, 손이 닿지 않는 멀리서 빛나는 문 — 멀리 떨어져 있는 초월의 이미지. 구원 대신 끝없는 반복만이 존재한다.

카프카는 이 살아 있는 죽은 사람의 모습을 통해 일종의 사적인 신화를 창조했다. 그는 종종 자신을 살아 있는 죽은 사람으로 묘사했다. 평범한 삶의 관점에서 볼 때 그에게 글쓰기는 감소된 삶, 즉 이미 죽음의 영역에 속한다. 그는 막스 브로트에게 이렇게 쓴다. 나는 평생 죽었어. 나는 찰흙으로 머물렀어. 나는 섬광을 불로 만들지 못했고, 단지 내 시체를 비추는 데만 사용했어.[26] 반대로 황홀한 글쓰기의 관점에서 보면 평범한 삶은 황량하고, 따라서 예견된 죽음으로 보인다. 이에 대항하는 유일한 방법은 밤새도록 글을 쓰는 것[27]이다. 살아서 죽고 죽어서 사는 것, 이 양가감정은 작가 카프카를 반영한다. 따라서 카프카가 사냥꾼에게 자신의 이름(그라쿠스=까마귀=카프카)을 부여했을 뿐만 아니라 그를 작가로 만든 것은 놀라운 일이 아니다. 아무도 내가 여기에 쓴 글을 읽지 않을 것[28]이라고 그는 방문자에게 설명하지만, 어쨌든 그는 도움을 받을 수 없기 때문에 그것은 그렇게 심각하지 않다. 나를 돕고 싶다는 생각은 병이므로 침상에 누워 치료받아야 합니다.[29] 몇 사람이 한가롭게 그 푸른 작업복을 입은 사냥꾼 그라쿠스를 생각한다면[30] 그것으로 충분하다. 결국 그는 여기저기서 정신적인 사후 세계를 누리게 될 것이다.

그렇지 않으면 글을 쓰고 방황하는 사냥꾼의 외로움은 극복할 수 없다. 세상은 제 갈 길을 가고 있고, 당신은 당신의 항해를 하고 있어요. 하지만 오늘날까지 나는 그 둘이 교차하는 것을 한 번도 본 적이 없습니다.³¹ 따라서 사냥꾼 그라쿠스는 카프카에게 연금술사 골목에 있는 손바닥만 한 집의 고독 속에서 환각을 일으킨 세계 소외의 유령이기도 하다.

카프카가 항상 그랬듯이 죄의 문제도 여기서 중요한 역할을 한다. 사물의 평범한 질서와 연결이 끊어진 이유는 무엇일까?「사냥꾼 그라쿠스」에는 잘못된 방향 전환, 부주의한 순간³²에 대한 이야기가 나온다. 일기에서 그는 이 급격한 전환을 시간의 흐름³³에서 벗어나는 순간이라고 표현한다. 존재의 균열. 교란, 혼란.

단편집 이름이기도 하고, 미완성된「사냥꾼 그라쿠스」를 쓴 직후에 쓰인「시골 의사」도 그러한 균열에 대해서 이야기한다. 이 소설에서 현실은 꿈의 논리에 지배되는 것처럼 수수께끼로 보인다. 예측할 수 없고 비참한 결과를 초래하는 실수의 모티프는 소설의 마지막 부분에 명시적으로 언급되어 있다. 한번 잘못 울린 야간 비상벨 소리에 응했는데 — 결코 다시 돌이킬 수 없다.³⁴

사냥꾼 그라쿠스는 어쩔 수 없지만, 시골 의사의 실수는 야간 비상벨 소리에 놀라 멀리 떨어진 마을을 도우려고 하는 것이다. 그는 여행할 준비가 되었지만 그의 말이 전날 죽었다. 하녀 로자는 마을을 돌아다니며 말을 구걸했지만 성공하지 못했다. 그때 아무도 사용하지 않는 돼지우리의 부서진 문이 열리고 늠름한 말 두 마리와 마부가 모습을 드러낸다. 막 떠나려던 시골 의사는 마부가 완력을 행사하며 로자에게 다가가는 것을 보고 개입하려 하지만 마차에 매인 말들이 그를 잡아챈다. 세찬 눈보라 속에서 그는 순식간에 멀리 떨어진 병실에 도착한다. 여기에는 겁에 질린 가족들이 의사 선생님, 저를 죽게 내버려두세요!³⁵라고 의사의 귀에 속삭이는 소년의 주위에 모여 있다. 의사는 언뜻 보기에는 소년이 건강하기에 단번에 밀쳐서 침대에서 밀어내는 것이 상책³⁶이라고 생각한다. 그는 다시 한번 헛수고를 했다고 생각하며 떠나고 싶어 한다. 그러나 소년을 자세히 살펴보다가 소년의 엉덩이 부위에 손바닥만 한 상처가 있는 것을 발견하고, 그동안 저세상의 말들이 창문을 통해 머리를 방 안으로 들이민다. 장밋빛 상처는 농담에 큰 차이가 있는데 움푹 들어간 곳으로 갈수록 짙어지고, 가장자리로 갈수록 옅어진다. 부드러운 낱알 모양으로 일정하지 않은 크기의 핏방울이 맺혀 노천 광산처럼 드러나 있다. 좀 떨어져서 보면 상처는 이런 모습이다. 가까이서 보면 상태가 더욱 심각하다. 누가 이런 모습을 보고서 나지막하게 외마디 비명을 지르지 않을 수 있겠는가? 굵기와 길이가 내 새끼손가락만 하고 그 자체가 장밋빛이면서 더군다나 피까지 묻어 있는 벌레들이 상처 안쪽에 달라붙은 채 하얀 머리와 수많은 다리를 움직여 밝은 곳으로 나오려고 꿈틀거린다.³⁷

그것은 생명력이 넘치지만 단지 적대적인 삶을 지닌 상처일 뿐이다. 그 삶은 소년보다 오래 살아남을 것이지만, 결국 그를 파괴할 것이다. 불쌍한 소년, 너를 도와줄 수가 없다. 나는 너의 커다란 상처를 찾아냈다. 너는 옆구리에 생겨난 이 꽃 때문에 파멸을 맞을 것이다.³⁸

가족은 의사의 의술에 모든 것을 걸고 있다. 그들은 그를 압박하고 숭배한다. 시골 의사는 저항하고 불평하고 생각한다. 항상 의사에게 불가능한 것을 요구한다. 그들은 옛날의 신앙을 잃었다. 사제는 자기 집에 죽치고 앉아서 사제복이나 하나씩 쥐어뜯고 있다. 하지만 의사는 외과 수술을 하는 섬세한 손으로 모든 일을 해내야 한다.[39]

가족은 의사를 습격해서 옷을 벗기고 소년과 함께 침대에 눕힌다. 그는 그렇게 하도록 내버려둔다. 하지만 바깥 마당에서는 학교 합창단이 노래를 부른다. 그의 옷을 벗겨라. 그러면 그가 치료할 것이다. 그리고 그가 치료하지 않으면, 그를 죽여라.[40] 이제 시골 의사는 자신의 구원에 대해 생각해야 한다. 집에 있는 로자도 마부에게서 다시 빼앗아야 한다.

의사는 옷을 제대로 입을 시간조차 없을 정도로 서둘러 짐을 챙긴다. 모피가 마차 뒤로 끌린다. 여기까지 순식간에 온 것 같았지만 이제는 전혀 움직이지 않는다. 소설의 마지막 문장은 이렇다. 이래 가지고는 결코 집으로 돌아가지 못할 것이다. 한창 잘나가던 나의 의사 생활도 끝장났다. 후임자가 내 자리를 훔쳐 간다. 하지만 아무 소용이 없다. 그가 나를 대신할 수는 없기 때문이다. 내 집에서는 역겨운 마부가 난동을 부리고, 로자는 그의 제물이 되었다. 나는 그 일을 떠올리고 싶지 않다. 늙은 나는 벌거벗은 채로 가장 불행한 시대의 혹한에 내던져져, 저세상의 말들이 끄는 이 세상의 마차를 타고 떠돈다. 나의 모피 외투는 마차 뒤에 매달려 있지만 손이 닿지 않는다. 몸을 움직일 수 있는 환자들의 무리 가운데 누구도 손가락 하나 까딱하지 않는다. 속았어! 속았어! 한번 잘못 울린 야간 비상벨 소리에 응했는데 — 결코 다시 돌이킬 수 없다.[41]

이로써 위대한 인도주의적 구조 활동이 끝난다.

여기서는 꿈의 논리가 지배한다. 모든 것은 마치 무아지경에 빠진 것처럼 알려진 것에서 미지의 것이 갑자기 터져 나올 때 필연적으로 일어난다. 이 소설의 핵심 문장은 다음과 같다. 사람들은 자기 집에 무엇이 있는지도 모른다니까요.[42] 돼지우리에 있는 말들, 한 번도 본 적 없는 마부가 갑자기 집의 주인이 된다. 그런 다음 의사가 수년 동안 집에서 거의 알아차리지 못하다가 갑자기 그녀의 아름다움을 알아차리고 성적으로 탐하기 시작하는 하녀 로자가 있다. 그 가까이에 있는 미지의 존재가 바로 그 자신의 욕망일 수도 있다. 그것은 돼지우리에 있는 저세상의 말들처럼 갑자기 나타난다. 그것은 의사를 로자에게로 끌어당긴다. 소년의 장밋빛 상처는 그렇게 하라는 초대처럼 보인다. 의사는 소년에게 속삭인다. 자네의 상처는 그리 심한 것이 아니야.[43]

그러나 아무것도 도움이 되지 않는다. 미래는 실패하고, 의사는 죽음의 가장 낮은 지역들에서 불어오는 바람에 실려 가고 있는[44] 키 없는 나룻배를 탄 사냥꾼 그라쿠스처럼 눈과 폭풍 속에서 길을 잃은 마차를 타고 겨울밤을 헤매고 있다.

사냥꾼 그라쿠스와 시골 의사, 이 두 사람은 초월적인 노숙자라는 공통점을 가지고 있다. 의미 있는 질서의 갈기갈기 찢긴 맥락에 대한 두 개의 비유다.

카프카가 이 단편집에 수록한 「꿈」이라는 텍스트도 『소송』과 비슷한 시기에 쓰인 것으로 추정되는데, 이 역시 죽음과 생존이라는 주제 영역에 속한다. 『소송』에서 요제프 K는 자신보다 더 오래 살아남을 것 같은 치욕을 안고 죽는다. 그러나 이 텍스트에서 요제프 K는 다른 종류의 생존을 꿈꾼다. 이것은 바로 한 작가의 사후의 명성에 대한 환상이다. 요제프 K는 무덤의 봉분에 발을 딛고 있는 자신을 본다. 그러자 큰 환호성이 터져 나온다. 예술가처럼 보이는 한 남자가 묘비에 금색 글자로 글을 쓰고 있다. 그는 여기에 잠들다에서 더 이상 나아가지 못한다. 무언가가 그가 계속 글을 쓰는 것을 방해한다. 조급해하던 예술가는 슬픔에 잠기지만 점차 자신에게 기대되는 것이 무엇인지 깨닫게 된다. 그는 구멍을 파고 무덤 속으로 들어가야 한다. 그러나 그가 저 아래에서, 여전히 목덜미를 들어 머리를 곧추세운 채, 벌써 깊이를 알 수 없는 심연으로 끌려가는 동안에, 위에서는 멋지게 장식된 그의 이름이 비석 위를 질주하고 있었다. 이 광경에 황홀해져 그는 잠에서 깨어났다.[45]

　카프카는 또한 『소송』의 「법 앞에서」라는 비유를 이 단편집에 포함시켰는데, 아마도 다른 텍스트, 즉 「황제의 칙명」이라는 비유와 상호 보완적인 쌍을 형성하기 때문일 것이다. 카프카의 작품에서 중요한 역할을 하는 두 가지 기본 모티프가 두 텍스트에서 밀도 있고 간결한 형태로 전개된다. 여기서 문제가 되는 두 가지 질문은 다음과 같이 추상적으로 표현될 수 있다. 주변에서 중심으로 어떻게 이동할 수 있는가, 반대로 중심에서 주변으로 어떻게 도달할 수 있는가?

　문지기 비유는 주변에서 중심으로, 모든 것이 해방되는 곳이자 구원이 기다리는 곳으로 이동하는 것에 관한 이야기다. 「황제의 칙명」에는 중심에서 주변으로 이동하는 역방향의 움직임이 있다. 주변은 시골 사람이 들어가기를 희망하는 곳이자 한 개인이 자신에게 황제의 칙명이 도달하기를 기다리는 곳이기도 하다. 한번은 의미의 중심으로 들어가기를 원하고, 다른 한번은 의미의 중심이 자신에게 도달하기를 희망한다. 이때 중심은 어떤 경우에는 법이고 다른 경우에는 황제다. 두 경우 모두 어떤 형태로든 의미와 의미 부여의 중심이다.

「황제의 칙명」에서 개인은 황제의 태양으로부터 무한히 멀리 떨어져 있다. 황제가 자신에게 칙명을 보냈다는 사실을 그가 어디서 알았는지는 여전히 불분명하다. 어쨌든 그것이 어떻게 진행되는지 정확히 묘사하고 있다. 황제가 신하에게 칙명을 귀에 속삭이고 다시 확인까지 한다. 그만큼 이 칙명이 황제에게 중요하고, 그것을 기다리는 사람에게도 그만큼 중요할 것이다. 이제 칙사가 파견된다. 그리고 그는 헤아릴 수 없이 많은 공간, 수많은 사람과 수 세기를 통과해야 한다. 너무 많다. 공간적으로도 시간적으로도 칙사와 칙명이 통과할 수 있는 방법은 없다. 저녁이 되면 당신은 창가에 앉아 그 칙명이 당도하기를 꿈꾼다.[46]

막스 브로트에 따르면 카프카는 대화에서 희망은 무한히 많지만 유감스럽게도 우리에게는 없다[47]라고 말한 적이 있다. 이 비유에 대한 논평으로 볼 수 있다. 칙명은 희망이 넘치는 내용을 담고 있더라도 공간과 시간 속에서 없어진다. 구원을 가져다주는 그 무엇 또는 의미를 제공하는 그 무엇, 어떤 종류의 복음도 도착하지 않고 없어질 것이다. 제국이 계속 존재하더라도 그사이에 황제는 죽을 수도 있다. 신은 죽었지만 그에게 봉헌하고 예배를 드리는 장소는 여전히 존재한다. 기쁜 소식을 막연히 기다리는 마음도 있다.

「황제의 칙명」의 비유는 카프카가 출판하지 않은 텍스트 묶음 「만리장성을 쌓을 때」에서 가져온 것이다. 상당히 긴 미완성 단편인 이 텍스트는 "무의미한 것의 의미로서의 역사"라는 주제를 변형한 것이다. 이 텍스트는 만리장성을 쌓지 않으면 모든 의미와 응집력이 사라질 것 같은 허구의 중국이라는 거대한 공간과 시간 차원에서 의미의 생성과 의미의 위기에 관한 드라마를 담고 있다. 여기서 장성 건설은 의미의 위대한 기초다. 화자는 전문가로서 장성 건설에 참여했고, 이제 자신이 실제로 어떤 일에 참여한 것인지 알고 싶어 한다. 돌이켜 보면 모든 것이 불가능하고 신비롭게 보인다. 우리나라는 워낙 커서, 어떤 동화도 그 크기에는 미치지 못하고, 하늘도 다 덮을 수가 없을 정도다.[48] 먼 베이징에서 황제가 정말 장성을 건설하라는 명령을 내렸을까? 장성은 정말 북방 민족을 막기 위해 세워졌을까? 화자는 장성 건설이 명령을 넘어 공동체와 개인의 영혼에 더 깊은 뿌리를 두고 있어야 한다고 확신한다. 삭제된 구절에서 화자는 이렇게 말한다. 자신들 때문에 장성을 건설했다고 믿는 순진한 북방 민족들, 자신이 장성 건설을 명령했다고 믿는 존경할 만한 순진한 황제. 우리는 장성 건설에 관한 한 다르게 알고 있고 그래서 침묵을 지키고 있다.[49]

그렇다면 무엇이 장성을 건설하게 만들까? 화자는 바벨탑을 건설하려는 충동과 같은 것으로, 그 자체가 목적이며 인간 창조력의 발현이라고 말한다. 바벨탑 건설은 결국 사람들을 분열시켰지만, 장성 건설은 분명히 사람들을 하나로 묶어 주었고, 또다시 그 국민적 작업

을 하고 싶은 마음을 억누를 수가 없었다.⁵⁰

그러나 장성은 완성되지 않았고, 완성된 개별 구간으로 구성된 부분 축조 체계⁵¹만 있을 뿐이다. 장성이 북방 민족을 방어하기 위한 의도로만 세워졌다면, 그렇게 큰 틈을 남겨야 하는 부분 축조 체계는 효과적이지 않았을 것이다. 이러한 틈새로 위험한 민족이 언제든지 침투할 수 있기 때문이다. 그러므로 장성은 방어만을 위한 것이 아니었을 것이다. 다른 무언가가 추가되어야 했는데, 그것은 결코 실현될 수 없지만 언제나 상상할 수 있는 더 큰 전체의 일부로서 적어도 상대적인 전체를 만들어 냈다는 만족감이었다. 따라서 적어도 신성한 세계가 반영된 빛⁵²이 미완성된 것 위에 놓여 있다.

장성 건설은 작은 규모에서는 인간 공동체 사이의 실질적인 결속을, 동시에 더 큰 규모에서는 상징적인 연결을 만들어 냈다. 사람들은 장성이 항상 존재했던 것처럼 시간의 깊숙한 곳에서, 그리고 장벽이 여전히 모든 곳에 존재하고 있는 것처럼 광활한 공간에서, 적어도 상상으로나마 자신들을 하나의 공동체로 경험할 수 있었다. 건설된 장성은 물질적인 것일 뿐만 아니라 개인과 공동체를 단단히 붙잡아 주고 신성한 세계가 반영된 빛이 비추는 관념이기도 하다. 황제는 멀리 있을지 모르지만 장성 건설에 참여하면 장성은 가까이 있다. 이것은 집단적 응집력을 만들어 낸다. 백성들의 상상력이나 신앙의 힘이 약했다면⁵³ 의미의 최고 중심인 황제는 허상으로 사라졌을 것이기 때문이다. 장성 건설과 장성의 미완성 구간들은 먼 곳에 있는 의미를 가깝고 실체적으로 표현한 것이다.

화자는 장성 건설 소식이 공간적 거리와 시간의 깊이에서 어떻게 전해졌는지를 기억한다. 어린 소년이었던 그는 아버지와 함께 강둑에 서 있었고, 거기에 나룻배가 정박했다. 사냥꾼 그라쿠스도 나룻배를 타고 도착했다. 이번에는 아버지의 귀에 무언가를 속삭이는 사람이 뱃사공이다. 아버지의 표정이 엄숙하고 소년도 특별한 상황[54]에 압도감을 느끼기 때문에 그것은 믿을 수 없고 동시에 숭고한 일임에 틀림없다. 아버지는 메시지를 전달하기 시작하지만 여기서 미완성 단편이 끊어진다.

메모장에는 바로 이어지는 속편으로 이해되지는 않지만, 주제적으로 관련이 있고 카프카가 『시골 의사』 단편집에 포함한 산문 소품이 이어진다. 즉 「낡은 문서」다.

황궁 앞 광장에서 구두 수선 가게를 운영하는 구두 수선공은 어느 날 아침 국경이 상당히 멀리 떨어져 있는데도 북쪽에서 온 유목민들이 밤새 도시까지 밀고 들어온 것을 발견했다고 보고한다. 그들은 매우 위협적이고 사나운 사람들이다. 그들은 노천에서 야영을 하고, 칼날을 벼리고, 그 장소를 더럽히고, 까마귀 울음소리와 같은 이해할 수 없는 소리를 낸다. 입에서 거품이 뿜어져 나오고, 눈을 굴리며 필요한 것을 무자비하게 가져간다. 그들은 푸줏간 주인이 문 앞에 묶어 놓은 살아 있는 소에 올라타서 살아 있는 소의 뼈에서 살을 뜯어낸다. 나는 오로지 황소가 울부짖는 소리를 듣지 않기 위해 족히 한 시간은 작업장의 가장 후미진 구석 바닥에 누워 옷 전부와 이불, 그리고 쿠션들을 내 몸 위로 쌓아 올렸다.[55]

그러나 때때로 궁전 창문 너머로 그림자처럼 보이는 황제는 광장에서 벌어지는 일에 아무런 권한이 없는 것처럼 보인다. 마지막 부분에는 이렇게 적혀 있다. 조국을 구하는 일이 우리 수공업자나 상인들에게 맡겨졌다. 그러나 우리는 그런 임무를 수행할 능력이 없다. 또한 그럴 능력이 있다고 자랑한 적도 없다. 그건 오해다. 그 오해 때문에 우리는 몰락한다.[56]

문맥을 벗어나서 읽으면 이 텍스트는 야만적인 낯선 것이 공동체를 위협하는 상황을 묘사한 것으로 보인다. 문화에 대한 위협도 주제가 된다. 유목민들이 까마귀처럼 울부짖을 때 체코어 "카프카"(=까마귀)가 다시 등장하는데, 이것은 다음과 같은 해석을 불러일으켰다. 이 해석에 따르면 카프카는 여기서 자신의 아웃사이더 역할을 문화에 익숙하지 않은 야만인의 이미지로 해석했다. 하지만 이것은 작가를 너무 세게 공격하는 것일 수 있다. 이 텍스트를 「만리장성을 쌓을 때」의 맥락에 배치하는 것이 더 낫다. 그곳에서 화자는 장성이 건설되고 있지만 북방 민족을 본 사람은 거의 없다는 사실에 대해 이야기하는 장소를 방문한다. 장성이 존재하기는 할까? 아마도 옛날 책[57]에만 있을지도 모른다. 이 옛날 책으로 전해지는 그들의 잔인함에 대한 이야기는 평화로운 정자亭子에 있는 우리를 탄식하게 한다. 그리고 예술가들은 딱 벌어진 아가리, 매우 날카로운 이빨들이 꽂혀 있는 턱, 아가리로 짓찧고 으스러뜨리게 될 약탈물을 벌써 사납게 흘겨보는 것 같은 찡그린 눈[58] 등 그들의 잔인함을 그린다.

그러한 옛날 책과 그림은 장성을 건설할 때 동원 수단으로 사용되며, 어린이들도 겁에 질려 더 큰 능력을 갖추기 위해 노력한다. 따라서 북방 민족과 유목민은 존재 여부에 관계없이 사회적 결속을 다지는 신화이기도 하다.「낡은 문서」는 아마도 이 큰 위험에 대한 신화와 함께 장성 건설에 기여하는 옛날 책들 중 하나일 것이다.

「만리장성을 쌓을 때」는 사회의 기초와 결속을 위한 종교와 신화의 중요성을 비유적으로 그린 작품이다. 종교와 신화는 사회적 토대에서 비롯될 뿐만 아니라 만리장성 건설과 같이 애초에 사회적 결속력을 형성하는 데 도움이 되는 정신적 힘에 속한다. 중심 별인 멀리 떨어져 있는 제국과 큰 위험에 대한 신화인 북방 민족이 함께 있어야 영혼의 끈이 팽팽해지고 백성들이 장성 건설이라는 위대한 공동 작업을 위해 작은 기와 깃발을 들고 출발할 수 있다. 통일! 통일! 가슴에 가슴을 맞대고, 민족의 윤무, 피, 이제 더 이상 육신의 보잘것없는 순환에 갇히지 말고, 광대무변한 중국을 두루 즐겁게 굴러다니고 다시 돌아오라.[59]

카프카는 가상의 중국뿐만 아니라 시온주의 비전으로 바라본 팔레스타인 땅을 생각하고 있다. 당시 카프카는 자신을 시온주의자로 보지 않았지만 시온주의 비전에서 많은 것을 얻을 수 있었다. 곳곳에서 위협을 받고 있던 유대인들을 팔레스타인 땅에 모아 비유적인 의미의 장성 건설을 통해 생활 공간을 마련하려는 프로젝트는 분명 그의 공감을 불러일으켰다. 펠리체와의 관계가 재개되자마자 그녀에게 팔레스타인 여행을 제안하고 나중에 유대 민족 학교에서 자원봉사를 하도록 권유한 것에서도 이를 엿볼 수 있다. 이 시기의 상세한 편지에서 그는 아이들을 대상으로 하는 혈연 교육의 필요성과 국가적 노력[60]에 대해 이야기한다.

그는 동유럽 유대인들과의 만남을 통해 공동체 안에서 집과 같은 편안함을 느끼는 것이 얼마나 소중한 일인지를 깨달았다. 그 안에서 그는 매우 특별한 활력의 가능성을 감지했다. 비록 소속감을 느끼지는 못했지만, 그는 펠리체에게 편지를 보내 유대인 공동체를 만들기 위한 노력을 기꺼이 지지했다. 그는 자신이 동정심을 가지고 있지만 시온주의자는 아니라고 설명한다. 그러면서 자신의 출생, 교육, 성향 그리고 환경으로 인해 유대인의 건국 신화를 충분히 믿을 수 없다고 말한다. 그에게 이 모든 것은 도시의 소음과 직장 생활, 수년간 배어든 대화와 생각의 혼란 속에 파묻혀 아마도 반쯤 잊힌 기억들[61]뿐이다. 그런 아득한 기억은 유대인이라는 정체성 뒤에 숨어 버리기에는 너무 약하다. 시온주의 장성 건설에 적극적으로 참여하는 것만으로는 충분하지 않다.

카프카는 만리장성 건설의 비유에서 신화와 사회의 연관성, 시공간의 엄청난 거리를 뛰어넘어 한 사회가 결속되는 놀라운 기적에 대해 성찰한다. 즉 주변과 중심이 어떻게 연결되고 동질적인 의미의 공간을 형성할 수 있는지에 대해 이야기한다.

그러나 이것은 언뜻 보면 관련성이 있어 보이는 「굴」과는 다른 주제다. 「굴」은 그가 생의 마지막 해에 쓰게 될 텍스트다. 그곳에서 굴은 터널과 벽으로 이루어진 개인의 내부 시스템을 위한 이미지이자 외부와 내면의 심연에 맞서는 자기 강화의 이미지다. 그러나 「만리장성을 쌓을 때」는 사회적·문화적 맥락의 기원과 지속에 관한 것이다.

『시골 의사』 단편집의 마지막 텍스트인 「학술원에 보내는 보고서」는 야생을, 즉 전방위적 자유라는 위대한 감정[62]을 잃었기 때문에 문화 속으로 도망쳐야만 했던 원숭이의 예를 통해 문화와 사회의 토대에 대한 성찰을 이어 간다. 이 기발하고 재치 있는 글에서 카프카는 원숭이가 하겐베크*에 의해 울타리가 없는 사냥터에서 잡혀갔을 때 어떤 일이 일어났는지, 그리고 인간 세상에 성공적으로 적응하여 마침내 인간과 동등하게 살 수 있게 된 이후 어떻게 우리에서 벗어나는 길을 찾았는지 원숭이에게 직접 이야기하게 한다.

『변신』에서 인간은 동물의 몸을 입고 인간 세계로부터 소외되지만, 반대로 「학술원에 보내는 보고서」에서는 동물이 인간 세계에 적응한다. 이를 통해 인간의 영역이 매우 이질적인 것으로 유머러스하게 묘사될 수 있다. 원숭이에게 가장 큰 부담은 과거의 야생 세계에 비해 인간 세계가 비좁다는 점이다. 마치 하늘이 지상 위에 세운 활짝 열린 문이 닫힌 것처럼 보인다. 어떤 아집도 버려야[63] 하는 또 다른 문도 닫혀 있다. 그는 모든 사람이 다른 사람과 같고, 아무도 자신과 같지 않다는 것을 깨닫는다. 그리고 그는 이제 아무것도 아닌 사람이 되어야 한다. 그는 자신을 구별하기 위해 적어도 자신이 잡혔을 때 입은 상처를 보여 준다.

게다가 악수하는 법부터 술을 병째 마시는 법, 욕하는 법부터 사

---

* Karl Hagenbeck(1844~1913). 독일의 동물 매매업자이자 조련사.

교 모임에서 공개적으로 말하는 법, 파이프 담배 피우는 법부터 침 뱉는 법에 이르기까지 중요한 문화적 기술을 습득한다. 그리고 사방에서 쏟아져 들어오는 앎의 빛은 높은 평가를 받는다. 사람들은 특히 이 점을 자랑스러워하는 것 같다. 그러나 과대평가해서는 안 된다고 이 영리한 원숭이는 덧붙인다. 예전의 자유를 되찾을 수는 없다. 소위 문화는 약속의 땅이 아니며 기껏해야 탈출구[64]일 뿐이다.

저녁이 되면 학술원 무대에서 반쯤 길들인 작은 침팬지 아가씨가 이 문화적 원숭이를 기다리고 있다. 그는 원숭이의 방식대로 그녀와 즐거운 시간을 보낸다. 하지만 낮에는 그녀를 보고 싶지 않습니다. 그녀의 눈빛에서 길들여진 짐승의 혼란스러운 당혹감을 느끼기 때문입니다. 그걸 알아보는 건 저뿐이고, 저는 그런 눈빛은 견딜 수 없습니다.[65]

학식 있는 원숭이는 지금까지 자신을 놀라울 정도로 발전시켜 온 모든 교육이 길들여진 짐승의 혼란스러운 당혹감에 지나지 않는다는 불쾌한 진실과 마주치는 것을 피한다.

1917년 7월 7일, 카프카는 『시골 의사』 단편집의 원고를 타자로 쳐서 출판사에 보냈다. 쿠르트 볼프는 즉시 관심을 보였고, 이 산문 소품들이 "매우 아름답고 성숙한" 작품이라고 생각했다. 그러나 이미 언급했듯이 1920년 5월에 이 책이 출판되기까지는 거의 3년이 걸렸다. 카프카는 이 책을 아버지에게 헌정하고 싶었을 뿐만 아니라 그 작품들이 마음에 들었기 때문에 조바심을 냈다. 일기에는 이렇게 적혀 있다. 내가 여전히 『시골 의사』 같은 작품들을 쓸 수만 있다면 (가능성이 매우 희박하지만) 만족감을 느낄 수 있을 것이다.[66]

하지만 카프카의 경우 항상 그렇듯이, 다음과 같은 제한이 바로 뒤따른다. 내가 세계를 순수하고 진실하며 변하지 않는 것으로 끌어올릴 수 있을 때만 행복할 수 있다.[67] 그리고 그는 모든 것이 그렇게 순수하고 진실하며 변하지 않는다고 생각하지 않았다.

9장

각혈, 펠리체와의 이별

취라우에서, 생각의 파편

자기 인식, 파괴할 수 없는 것, 신, 존재
 그리고 자유로운 정신에 대해

전쟁과 혁명

1917년 3월 초, 카프카는 쉰보른 궁전에 있는 방 두 개짜리 아파트로 이사했다. 그것은 실제보다 더 품위가 있는 것처럼 들린다. 주방과 욕실이 없는 곰팡내가 나는 방이었지만, 아름다운 공원 전망이 있었다. 그러나 그는 흐라드친의 연금술사 골목에 있는 오틀라의 집에서 저녁과 밤 시간을 보내며 집필을 계속했다. 1917년 5월 초에 그곳에서 집필을 끝냈을 때, 그는 지난 몇 년과 비교해 보면 더할 수 없이 좋았던¹ 이 몇 달 동안에 대해 오틀라에게 감사를 표시했다.

1917년 7월 중순, 그는 펠리체와 함께 부다페스트로 여행을 갔다. 그것은 관계를 살리기 위한 또 다른 시도였다. 그가 나중에 오틀라에게 보낸 편지에 썼듯이 그것은 물론 타협을 위한 여행은 아니었다.² 하지만 그는 1916년 여름 마리엔바트에서 펠리체와 함께 세웠던 계획을 여전히 고수했다. 전쟁이 끝나면 그들은 결혼하고, 프라하의 직장을 그만둔 그는 베를린의 펠리체가 있는 곳으로 이사하고, 서로 돈을 따로 관리하고, 그는 적어도 부분적으로는 글을 쓰면서 살려고 노력할 것이며, 펠리체는 계속 직장을 다닐 것이다.

이 계획은 여전히 그에게 구속력이 있어서 그는 용의주도하게도 출판사 대표에게 재정 지원을 요청한다. 1917년 7월 27일에 그는 쿠르트 볼프에게 편지를 쓴다. 직장을 그만두고(그것이 가장 큰 희망입니다) 결혼을 하고 프라하를 떠나 베를린으로 이사할 계획입니다. 지금도 그렇게 생각하지만 그때도 내 문학 작품의 수입에만 전적으로 의존하지는 않을 것입니다. 하지만 그럼에도 나 또는 동일한 인물인 내 마음속 깊은 곳의 관리는 그 시절에 우울한 두려움을 품고 있습니다. 존경하는 볼프 씨, 내가 어느 정도 자격이 있다고 가정하고 나를 완전히 떠나지 않기를 바랄 뿐입니다. 현재와 미래의 모든 불확실성을 넘어서는 당신의 말 한마디는 지금도 나에게 큰 의미가 있습니다.[3]

쿠르트 볼프는 즉시 "가장 진지하고 기쁜 마음으로" 전쟁이 끝난 이후에도 "지속적인 물질적 지원"을 약속했다.[4]

그래서 카프카는 자신의 삶을 근본적으로 바꾸기로 결심했다. 펠리체에 대한 의심이 다시 커졌지만, 그는 행복한 글쓰기의 시기를 되돌아볼 수 있었고 거기서 용기를 얻었다. 쿠르트 볼프의 긍정적인 반응도 그에게 용기를 주었다.

하지만 1917년 8월 11일 새벽 4시에 첫 번째 각혈을 했고, 다음 날 밤에도 각혈이 이어졌다. 전조가 있었다. 그는 첫 번째 각혈을 하기 직전에 일기에 메모를 남겼다. '안 돼, 날 놔줘, 안 돼, 날 놔줘!' 골목을 따라 걸어가며 나는 끊임없이 그렇게 소리를 질러 댔다. 세이렌들은 계속해서 나를 붙들었고, 계속해서 내 옆이나 어깨 너머로 세이렌들

의 발톱이 내 가슴을 덮쳤다.[5]

나중에 결핵 발병으로 진단된 이 두 차례의 각혈 이후, 그는 메모를 남겼다. 만일 내가 아주 가까운 장래에 죽거나 생활 능력을 완전히 잃게 된다면 — 최근 이틀 동안 심한 각혈을 했기 때문에 이 가능성은 크다 — 나는 나 자신을 찢어 버린 것이라고 말할 수 있다. 예전에 아버지가 거칠지만 공허한 협박으로 '너를 생선처럼 찢어발기겠다'고 늘 말씀하셨는데 — 실제로 내게 손가락 하나 대지 않으셨다 — 이제 그 협박이 아버지와 무관하게 실현되고 있다. 세상 — 펠리체는 세상의 대표자일 뿐이다 — 과 내 자아는 해결될 수 없는 충돌로 내 육신을 찢어 버리고 있다.[6]

카프카는 놀랐지만 동시에 거의 안도감에 가까운 묘한 평온함으로 대응했다. 결혼, 가족, 직업 등 모든 것이 결정된 것처럼, 마침내 이로써 모든 것이 끝난 것 같은 반응을 보였다. 이제 남은 것은 그의 진실하고 유일한 열정인 글쓰기뿐이다. 따라서 그의 첫 번째 생각은 즉시 퇴직을 신청하는 것이었다. 하지만 직장에서는 그를 함께 근무하고 싶은 소중한 동료로 여겼고, 당연히 그는 그런 평가를 나쁘게 여기지 않았기 때문에 퇴직을 고집하지 않았다. 그는 또한 1916년 여름에 비공식적인 약혼을 분명하게 취소한 것을 감히 펠리체에게 직접 말하지 못했다. 그러나 내면적으로는 이미 결별이 확정된 상태였고 — 각혈은 결별을 불러일으켰다 — 외부적으로는 1917년 크리스마스에 프라하에서의 마지막 만남에서 결별이 이루어졌다.

펠리체와 절망적인 대화를 나눈 후, 카프카는 크리스마스 날 막스 브로트의 사무실에 앉아 울었다. 아마도 그녀보다는 자신을 위해 울었을 것이다. 1년 후 그는 펠리체의 결혼 소식에 진심으로 안도했다.

카프카는 자신의 삶을 바꾸고 싶었다. 하지만 언뜻 보기에 첫 번째 단계는 퇴보처럼 보인다. 그는 건강을 고려해 쇤보른 궁전의 눅눅한 아파트를 해약하고 부모의 집으로 다시 이사했다. 하지만 임시로 몇 주 동안만 그곳에 머물 작정이었다. 1917년 9월 중순, 공식적으로 결핵 진단을 받은 후 병가를 신청해 허가를 받은 그는 프라하에서 기차로 두 시간 거리에 있는 취라우 마을로 물러났다. 그곳에서 여동생 오틀라가 작은 농장을 운영하고 있었다. 원래 3개월로 예정되어 있던 병가는 그의 요청에 따라 여러 차례 연장되었다. 카프카는 1918년 5월 2일에 노동자 산재 보험 공사에서 다시 일하기 시작했다. 그사이 짧은 기간 동안 그는 내내 취라우에서 여동생과 함께 시간을 보냈다.

이 퇴각이 시작될 때, 그는 막스 브로트에게 이렇게 말했다. 내가 해야 할 일은 나 혼자만 할 수 있네. 궁극적인 것들을 명확하게 파악하는 것.[7]

특히 간결한 세 가지 증언은 카프카가 이 발병을 거의 도전적인 결심의 전환점으로 이해했다는 것을 보여 준다. 그는 막스 브로트에게 편지를 쓴다. 이전에는 불가능하다고 생각했던, 내 노력으로 찾지 못했던 (결핵이 '내 강점'이 아닌 한) 새로운 탈출구를 볼 수 있게 되었다네. (…) 탈출구는 사적으로만 아니라, 옆에서 말로만 하는 것이 아니라, 공개적으로, 행동을 통해 내가 여기서 나를 지킬 수 없다는 것을 인정하는 것이네. (…) 그런 다음에는 마음을 다잡고, 무의미한 일에 얽매이지 않고, 정신을 바짝 차려야 하는 것이네.[8] 그는 자신의 단점에 대해 불평하고 자신을 정당화하는 것을 멈추고 싶어 한다. 그가 기대하는 평범한 삶은 그에게 불가능하며, 그는 그 안에서 자신을 증명할 수 없다. 그것은 그의 일이 아니다. 그는 결혼, 가정을 만드는 것, 그리고 평범한 시민이 되는 것에 속할지도 모르는 다른 모든 것 없이 자신의 삶을 살고 싶어 한다. 그는 오로지 글쓰기를 위한 삶을 원한다.

새로운 출발의 의지를 보여 주는 두 번째 증거는 그가 취라우에 도착한 날인 1917년 9월 15일의 일기다. 이러한 가능성이 존재하는 한 너는 시작할 수 있다. 그 가능성을 낭비하지 마라. 네가 뚫고 들어가려 한다면 너에게서 씻겨 나오는 더러움을 피할 수는 없을 것이다. 그러나 그 속에서 뒹굴지 마라.[9] 글쓰기는 그러한 자기 비하로부터 그를 구하기 위한 것이다. 내가 세계를 순수하고 진실하며 변하지 않는 것으로 끌어올릴 수 있다면[10] 글쓰기는 그에게 행복의 순간을 선사할 것이다.

새로운 시작에 대한 인식의 세 번째 증언은 1917년 11월 10일의 일기다. 나는 이제껏 결정적인 것을 써넣지 않았고, 여전히 허우적대고 있다. 어마어마한 작업이 기다리고 있다.[11] 이 메모는 특히 주목할 만한데, 그 이유는 그가 여기서 명시적으로 그에 의해 밝혀지기를 기다리고 있는 자기 내면의 전도유망한 무언가를 발견했기 때문이다.

이 몇 달 동안 카프카는 자신을 변명하고 신과 세계, 예술, 자신과 지금까지의 삶에 대한 자신의 생각을 탐색하는 기록으로 메모장을 가득 채웠다. 이것은 항상 그의 기록의 주제였지만, 붕괴와 새로운 시작이라는 이 한계 상황에서는 결정적이고 강제적인 성격을 띠게 된다.

취라우에서의 체류가 끝날 무렵, 그는 기록을 다시 살펴보고 나중에 출판할 의도로 일련번호를 매긴 메모장을 선택했다. 이 몇 달 동안의 모든 기록, 특히 자신의 삶을 너무 명시적으로 판단한 기록들은 이 수집에 포함되지 않았다. 예를 들어 이러한 기록이 해당된다. 나의 모든 것, 가정생활, 우정, 결혼, 직업, 문학 등 모든 것을 실패하게 하거나 실패하지 않게 하는 것은 게으름, 악의, 서투름이 아니라 — '해충이 무에서도 생겨나는' 것처럼, 이 모든 것이 전혀 무관하다고 말할 수는 없지만 — 대지, 공기, 계율의 결핍이다. 이것을 창조하는 일이 나의 과제다. (…) 더군다나 그것은 가장 근원적인 과제거나 적어도 그런 과제를 반영한 것이다. 마치 산소가 희박한 고산을 올라갈 때 갑자기 멀리 있는 태양의 빛을 흠뻑 쬘 수 있는 것과 같은 이치다. (…) 나는 삶에 필요한 것들을 하나도 갖고 태어나지 못했다. 내가 지니고 있는 것이라고는 일반적인 인간의 약점뿐이다. 이 약점을 이용해 나는 내 시대의 부정적인 것을 적극적으로 수용했다. 이 점에서 부정적인 것은 하나의 엄청난 힘이다. 나는 시대의 부정적인 것과 아주 친숙하며, 그것을 극복할 자격이 아니라 사실상 대표할 자격을 지니고 있다. 나는 긍정적인 것에 눈곱만큼도 (…) 관심이 없다. 물론 나는 키르케고르처럼 이미 무겁게 가라앉고 있는 기독교라는 손에 의해 삶으로 인도되지도 않았고, 시온주의자들처럼 날아가 버리는 유대교 사제복

의 끝자락을 잡지도 않았다. 나는 끝이거나 시작이다.[12]

삶의 결산이 처음에는 충격적인 것으로 보인다. 그는 모든 일에 실패했다. 가족, 그를 괴롭히지만 떠날 수도 없다. 결혼, 그사이에 그는 두 번이나 약혼을 파기했다. 문학, 글쓰기는 그의 인생에서 진정한 열정이지만 그가 완성한 작품은 몇 가지에 불과하다. 직업, 존경은 받지만 그 자신이 그것을 인정하지 않는다. 따라서 카프카의 진단은 모든 면에서 실패했다는 것이다. 그는 이를 대지, 공기, 계율의 결핍 탓으로 돌린다. 따라서 의미를 제공하는 공동체에 닻을 내리지 못한다. 공동체의 보호를 받지 못하면서 그는 시대 상황의 부정적인 것에 노출된다. 긍정적인 것은 그에게 거의 영향을 미치지 않았다. 어떤 종교도, 즉 기독교도 유대교도 그를 지지해 주지 못했다. 유대교 사제복이 그에게서 날아가 버렸다.

그럼에도 이 메모에는 체념의 느낌이 없다. 그는 자신에게 부족한 대지, 공기, 계율을 스스로 만들 수 있다고 확신한다. 그는 같은 시기에 자신의 내면에서 은혜로운 힘의 과잉[13]이라고 부르는 무언가를 느낀다. 그는 의기소침하지 않고 자신의 정신적 자원을 선별하고 확보하기 위해 활기차게 노력한다. 궁극적인 질문을 탐색할 때 어디까지 도달할 수 있을까? 그는 신중하고 탐구적인 사고의 과정, 생각의 파편, 자신이 기록한 착상을 탐색한다.

그는 이 몇 달 동안 글을 많이 쓰지 않고 종종 신선한 공기를 마시며 채소 재배를 돕고, 동물을 돌보고, 울타리를 수리하고, 동네를 돌아다니고, 집 앞 안락의자에 앉아 저녁에는 키르케고르를 읽으며 밤에는 쥐 때문에 괴로워한다. 메모장은 천천히 채워질 뿐, 수백 페이지에 달하는 분출적인 글은 쏟아져 나오지 않는다.

그는 이야기를 하지 않고 오히려 전체의 파편들[14]을 적는 것을 즐겨 하며 아포리즘적 글쓰기 방식을 시도한다. 그는 자신의 삶에서 길을 잃을 위험을 인식한다. 그는 자신이 가장 위대한 과제라고 부르는 것을 막연하지만 분명하게 바라본다. 만약 네가 너 자신을 총괄할 수 없어서 결단이 필요할 때, 마치 던질 돌을 움켜쥐듯이, 그렇게 너의 전체를 한 손에 움켜쥘 수 없다면[15] 그 과제를 놓치게 될 것이라고 그는 스스로에게 경고한다.

그러나 돌을 움켜쥐는 것과 마찬가지로 자기 자신을 전반적으로 통제하는 것이 가능할까? 그러기 위해서는 자신을 명확하게 정의할 수 있는 존재로 만들어야 한다. 하지만 그러기 위해서는 차분한 관찰이 필요하다. 이것이 내면의 사람과 관련해서도 가능할까? 카프카의 대답은 이러하다. 외부 세계의 관찰은 존재하지만, 내면세계의 관찰은 존재하지 않는다.[16]

카프카는 여전히 자기 인식에 의존하지만, 그는 자기 인식을 자기 관찰과 구별한다. 자기 인식은 자아를 그 앞에 있는 외부적인 것, 객체로서 가지고 있는 것이 아니라 그 안에서 인식하는 것이 인식되는 것과 융합된다. 주체와 객체는 하나다. 관찰은 다르다. 관찰은 외부에서 일어나며 관찰되는 것과 섞이지 않는다. 따라서 다음 사항이 적용된다. 너 자신을 인식하라는 말은 너 자신을 관찰하라는 뜻이 아니다.[17]

우리는 사람들에게 너무 가깝게, 그리고 너무 자주 둘러싸여 있을 때 자신을 관찰하고 싶은 유혹을 느낀다. 그리고 자기 자신을 다른 사람들과 함께, 즉 외부에서 타인의 시선으로 바라보는 데 익숙해진다. 인간과의 교제는 자기 관찰을 유도한다.[18]

관찰은 외부에 남아 있다. 인식은 더 깊숙이 침투하지만 인식할 수 없는 것의 경계는 여전히 남아 있다. 카프카는 관찰이나 인식으로 객관화할 수 없는 것을 영혼[19]이라고 불렀다. 영혼은 살아 있고 활동하지만 그 자체로는 불투명하게 남아 있다. 자신의 영혼을 인식하지 못하는 것은 결핍일까? 아니라고, 카프카는 이 불투명성이야말로 자기 영혼의 생명 원리라고 말한다. 그러나 영혼이 인식의 광선에 부딪히면 어떻게 될까? 영혼은 공정성을 잃고 마비되어 생명력의 일부를 잃게 된다. 카프카는 인류 타락의 이야기를 언급한다. 여기서도 인식의 나무의 열매를 먹는다는 것은 공정성을 잃는다는 것을 의미한다.

이러한 고찰은 의식과 존재의 관계를 중심으로 전개된다. 의식 속에서 정확히 자신이라는 그 존재가 벗어날 수 있다는 역설적인 경험을 중심으로 전개된다.

이것이 카프카가 의식에서 존재로 더듬으며 나아가는 방식이다. 처음에는 신과 같은 더 높은 존재가 아니라 자기 자신이라는 존재가 문제가 된다. 카프카는 그것을 영혼 또는 파괴할 수 없는 것[20]이라고 부른다.

이 파괴할 수 없는 것에 대한 숙고는 마침내 그를 신이라는 주제로 이끈다. 인간은 자기 내면에 존재하는 파괴할 수 없는 것에 대한 지속적인 신뢰 없이는 살 수 없다. 파괴할 수 없는 것뿐만 아니라 신뢰에 대해서도 인간은 영원히 알지 못할 수 있다. 이렇게 인간에게 비밀로 남아 있는 것을 표현하는 방법 중 하나가 인격신에 대한 믿음이다.[21]

여기서 그는 신에 대한 자신의 믿음을 고백하는 것이 아니라 오히려 그러한 믿음을 해석하려고 한다. 그것은 무엇을 드러낼까? 그리고 우리가 믿을 때 실제로 하는 것은 무엇일까? 카프카의 대답은 인격신에 대한 그러한 믿음은 자신의 불멸성에 대한 근본적인 신뢰의 한 형태라는 것이다. 중요한 것은 이러한 신뢰가 여전히 미지수[22]라는 점이다. 그리고 그것은 알려지지 않았기 때문에 인격신의 형상에 투영된다.

카프카가 의미하는 것, 인간에게 내재된 파괴할 수 없는 것이 무엇인지 정확히 알 수는 없다. 그것은 영혼 불멸에 대한 플라톤적-기독교적 혹은 유대교적 표상일까? 어쨌든 카프카는 글을 쓸 때와 마찬가지로 매우 제멋대로이기는 하지만 해당 표상의 범위 내에서 움직인다. 사람들은 더 이상 죽고 싶어 한다는 것을 부끄러워하지 않는다. 사람들은 자신이 몹시 싫어하는 낡은 감방에서 몹시 싫어하게 될 새로운 감방으로 옮겨 달라고 애원한다. 이렇게 애원하는 이유는 옮겨지는 도중에 신이 우연히 복도를 지나가다가 죄수를 보고 '다시는 이 사람을 가두지 말라. 그는 내게 오고 있는 중이다'라고 말할 거라는 극히 미약한 믿음이 작용하기 때문이다.[23]

여기에는 영혼의 불멸뿐만 아니라 불교적 의미에서 영혼의 윤회도 언급되어 있다. 영혼은 언젠가 윤회의 운명에서 벗어날 때까지 여러 형태의 생명체를 떠돌아다닌다. 이러한 생각은 카프카가 묘사한 장면과 일치하지만, 교리를 선포하는 것이 아니라 은유를 펼치는 것이다.

취라우에서 카프카는 키르케고르뿐만 아니라 쇼펜하우어도 읽었다. 그는 쇼펜하우어의 『부록附錄과 보유補遺』에서 「죽음을 통한 우리의 참된 본질의 불멸성에 관한 학설에 대하여」[24]라는 성찰을 발견할 수 있었다. 그러나 쇼펜하우어에 따르면 파괴할 수 없는 것, 즉 불멸하는 것은 플라톤적-기독교적 의미로 이해되는 영혼이 아니라, 개별 존재의 무한한 다양성으로 분열되지만 전체적으로는 파괴되지 않는 이 중요한 기본 실체인 "의지"다. 따라서 기본 요소로서 의지는 정신으로 이해되는 영혼이 아니라 파괴할 수 없는 것이다. 기본 요소는 개인의 의식에 있는 숭고한 반영이 아니라 계속 살아 있다. 그러므로 파괴할 수 없는 것은 특별한 자아가 아니라 근본적인 의지다. 그러나 그것은 또한 내 자아가 사라졌기 때문에 파괴할 수 없는 것은 존재하지만 나에게는 존재하지 않는다는 것을 의미한다. 이러한 파괴할 수 없는 것이 위로가 되는 관점으로 여겨질 수 있을까? 쇼펜하우어에게는 그렇다. 자아의 환상, 즉 삶의 "바다"에 있는 작은 개인에 대한 자아의 과대평가가 제거되었기 때문이다. 쇼펜하우어에게 죽음은 악몽에서 깨어나는 것을 의미한다. 다른 사람들에게는 삶이 계속 꿈을 꾸겠지만, 내 경우에는 그 꿈이 끝났다. 이 "나"와 "나를"이 없이 나를 기다리는 것은 위대한 비밀로 남아 있다. 쇼펜하우어는 이를 모든 사람이 자아의 장벽 너머에 있는 "파괴할 수 없는 본원적 존재"[25]라고 부른다.

파괴할 수 없는 것을 위로의 관점으로 삼았던 카프카는 플라톤적-기독교적 영혼 불멸성과 쇼펜하우어적 의지의 불멸성 중 어느 쪽에 더 마음이 갈까? 정신적인 것과 자연적인 것 중 어느 쪽에 더 마음이 갈까? 그는 양쪽 모두에 매력을 느낀다. 즉 그는 결심을 하지 못한다. 이러한 개방성은 고백하기보다는 생각이 시도되고 탐색되는 이 기록의 성격과도 일치한다.

따라서 카프카는 정신적인 것과 자연적인 것의 양극에 모두 매력을 느끼고, 이는 자연스럽게 긴장감으로 이어진다. 이것은 한 메모에서 주제로 명시되어 있다. 그는 자유롭고 안전한 지상의 시민이다. 그가 지상의 모든 공간을 자유롭게 활보하기에 충분한 길이의 쇠사슬에 묶여 있기 때문이다. 그러나 유감스럽게도 지상의 한계를 벗어날 수는 없는 길이다. 그와 동시에 그는 자유롭고 안전한 천상의 시민이기도 하다. 그가 지상의 쇠사슬과 비슷한 길이의 천상의 쇠사슬에 매여 있기 때문이다. 이제 그가 지상으로 가려고 하면 천상의 목줄이 그의 목을 죄고, 그가 천상으로 가려고 하면 지상의 목줄이 그의 목을 죈다. 그럼에도 그는 모든 가능성을 가지고 있으며 또한 그것을 느끼고 있다.[26]

여기서 카프카는 그의 기본적인 종교적 긴장감을 표현하는 인상적인 이미지를 발견한다. 잠재의식적인 정신적 애착은 그가 자연적으로 이해되는 세계의 논리와 요구에 완전히 관여하는 것을 막는다. 그러나 그는 종교, 그의 경우에는 유대교에 자신을 완전히 맡길 수 없다. 그의 자연주의가 또는 이미 인용된 삶의 결산에서 말하는 것처럼 내 시대의 부정적인 것[27]이 그렇게 하지 못하게 한다. 이중의 유혹, 이중의 제동. 때로는 플라톤적인 힘이 더 강할 때도 있다. 그는 기록한다. 오직 정신세계만이 존재한다. 우리가 감각 세계라고 부르는 것은 정신세계에서는 악이다.[28] 때로는 다른 한쪽, 현실적인 힘이 더 강할 때도 있다. 그때는 이렇게 기록되어 있다. 아무도 속여서는 안 된다. 세계의 승리를 위해 세계를 속여서도 안 된다.[29]

게다가 카프카는 여전히 정신 영역 자체에서 긴장감을 느낀다.

한편으로 그에게 종교적 신앙은 공동체에서 성취될 수 있고 그곳에서만 존속될 수 있는 것이다. 신앙은 공동 신앙으로만 가능하며, 의례적으로 결정된 공동의 삶의 세계에 기반을 두어야 한다. 이러한 맥락에서 카프카는 공통의 대지, 공기, 계율에 대해 이야기한다. 개인으로서 그는 막스 브로트에게 사람은 허위 속에 살고, 합창 속에 비로소 어떤 진실이 있을 수 있다[30]고 말한 적이 있다.

반면 그에게 신앙 행위는 극단적인 개인화의 표현이다. 가장 친밀한 종교적 관계는 악마로 가득 찬 세상과 극명한 대조를 이루면서 신과 완전히 홀로 있는 자신을 아는 관계다. 이 몇 달 동안 그가 읽은 키르케고르는 이런 신앙의 급진적인 개인주의를 대변하는 인물로, 여러모로 그를 매료시켰다. 키르케고르를 읽은 후 카프카는 취라우에서 브로트에게 다음과 같이 편지를 썼다. 그러나 이제 종교적 관계는 자신을 드러내기를 원하지만, 이 세상에서는 그렇게 할 수 없네. 그 때문에 노력하는 인간은 자기 안에 있는 신을 구원하기 위해 세상에 맞서거나, 아니면 동일한 의미로 신은 자신을 구원하기 위해 그를 세상에

맞서게 하네. 따라서 세상은 폭행당해야 하네.³¹

키르케고르는 『공포와 전율』에서 믿음의 영웅에 의한 그러한 폭행의 예로 아브라함의 사례를 선택했다. 아브라함은 한 개인으로서 유례가 없을 정도로 철저하게 도덕적 질서 전체를 뒤엎고 아들을 희생할 준비가 되어 있다. 오직 그에게만 내려진 하나님의 명령이다. 그러나 그렇게 함으로써 이 신은 자신만을 위한 신이 되고, 이 신은 그를 세상에 맞서게 한다. 이것은 터무니없는 자기기만, 신성 모독적인 자기 과시가 아닐까? 아니면 모든 이성보다 더 높은 믿음을 드러내는 것일까? 키르케고르는 이렇게 묻고, 이제부터 카프카 역시 아브라함의 형상에서 벗어나지 못한다.

몇 년 후, 그는 지난 몇 년 동안 친구였던 로베르트 클롭슈토크에게 보낸 편지에서 아브라함 모티프를 이어 간다. 그는 이 편지에서 놀라운 것은 믿음에 기초한 희생이 아니라, 아브라함이 분명히 자신에게만 주어진 하나님의 계명을 의심의 여지 없이 받아들이게 한 확신이 더 놀라운 것이라고 썼다. 카프카는 자신과 치명적으로 닮은 또 다른 아브라함을 상상한다. 그는 자신에게 둔 하나님의 뜻을 믿지 못하고 아들과 함께 떠날 때 공포를 퍼뜨릴까 봐 두려워하는 것이 아니라, 세상이 자신을 보고 포복절도할까 봐 두려워하는 아브라함을 상상한다. 무언가를 오해한 아브라함, 전혀 하나님의 뜻을 믿지 못했던 한 사람. 그것은 마치 최우수 학생이 학년 말에 엄숙하게 상을 받아야 하는데, 기대에 넘치는 정적을 뚫고 최하위 학생이 잘못 듣고서 자신이 앉아 있던 지저분한 맨 끝 걸상에서 걸어 나오자 학생들 전체가 갑

자기 웃음을 터뜨리는 것과 같지.[32]

이것은 극단적으로 개인화된 신앙의 위험이다. 범죄를 저지르거나 조롱을 당할 정도로 혼자만의 신앙에 머무를 수 있다. 카프카는 클롭슈토크에게 보낸 편지에서 아브라함의 형상을 슬픈 모습을 지닌 신앙의 영웅인 돈키호테와 비슷하게 묘사하는데, 이는 그가 낭만적인 혼란 속에서 단순히 몇 가지를 잘못 이해했기 때문이다. 돈키호테는 물방아와 싸우고 아브라함은 아들을 도살할 준비가 되어 있다는 점을 제외하면 말이다. 따라서 신앙의 고독은 괴물을 낳을 수 있다.

그러나 집단적이든 개인적이든 종교와 신앙이 힘을 잃거나 공허해지면 어떻게 될까? 카프카는 이 의심스럽고 우울한 생각을 희비극적인 비유로 암시한다. 그들에게는 왕이 되느냐, 왕의 파발꾼이 되느냐 하는 선택이 주어졌다. 아이들은 그들 기질대로 모두가 파발꾼이 되고자 했다. 그리하여 온통 파발꾼만이 존재한다. 그들은 세상을 두루 질주하며, 왕이 없으므로 의미가 사라진 통보 내용을 자기들끼리 서로 외쳐 댄다. 그들은 기꺼이 자신들의 비참한 생활을 끝내고 싶지만 직무상의 서약 때문에 감히 그럴 수가 없다.[33]

이 비유는 이미 설명한 다른 비유에서 시간과 공간, 군중 속에서 길을 잃고 도착하지 못하는 황제의 칙명에 대한 변형된 비유다. 여기서 칙사들은 재빠르게 이동하고 있지만 칙명은 없다. 그럼에도 이 작업이 유지되는 이유는 취임 선서라는 독특한 충성 서약이 있기 때문이다. 하지만 충성해야 하는 권위는 더 이상 존재하지 않는다. 중심은 비어 있다.

하지만 중심은 정말 비어 있을까? 초월은 단지 환상에 불과할까? 카프카는 또다시 파괴할 수 없는 것이라는 관념을 받아들인다. 신앙은 자기 안에 있는 파괴할 수 없는 것을 해방하는 것, 혹은 보다 정확하게 말하면 자신을 해방하는 것, 혹은 보다 정확하게 말하면 파괴할 수 없게 존재하는 것, 혹은 보다 정확하게 말하면 존재하는 것을 의미한다.[34]

존재한다는 것은 무엇을 의미할까? 카프카는 언어에 대한 관찰로 대답한다. '존재한다'라는 말은 독일어로 두 가지 뜻이 있다. 실존한다는 뜻과 그분에게 속해 있다는 뜻이다.[35]

카프카는 종교라는 주제뿐만 아니라 자신의 성찰에서 어떻게 근거와 방향을 찾을 수 있는지 알아차린다. 어쩌면 이렇게 억지로 확실성을 추구하는 것은 애초에 잘못된 것일지도 모른다고 그는 생각한다. 어쩌면 우리는 훨씬 더 철저하게 벗어나야 하는지도 모른다. 그는 이렇게 기록한다. 정신은 근거이기를 포기할 때 비로소 자유로워진다.[36]

기록 중에는 때때로 결연한 의지 충동의 표현이 있다. 예를 들어 자유로운 정신에 관한 메모가 여기에 해당한다. 여기서 그는 근거에 대한 불안한 탐색의 부정적인 결과로서 그러한 순간에 나타나는 자신을 정당화하려는 불안한 충동, 자기 비난, 자기 비하를 극복하도록 스스로를 격려한다. 이러한 근거를 포기하면 지루하게 반복되는 자기 비난도 무의미해진다. 죄책감과 자기 비하는 일반적으로 소위 근거를 제공하는 요구의 크기를 고려할 때 발생하기 때문이다. 예를 들어 그는 이렇게 기록한다. 너와 세상 사이의 싸움에서 세상을 편들어라.[37] 이때 요구의 크기는 그가 세상이라고 부르는 것을 포괄한다.

반면에 자유로운 정신은 자기 비하의 심급으로서 세상을 두려워하지 않고, 카프카가 이 세상의 유혹 수단[38]이라고 부르는 것에 열려 있는 정신일 것이다.

여기서는 세상의 유혹적인 힘이 조바심 때문에 거부되지 않는다. 이것은 아마도 그가 각혈 후 이 기록을 통해 글을 쓸 때 다시 독특한 힘의 감각을 느꼈고, 이 힘의 감각이 이 모음집의 마지막 기록에 거의 도전적으로 등장한다는 사실과 관련이 있을 것이다. 굳이 집 밖으로 나갈 필요는 없다. 네 책상에 머물며 귀를 기울여라. 귀를 기울일 것도 없이 그저 기다려라. 기다릴 것도 없이 잠자코 혼자 있어라. 세상이 자청해서 네게 본색을 드러내 보일 것이다. 세상은 달리 어쩔 수 없이 황홀경에 취해 네 앞에서 몸부림칠 것이다.[39]

신과 세상, 존재와 의식, 자기 인식과 자기 관찰, 인간에 내재된 파괴할 수 없는 것에 대해 성찰한 후, 이 일련의 기록 끝에는 다시 글쓰기 자체에 대한, 세상을 말로 표현하고 싶어 하고 놀랍게도 그렇게 할 수 있는 작가 앞에서 세상이 황홀경에 취해 몸부림치는 순간에 대한 언급이 있다.

취라우에서 보낸 이 몇 달 동안, 바로 근처는 아니더라도 전 세계가 무너지고 있다. 그곳에서 그는 주변 세계와 지난날의 영향을 최대한 적게 받고 정신적인 의미에서 자유롭게[40] 제한된 시골 생활을 살아 낸다. 그러나 더 넓은 지역에서는 극적인 변화가 일어나고 있었는데, 처음에는 기록에 그 흔적이 거의 없다. 1917년 12월에 그는 러시아와의 휴전을, 그 직후 메시아는 그가 더 이상 필요하지 않을 때 비로소 올 것이다[41]라고 기록한다. 그는 러시아에서 벌어지고 있는 혁명적 사건에 대해 다음과 같이 논평한다. 인간 발전의 결정적인 순간은 우리가 시간 개념을 영원히 포기할 때다. 그러므로 예전의 모든 것을 무가치한 것으로 선언하는 혁명적인 정신적 운동들은 옳다. 아직 아무 일도 일어나지 않았기 때문이다.[42]

동쪽에서는 전쟁이 끝나고, 러시아 군주제가 무너지고, 내전이 시작되고, 합스부르크 제국의 몰락이 다가오고, 프라하에서는 1917년에서 1918년으로 넘어가는 겨울에 기아 폭동과 파업이 발생한다. 체코 민족주의자들이 시위를 벌이고, 얼마 지나지 않아 체코슬로바키아 국가가 설립된다. 이를 앞두고 독일인과 체코인 사이에 적대감이 생겨나고, 양쪽 다 유대인에 대한 적대감을 품는다. 유대인의 입지는 더욱 불안정해지고 있었다. 다민족 국가가 민족주의 운동의 반유대주의에 반대하여 어느 정도 보호를 해주었기 때문이다.

카프카는 이 모든 것을 알고 있었지만, 그의 성찰에서 명시적으로 언급된 적은 거의 없다. 그럼에도 그것은 삶에 대한 그의 태도에 영향을 미친다. 개인적인 것뿐만 아니라 역사적 토대도 이제 위협적으로 흔들리고 있다. 어떻게 대응해야 할까? 안전한 곳으로 피해야 할까, 아니면 금욕적인 침착함을 연마하는 것이 더 나을까?

이런 상황에서 카프카는 다시 파괴할 수 없는 것이라는 관념에 의존한다. 그는 이 세상은 우리의 실수기는 하지만 그 자체로 파괴할 수 없는 것, 또는 오히려 포기가 아닌 자기 종말에 의해서만 파괴될 수 있는 것[43]이라고 기록한다. 다시 말해, 우리가 실수를 없앨 수 있다고 믿는다고 해서 실수가 사라지는 것은 아니다. 실수는 쓰라린 결말까지 지속된다. 실수에서 조기에 벗어나려는 모든 시도는 다음 실수로 이어진다.

8개월 후인 1918년 4월 말, 카프카는 프라하로 돌아온다. 휴직 기간이 끝났다. 취라우는 그를 이롭게 했다. 그는 신선한 공기 속에서 많은 시간을 보냈기 때문에 검게 그을었다. 그는 피서객처럼 보인다. 살도 조금 쪘다. 그는 자신의 상태가 꽤 괜찮다고 느낀다. 더 이상 각혈은 없었다. 그리고 그는 몇 가지 통찰력을 얻었다.

그는 프라하로 돌아가기 직전에 그중 두 가지를 기록한다. 하나는 이웃 사람에게 가는 길은 나에게는 너무 멀다이고, 다른 하나는 종교도 인간처럼 사라진다[44]이다.

막스 브로트는 나중에 『죄, 고통, 희망, 그리고 진실의 길에 대한 성찰』이라는 제목으로 취라우에서의 기록을 출판했다. 이 글들은 종교적 고백에 가깝다. 이 글들은 종교적인 것이 힘을 드러내는 것이 아니라 오히려 박탈되는 이 영역에서의 신중한 탐색, 점검, 시도다. 하나의 탐색 운동이다. 하지만 분명한 것도 있다. 초월과 관련하여 카프카는 문이 닫히지 않도록 발을 문안에 들여놓으려고 노력한다.

10장

율리 보리체크

죄책감을 느끼는 정교한 게임:

「아버지에게 드리는 편지」

오드라데크의 코믹한 비밀: 「가장의 근심」

1918년 5월 2일, 카프카는 노동자 산재 보험 공사에서 근무하기 위해 다시 돌아왔다.

친숙한 합스부르크 세계는 하루가 다르게 변했다. 체코 민족 운동의 강화는 노동자 산재 보험 공사에도 직접적인 영향을 미쳤다. 카프카에게 호의적이었던 오스트리아계 독일인 상관인 마르슈너와 폴은 한동안 관리직에 남을 수 있었지만, 이듬해인 1919년 초에 새로운 체코인 경영진을 위해 자리를 내줘야 했다. 그러나 카프카의 건강이 좋지 않았음에도 새 경영진이 그를 직원으로 계속 고용하기를 원할 정도로 그의 일을 높이 평가했기 때문에, 이것은 카프카에게 부정적인 영향을 미치지 않았다.

이렇게 겉으로 보기에 격동적인 상황 속에서도 카프카는 자신의 상황에 맞게 꽤 잘 지내고 있었다. 여가 시간에 그는 히브리어를 공부했고 실용 원예 견습 과정을 마쳤다. 그는 취라우에서 정원 가꾸기를 시작했고 그 매력에 푹 빠졌다. 그는 원예와 히브리어를 팔레스타인으로 이주하기 위한 일종의 준비 과정으로 이해했고, 두 가지 모두 그곳에서 유용하게 활용할 수 있을 것이라고 생각했다. 그는 더 구체적인 여행 준비는 하지 않았다. 이민의 가능성을 열어 두는 것으로 충분했다.

1918년 10월 28일, 정치적 사건들이 긴박해지고 바츨라프 광장에서 며칠간의 시위와 거리 폭동 끝에 체코 공화국이 선포되고 막스 브로트가 회원으로 있던 유대인 민족 위원회가 새로운 국가의 틀 안에서 문화적 인정과 자율성을 요구할 때, 카프카는 스페인 독감에 걸려 병상에 누워 있었다. 결핵에도 불구하고 그의 몸은 독감을 이겨 낼 만큼 충분히 저항력이 있었다.

하지만 독감에서 회복되자마자 다시 결핵의 열병이 시작되었다. 그는 요양 휴가를 받아 1919년 1월 22일 인근의 온천 마을 셸레젠으로 여행을 떠났고, 그곳에서 처음에는 유일한 손님으로 3주 동안 "슈튀들" 여관에 머물렀다. 상태가 호전되지 않자 요양 휴가가 연장되었고, 1919년 1월 22일부터 3월 말까지 두 달을 더 여관에서 지냈다. 그사이에 결핵을 앓고 있던 스물여덟 살의 체코계 유대인, 구두 수선공이자 회당 사환의 딸인 율리 보리체크도 그곳에 머물렀다.

이 몇 주 동안 시작되어 1년 내내 지속되었고 마침내 세 번째 약혼으로 이어진 두 사람의 러브 스토리에 대한 몇 가지 출전이 있다. 두 통의 편지가 있는데, 하나는 연애 초기에 막스 브로트에게 보낸 편지고 다른 하나는 율리의 언니 케테 네텔에게 보낸 편지다. 케테 네텔에게 보낸 편지에는 두 사람의 관계에 대한 자세한 회고담이 담겨 있다.

1919년 2월 8일 막스 브로트에게 보낸 편지에서 카프카는 그의 새로운 지인을 묘사한다. 평범하면서도 놀라운 여자네. (…) 유대 여자는 아니면서 유대 여자가 아닌 것도 아니고, 독일 여자가 아니면서 독일 여자가 아닌 것도 아니네. 영화와 오페레타와 희극에 빠져 있고, 분을 바르고 베일을 쓴 채 지칠 줄도 멈출 줄도 모르는 무례한 속어를 엄청나게 사용한다네. 대체로 매우 무지하고, 침울하기보다는 오히려 쾌활하지. 그녀는 대충 그런 식이네. 만약 누군가가 그녀가 속한 부류를 정확하게 설명한다면, 그녀는 점원 부류에 속한다고 말해야 할걸세. 게다가 그녀는 진심으로 용감하고 정직하며 사욕이 없네. 한 몸에 그렇게 대단한 특성을 지닌 사람이라니. 물론 신체적으로도 아름다움을 갖추었네. 하지만 나의 등잔불에 날아드는 모기처럼 하찮네.[1]

　카프카는 이 젊은 여성의 유대인 교육을 위해 무언가를 하고 싶었던 모양인지, 브로트에게 그의 가장 최근 작품인 『시오니즘의 세 번째 단계』를 부탁한다. 브로트는 책을 반송 우편으로 보내고 카프카는 답장을 보낸다. 그 여자 또한 자네에게 매우 감사해하더군. 그녀는 그 책을 꼼꼼히 읽었고, 심지어 한눈에 이해했다는군. 물론 특별한 종류의 소녀다운 순간적인 이해로 그랬겠지만 말이네. 게다가 그녀는 내가 애초에 생각했던 것만큼 시온주의와 그렇게 관련이 없는 것도 아니라네.[2] 그러나 이것은 그렇게 놀라운 일이 아니다. 그는 이제 전쟁에서 죽은 그녀의 남편이 시온주의자라는 것을 알게 되었기 때문이다. 카프카는 그녀의 가장 친한 여자 친구가 막스 브로트의 강연을 놓치지 않았다고 썼다.

이 허영심 많은 젊은 여성은 분명히 그의 등잔불에 날아드는 모기 그 이상이다. 당분간 막스 브로트는 서서히 시작되는 이 이야기에 대해 더 많은 것을 알지 못한다. 나중에 그해 9월 카프카로부터 결혼 계획을 들은 막스 브로트는 여자 친구로부터 율리에 대한 나쁜 소문이 돌고 있다는 사실을 알게 되었다. 그는 일기에 이렇게 기록한다. "모두 매춘부 (…) 그에게 어떻게 말해야 할까?"[3] 어쨌든 브로트는 친구에게 이 소문을 전달했다. 다시 한번 흥신소가 개입했다. 카프카 자신은 아마도 흔들리지 않았을 것이다. 그는 율리를 더 잘 알고 있었기 때문이다.

    케테 네텔에게 보낸 편지는 결혼 날짜가 이미 취소된 1919년 11월 24일에 작성되었다. 카프카는 이 상세한 편지에서 자신이 여전히 율리를 붙잡고 싶어 하는 이유를 율리의 언니에게 분명히 이해시키고 싶었다. 이 편지는 사랑 이야기의 기묘한 시작을 묘사한다. 며칠 동안 우리는 서로 마주칠 때마다, 밥을 먹거나 걷거나 마주 앉아 있을 때마다 쉬지 않고 웃었습니다. 그 웃음은 전체적으로 유쾌하지 않았고, 뚜렷한 이유도 없었으며, 고통스럽고 부끄러웠습니다. 덕분에 우리는 서로 거리를 유지하고, 함께 식사하는 것을 포기하고, 자주 만나지 않게 되었죠. 우리의 다른 의도와도 일치한다고 생각합니다.[4] 그는 이전의 사랑 이야기에서 만지면 여전히 아팠던 상처의 길을 가지고 있었기 때문에 조심해야 했다. 그는 즉시 매력을 느꼈지만 처음에는 거리를 유지했다. 그러나 장기적으로 보면 우리 둘처럼 온전하고 강하게 조화를 이룬 두 사람 사이에서는 행복과 고통과는 무관하게 각자가 상대방에게 강요가 되고, 행복과 고통으로서 꼭 필요한 존재이기 때문에 그렇게 거리가 유지될 수 없습니다. 게다가 표면상으로는 문자 그대로 마법에 걸린 집이 있었는데, 그 안에서 우리 둘은 거의 혼자였으며, 바깥의 겨울 때문에 갇혀 있었습니다.[5]

카프카는 이어서 결혼과 자녀가 사실 자신이 세상에서 가장 추구할 만한 가치가 있는 것[6]이지만, 두 번의 파혼이 증명하듯 그럴 힘이 없다고 율리에게 고백한 과정을 설명한다. 그래서 두 사람은 바로 뒤이어 작별 인사[7]를 나누었다.

율리는 3월 초에 슈튀들 여관을 떠났다. 두 사람은 서로 '그대'라고 부르지도 않았고 프라하에서 만나기로 약속하지도 않았다. 율리도 결혼이 자신에게 중요하지 않다는 점을 분명히 했을 것이다. 카프카가 해석한 것처럼 화려함, 세상, 향락에 대한 욕망[8] 때문에 그녀는 결혼을 염두에 두지 않았을 것이다.

그래서 그들은 다시는 보지 않을 것처럼 작별 인사를 나누었다. 하지만 상황은 다르게 전개되었다. 3주 후 카프카가 프라하로 돌아왔을 때, 우리는 마치 사냥에 쫓기듯 서로에게 달려갔습니다. 우리 둘에게는 다른 선택의 여지가 없었습니다.

카프카는 서로를 멀리하려는 노력은 우리의 힘을 넘어선[9] 것이라고 썼다. 두 사람은 숲과 도시의 외딴 지역을 함께 돌아다니며 강에서 수영을 하고, 야외에서 서로 책을 읽어 주고, 시골 여관에 들르는 등 즐거운 시간을 보냈다. 친구와 지인은 피했다. 아직 누구도 이 관계를 외부적으로 구속력 있는 형태로 발전시키고 싶어 하지 않았다. 이러한 순수에 대한 열망을 다시 일깨운 것은 카프카였다. 나는 적어도 그 당시에는 이러한 삶에 만족할 수 없었고, 이러한 삶의 좋은 점만으로는 불충분했다. (…) 결혼을 갈망하는 내 본성상 당시의 비교적 평화로운 행복은 정당하지 않다고 생각했고, 적어도 결혼을 통해 그 이후의 정당성을 부여할 수 있다고 믿었다.[10]

다시 펠리체의 경우와 마찬가지로 한편으로는 결혼을 추구하는 그의 본성과 다른 한편으로는 문학의 모든 위험에 깊이 빠져 있는[11] 그의 내면에 있는 사람 사이의 갈등이다. 그의 내면에 있는 작가는 결혼을 원하는 사람에 맞서 자신을 방어한다. 그러나 당장은 결혼을 원하는 사람이 우위를 점하고 있으므로 카프카는 유대인 하층 계급과의 그러한 결합을 공포로 여겼던 아버지의 격렬한 저항에 맞서 1919년 10월 초에 결혼 의사를 알린다. 카프카는 아버지의 저항을 무시한다.

약혼한 커플은 놀라울 정도로 빨리 아파트를 찾았지만, 입주 날짜 직전에 계약과 달리 다른 사람에게 이 아파트가 임대되었다는 소식을 듣게 된다. 카프카는 이것을 신의 심판으로 받아들인다. 이번에 내게 주어진 기한은 이미 지났고, 이전에 멀리서 들려오던 경고가 이제 밤낮으로 내 귀에 천둥처럼 울려 퍼졌습니다.[12]

글을 쓰는 사람이 결혼을 원하는 사람을 밀어내는 순간이다. 결혼 의사는 취소된다.

하지만 두 번째 파혼과 함께 내면의 삶에서 거의 완전히 사라진 펠리체와는 달리 카프카는 처음에 율리가 결혼 또는 그 명칭이 무엇이든 간에 (…) 신실함과 사랑에 만족할 것[13]이라는 확신을 굳게 붙잡았다. 율리가 자신이 동의하는 좋은 남자와 결혼하여 자녀를 낳고 그와 함께 순수하고 품위 있게 살[14] 것이라는 전망이 있다면, 그는 기꺼이 헤어질 것이다. 이 시점에서 카프카는 율리의 언니에게 직접 말을 건넨다. 나의 모든 약점을 뛰어넘어 우리가 함께 소속감을 느끼듯이 우리 모두 함께합시다.[15] 카프카의 전기 작가 슈타흐는 언니가 어떻게 반응했는지는 알 수 없지만, 그와 관계를 지속하지 말라고 조언했을 것으로 추정한다. 어쨌든 카프카는 밀레나와의 사랑 이야기가 시작된 이듬해인 1920년까지 율리와 연락을 유지했다.

율리의 언니에게 보낸 편지에는 그의 아버지가 결혼 계획을 반대했다는 내용은 언급되지 않는다. 그러나 아버지의 행동이 그를 너무 화나게 해서, 그는 1919년 11월 초 셸레젠으로 돌아가 아버지에 대한 위대한 복수로 「아버지에게 드리는 편지」를 작성했다. 이 편지는 자필로 쓰였고 100페이지에 달하는 장문의 텍스트로 확대되었다.

1919년 11월 10일부터 19일까지 단 며칠 만에 그는 이 복수와 자기 분석, 그리고 아버지와 아들 사이의 드라마에 대한 묘사를 진정한 글쓰기의 황홀경 속에서 썼다.

이보다 더 제 자존심을 건드리셨던 적은 아마 거의 없었던 것 같고 저한테 이보다 더 분명하게 경멸감을 내비치신 적은 결코 없었습니다.[16] 카프카는 자신의 결혼 의사에 대한 아버지의 반응을 이렇게 묘사한다. 그는 아버지가 율리를 두고 했던 모욕적인 말을 반복한다. 그녀(율리)는 분명 프라하의 유대인 여성들이 고개를 끄덕일 만한 고급 블라우스를 입었을 테지. 물론 너도 그 때문에 그 처녀와 결혼하기로 마음먹었을 테니까. 그것도 되도록 빨리, 일주일 후나 내일, 아니 오늘 당장에라도 말이다. 나는 너를 이해하지 못하겠다. 너는 다 큰 성인이고 도시에 살고 있으니 당장 아무하고나 결혼하는 것 외에는 달리 무슨 수가 있겠니. 다른 수가 있을 리 없겠지? 그 일이 두렵다면, 내가 직접 함께 가주마.[17]

그해 가을, 아버지와의 굴욕적인 논쟁 직전에 『판결』의 두 번째 판이 출간되었다. 카프카는 이 소설을 읽으며 몇 년 전에 이미 이 장면을 묘사한 적이 있다는 사실을 떠올렸는지 모른다. 거기서 아버지는 저주하는 몸짓으로 외치며 거대한 공포의 이미지로 변한다. 그러니까 잘난 아드님은 결혼을 결심한 것이지! (…) 그년이, 그 더러운 년이 이렇게 치마를 들추었기 때문이지.[18]

이 소설에서 게오르크는 아버지의 유죄 판결을 받아들이고 스스로 강에 빠져 죽는다. 그러나 율리의 경우, 카프카는 아버지의 뜻을 거스르고 결혼 계획을 추진하다가 결국 취소한다. 아버지가 그것을 요구하지도 않았는데 그는 아버지를 탓한다. 그는 그러한 아버지의 존재 자체가 결혼을 불가능하게 만든다고 말한다. 아버지와 저의 현재 상황처럼, 결혼은 아버지의 가장 고유한 영역이므로 저한테는 막혀 있습니다. 때때로 저는 세계 지도가 펼쳐져 있고 그 위에 아버지가 사지를 쭉 뻗고 누워 계신 모습을 상상해 봅니다. 그러면 저는 아버지가 가리고 계시지 않거나 아버지의 손이 미치지 않는 지역에서만 살 수 있을 것 같은 생각이 듭니다. 그런데 아버지의 우람한 체구를 떠올려 보면 그런 지역은 그리 많지 않으며 또한 별로 위로가 될 만한 지역

이 아닙니다. 특히 결혼은 그런 지역이 아닙니다.[19]

이 패턴에 따르면, 카프카는 아버지의 죄에 대한 비난을 쌓아 간다. 아버지의 그림자가 드리워진 곳에 아들은 있을 수 없다. 아버지가 지배하고 따라서 아들에게 오염된 곳은 거의 모든 삶의 영역이다. 결혼과 가족 외에 체력, 풍성한 음식, 직업, 사업, 사람들과의 일상적인 거래, 유덴툼, 정치 등이다. 아버지는 모든 곳을 지배하고 아들에게 자신이 들어갈 자리가 없다는 느낌을 준다.

아버지가 원인일 뿐일까, 아니면 아버지에게도 책임이 있을까? 이 편지에서는 원인 규명과 죄에 대한 비난이 서로 뒤섞여 불분명하다. 어쨌든 아버지는 의도적으로 강조하지 않더라도 단순히 그렇게 존재하는 것만으로 불행을 초래하는 역할을 한다.

예를 들어 몸의 경우에는 이러하다. 카프카는 수영장 탈의실에서 보았던 장면을 기억한다. 저는 깡마르고 허약하고 홀쭉하고, 아버지는 강하고 크고 어깨가 떡 벌어지신 체격이지요. 탈의실 안에서부터 이미 저는 제 자신이 초라하게 여겨졌지요. 아버지 앞에서만이 아니라 온 세상 앞에서 말입니다. 아버지는 제게 만물의 척도셨으니까요.[20] 그는 굴욕감을 느꼈지만 그뿐만이 아니었다. 그는 또한 온몸에 힘이 넘치는 아버지가 자랑스러웠다. 하지만 동시에 그 자부심은 대조적으로 자신의 무가치함을 더욱 강하게 느끼게 해주었기 때문에 그를 짓눌렀다.

또는 식사의 경우에는 이러하다. 아버지는 음식을 게걸스럽게 먹으면서 큰 소리로 말하고 주변에 음식 부스러기를 잔뜩 흘린다. 아들은 역겨워서 몸을 숙이고 침묵을 지켰으며 공동 식탁에서 자신의 보잘것없는 음식, 야채와 견과류 등을 먹었다. 그리고 나중에 아버지의 조롱을 들으면서 작은 냄비와 작은 접시를 만지작거렸다.

또는 대화의 경우다. 아버지는 큰 소리로 단호하게 말했고, 모든 것에 대해 흔들리지 않는 의견을 가지고 있었으며, 대부분 경멸하는 내용이었다. 여기서 아들은 침묵할 수밖에 없었다. 제가 말을 상실하게 되었다는 것입니다.[21]

또는 직업의 경우다. 직업 또한 아버지의 영역이다. 아들이 성취한 것은 아버지의 판단에 맞설 수 없다. 그 때문에 아들은 일찍부터 전문적인 일에서 내면의 관심[22]을 철회하는 데 익숙해졌다. 이것은 처음에는 학교에서, 그다음에는 대학에서 이미 교육에 적용되었다. 카프카는 이 모든 것에 대해 극도의 무관심을 갖게 되었다고 썼다. 어린아이였을 때 저는 이미 학문과 직업에 대해 상당히 뚜렷한 예감을 지니고 있었지요. 저는 그것에서 어떤 구원의 길을 기대하지 않았고 아예 일찌감치 체념을 하고 말았습니다.[23]

유덴툼 역시 처음에는 아버지에 의해 오염된 영역이었고, 아들은 유덴툼에서 벗어나려고 했다. 저처럼 온통 불안으로 가득 차서 지나치게 예민한 관찰을 하는 아이에게 아버지가 유덴툼이라는 이름으로 건성으로 행하셨던 몇 가지 무가치해 보이는 일들에도 어떤 깊은 뜻이 들어 있을 수 있다는 것을 이해시키는 것은 불가능한 일이었습니다.[24]

카프카가 유대 문제들에 더 관심을 갖기 시작했을 때, 아버지는 그것을 좋아하지 않았고 심지어 구역질이 날 정도로 혐오했다.[25] 카프카는 아마도 아버지가 자신의 유덴툼이 빈약하다는 것을 상기하고 싶지 않았기 때문일 것이라고 추측한다. 하지만 카프카 자신의 유덴툼도 빈약했다. 이 빈약함 때문에 아버지의 저주가 여전히 작용하고 있는 것이다. 이것은 삶의 다른 영역에도 동일하게 적용된다. 지금의 저는 (제가 딛고 서 있는 삶의 토대와 삶 자체가 미치는 영향은 도외시한다 할 때) 아버지의 교육과 저의 순종이 낳은 결과입니다.[26]

철저한 죄에 대한 비난. 불과 몇 년 전인 1911년에 자서전을 쓸 생각을 하고 있을 때, 그는 자신에게 면죄부를 주기 위해 죄에 대한 비난을 다음과 같이 희화화했다. 생각해 보면 내가 받은 교육은 여러 방면에서 나한테 엄청난 해가 되었다고 말하지 않을 수 없다. 이러한 비난은 한 무리의 사람들, 즉 나의 부모, 친척들 몇 명, 우리 집에 찾아온 개별적인 방문객들, 여러 명의 작가들, 나를 1년간 학교에 데려다준 특정한 가정부 한 명, 한 무리의 선생님들, 교장 한 명, 천천히 걸어가는 행인에게 해당한다(내 기억 속에 꾹꾹 눌러 놓아야만 하는, 그렇지 않으면 여기저기 누군가가 떨어져 나갈 것 같은, 하지만 꾹꾹 눌러 놓았기 때문에 다시 그 전체가 조금씩 허물어질 것 같은 그런 사람들). 한마디로 이러한 비난은 비수처럼 사회를 뒤흔든다. 나는 이러한 비난에 대해 어떤 반박도 듣고 싶지 않다. 이미 내가 너무 많은 반박을 들었기 때문에, 그리고 내가 대부분의 반박에서 반박되었기 때문에, 이러한 반박을 내 비난에 포함시키고 내가 받은 교육과 이러한 비난이 여러 측면에서 내게 엄청난 해가 되었다고 선언한다.[27]

「아버지에게 드리는 편지」에서 비난의 단검은 사회 전체를 찌르는 것이 아니라 아버지를 찌르는 데 국한된다. 그는 아들을 괴롭히는 거의 모든 것에 책임이 있다. 거의 전적으로 불안과 허약함, 자기 경멸의 총체적인 압박[28]은 그에게서 비롯된다.

그러나 카프카는 이러한 비난에도 불구하고 실제로 아버지를 유죄로 생각하지 않는다고 여러 번 강조한다. 아버지는 어쩔 수 없는 존재다. 아버지는 현재 있는 그대로의 존재다. 그러한 존재 자체가 아들에게 재앙이 되는 것이다.

카프카는 이러한 존재를 묘사하고 아버지의 선과 악의 혼합, 그러니까 타인에 대한 강인함과 경멸, 건강과 어느 정도의 무절제, 뛰어난 언변과 불충분한 설명, 자기 신뢰와 모든 것에 대한 불만족, 세상에 대한 우월감과 주변 사람들에 대한 억압, 인간에 대한 이해와 불신, 거기다 근면, 끈기, 침착, 대담성과 같은 완벽한 장점들[29]에 감탄하는 척한다.

이 모든 특성은 아들인 그에게는 없거나 반대로 나타난다. 그는 강하지 않고 겁이 많으며, 건강하지 않고 병든 상태이며, 달변이 아니고 말이 없다. 그는 아버지처럼 요새가 아니라 감정에 매우 취약하다. 세상에 대한 우월함의 흔적은 없이 모든 것과 모든 사람에게 복종할 준비가 되어 있다. 타인에 대한 건전한 불신이 부족하지만 자기 불신은 끝이 없다. 근면과 인내 대신 기복이 심한 정서가 있고, 침착 대신 두려운 경직과 무감각이 있다.

아들은 자신의 부족한 점을 확인할 뿐만 아니라 비난의 소용돌

이를 이어 가고, 그러한 차이점을 이유로 아버지를 비난한다. 아버지는 이미 언급했듯이 악의적인 의도가 아니라 단순히 있는 그대로의 존재 때문에 아들을 이러한 대립과 차이로 몰아넣었다. 이로써 아버지는 공격을 받는 동시에 책임에서 벗어난다.

또한 아버지의 억압적이고 위협적인 영향은 궁극적으로 그가 갖고 있는 아버지의 이미지에서 비롯된다는 사실을 지속적으로 언급함으로써 비판은 완화된다. 이런 식으로 아버지에 대한 비판은 다시 한번 상대화된다.

따라서 비난은 이중으로 완화된다. 그것은 아마도 유죄의 행위가 아니라 단지 있는 그대로의 존재 방식일 수 있으며, 그러한 존재 방식은 더 나아가 단지 현실적 시각에 국한된다. 카프카는 아버지가 자신이 보는 것과 상당히 다르다는 사실을, 따라서 자신이 아버지를 전반적으로 부당하게 평가하고 있을 가능성도 배제하지 않는다.

아버지에게 부담을 주기도 하고 덜어 주기도 하는 이 혼란스러운 게임은 기발한 반전으로 절정에 도달한다. 이제 이 게임의 숨은 동기를 폭로해야 하는 아버지에게 발언이 허락된다. 카프카는 아들이 아버지를 모든 죄책감으로부터 벗어나게 함으로써 지나치게 똑똑하고 지나치게 부드러워지기를 원한다고 아버지에게 주장하게 한다. 그러나 이는 카프카가 몰래 우월감을 얻고 싶어 하는 것일 뿐이므로 정직하지 못하다. 실제로 이것은 아버지를 공격하든 면죄부를 주든 아버지의 권력에 빌붙어 사는 아들의 기생적 행위에 불과하다. 그리고 카프카는 아버지가 가장 날카로운 공격을 시작하도록 허용한다. 아들은 아버지가 자신을 무능한 존재로 만들었다고 비난한다. 이것은 또한 그의 기생성을 보여 준다. 실제로 그가 이러한 무능력으로 고통받지 않고 그것을 사용하기 때문이다. 카프카는 아버지로 하여금 이렇게 말하게 한다. 너는 생활 능력이 없다. 그래서 너는 걱정과 자책감에서 벗어나 편안히 살아가기 위해 내가 너의 모든 생활 능력을 빼앗아서 내 주머니 속에 착복해 버렸다는 것을 증명하고자 하는 거다. 그렇게 되면 이제 너에게 생활 능력이 없는 것은 너와 무관한 일이 되는 셈이지. 책임은 나한테 있으니까. 너는 편안히 몸을 쭉 뻗고서 네 자신을 육체적으로도, 정신적으로도 나한테 떠맡긴 채 내가 이끄는 대로 그저 이끌리고자 한다.[30]

카프카가 아버지에게 반격할 수 있는 발언권을 준 후, 역할이 다시 바뀐다. 이제 다시 한번 아버지가 이러한 비난을 하게 만든 사람은 바로 자기 자신이라는 사실을 상기시켜 주는 사람은 아들이다. 따라서 이 비난은 자기 비난에 지나지 않는다. 그리고 이제 아버지는 다시 책임을 져야 한다. 카프카가 스스로에게 퍼붓는 비난은 당신(아버지)이 나(카프카)에게 키워 주신 엄청난 자기 불신[31]에서 비롯된 것이다.

이 마지막 조치로 책임은 다시 완전히 아버지 쪽으로 돌아간다. 아버지는 아들의 죄책감을 포함하여 거의 모든 것에 책임을 져야 한다. 제가 아버지 앞에 서기만 하면 자신감을 잃고 그 대신 한없는 죄의식만 갖게 된다는 말입니다.[32]

이 주장의 역설적인 요점은 이러하다. 아들의 죄책감에 대한 책임이 아버지에게 있다면 이 죄책감은 궁극적으로 아들의 것이 아니며, 아들이 아버지에 대해 죄책감을 느끼는 것이 아니라 아버지가 아들에게 죄책감을 심어 주었다는 것이다. 죄책감은 자신의 것이 아니라 외부에서 온 것이다. 그 때문에 그는 활동 공간을 확보하고 예를 들어 아버지에게 보내는 이 매우 정교한 편지와 같이 그것에 대해 쓸 수 있다. 그는 나중에 밀레나에게 이 글을 변호사의 편지[33]라고 부른다.

이 편지에서 그는 자신의 글을 아버지의 압도적인 힘에 대항하는 회피 전략 중 하나로 해석한다. 하지만 그는 위압적인 태도가 아니라, 항상 그렇듯이 자신을 축소시키는 제스처로 이를 수행한다. 그 일을 할 때 저는 아버지한테서 벗어나 실제로 어느 정도의 독립을 누릴 수 있었지요. 비록 꼬리 부분이 발에 짓밟힌 채 몸을 빼내려고 머리 부분으로 용을 쓰다가 간신히 조금 옆으로 몸을 옮길 수 있게 된 벌레의 모습이 연상되긴 했지만 말입니다.[34]

그러나 그의 글쓰기에 대한 아버지의 무관심은 그를 표면적으로만 불쾌하게 할 뿐이었다. 글쓰기는 이제 아버지의 세계를 넘어선 그의 영역이었기 때문이다. 글쓰기는 아버지의 축복이 없어야만 대항 세력으로만 남을 수 있었기에 그는 마음속 깊은 곳에서 그것에 만족했다. 카프카가 아버지에게 최근 출간한 소설 『유형지에서』를 건네주었을 때, 아버지는 그것을 침대 옆 탁자에 놓아두라[35]고 말했다. 그는 이러한 경멸이 본질적으로 자신을 화나게 하지 않았다는 것을 인정한다. 그는 아버지의 이 경멸하는 말이 그의 귀에 다음과 같이 들렸다고 썼다. '이제 너는 자유다!'[36]

「아버지에게 드리는 편지」는 해방의 일격이었다. 카프카가 자신의 일부 텍스트와 관련하여 한 말은 특히 그에게 적용된다. 나는 글을 쓴 그 순간만 존중합니다.[37] 이 편지를 썼다는 것 자체가 중요했고, 그것이 읽힐지 안 읽힐지는 미지수였다.

처음에는 실제로 편지를 보내려고 했지만, 그렇게 하지 않고 혼자 간직한 채 여동생 오틀라에게만 읽어 주었다. 나중에 그는 밀레나에게 이 편지를 보내고 싶었지만, 그 또한 중지했다.

그 편지는 처음에 그에게만 영향을 미쳤다. 하지만 그 이후부터 아버지를 대하기가 한결 수월했다. 편지 자체에 이러한 점이 명시적으로 언급되어 있다. 거기에는 이렇게 적혀 있다. 그 덕분에 진실에 상당히 근접할 수 있게 된 것 같고, 그 결과 우리 두 사람 다 한결 차분해지고 삶과 죽음을 보다 가볍게 느낄 수 있게 된 것 같습니다.[38] 물론 이것은 아들에게만 해당되며, 편지를 읽지 않은 아버지에게는 해당되지 않는다.

카프카는 형이상학적인 기묘함으로 가득 찬 기괴한 텍스트인 「가장의 근심」을 통해 아버지와의 관계에서 또 다른 안도감을 얻을 수 있었다. 이 글은 「아버지에게 드리는 편지」보다 2년 앞서 쓰인 것으로, 1919년 12월 「아버지에게 드리는 편지」가 완성된 직후에 시온주의 잡지 『젤브스트베어』*에 처음 실렸다.

카프카는 가장에게 유별난 가족 구성원에 대한 우려를 표명하

---

*　'자기방어'라는 뜻.

게 한다. 그것은 말을 하고, 독립적으로 움직이며, 심지어 계단을 오르는 실타래다. 그 실타래는 정확히 "아들"이라고 불리지 않지만, 행실이 나쁜 아들을 떠올리게 한다. 당연히 실타래는 이리저리 뛰어다닌다. 그것은 오드라데크라고 불리는데, 카프카가 평소 아버지를 폄하하는 의미에서 자신에게 즐겨 부여하는 특성들 중 일부를 공유한다. 오드라데크는 대체로 말이 없고, 때때로 어린아이처럼 굴고, 폐가 없는 것처럼 웃고, 낙엽처럼 바스락거리고, 아무 쓸모도 없고, 그래서 정말 쓸모없는 존재며, 심지어 실이 제대로 감겨 있지 않고 서로 엉켜 있는[39] 상태다. 그는 존재하지만 수수께끼같이 무의미하고 목적이 없다. 아들과 치명적으로 닮은 이 들어 보지 못한 우스꽝스러운 존재는 형이상학적인 괴물이기도 하다. 어떤 개념도 어울리지 않는, 독특하고 정의할 수 없는 존재다. 그에 대해 더 상세하게 말할 수도 없다. 오드라데크는 너무나 민첩해서 붙잡을 수 없기 때문이다.[40]

가장의 진정한 근심은 이 우스꽝스럽고 이상하고 심지어 신비한 쓸모없는 것, 이 가정용품과 아들의 잡종이 독특한 불멸성을 가지고 있을지도 모른다는 것이다. 가장의 근심은 다음과 같다. 나는 그가 어떻게 될까 걱정하고 헛되이 자문해 본다. 그가 도대체 죽을 수도 있을까? 사멸하는 모든 것은 일종의 목표를, 일종의 행위를 가지고 있으며, 그로 인해 으스러지는 법이다. 오드라데크의 경우에는 해당되지 않는다. 그렇다면 그는 훗날 내 아이들과 내 아이들의 아이들의 발밑에서도 여전히 실타래를 질질 끌며 계단을 굴러 내려갈 것이란 말인가? 그는 명백히 그 누구에게도 해를 끼치지 않는다. 그러나 내가

죽고 난 후에도 그가 살아 있으리라는 생각이 나를 몹시 고통스럽게 한다.[41]

카프카는 「가장의 근심」을 단편집 『시골 의사』에 포함시켰다. 아마도 그는 아버지와 아들의 드라마에 터무니없고 기이한 반전을 주기 위해 이 책을 아버지에게 바쳤을 것이다.

그래서 비극이 끝나면 불멸의 실타래와 함께 희극이 시작된다.

11장

갇혀 있는 상태와 자유의 순간

밀레나에게 보내는 편지

성공의 나날과 이별

문학적 결산

이제 카프카는 아버지에 대해 아주 자유롭다고 느꼈다. 아마도 그가 편지를 통해 가슴에 담아 둔 많은 이야기를 털어놓았기 때문일 것이다. 그는 결혼식이 취소된 후에도 율리와의 관계를 이어 갔다. 카프카는 1920년 초에 쓴 일기-메모들을 모아「아버지에게 드리는 편지」에서 성공한 적이 있는 불안을 완화하는 작업을 계속하려고 했고, 막스 브로트는 이 일기-메모들을 카프카 사후의 판본에 『그』라는 제목으로 모아 놓았다. 이 텍스트에서 카프카는 자신과 분명한 거리를 두고, 경계선상에 있는 사람으로서 두려우면서도 희망적인 자신을 놀라울 정도로 침착하게 표현한다.

갇혀 있다는 느낌은 두렵다. 그는 자신이 이 세상에 갇혀 있다고 느낀다. 그에게 세상은 비좁다. 갇혀 있는 자들의 슬픔, 허약함, 질병, 망상이 그에게서 갑자기 터져 나온다. 어떤 위로로도 그를 위로할 수 없다. (…) 하지만 그에게 정말 원하는 것이 무엇이냐고 물으면, 그는 대답할 수 없다. 그는 자유의 표상을 갖고 있지 않기 때문이다. 이것이

아주 강력한 증거 중 하나다.[1]

전도유망한 자유와 새로운 시작이라는 기묘한 느낌과는 대조적으로, 그는 환희의 느낌으로 자신 앞에 놓인 엄청난 과제를 바라보면서 부족하다는 느낌도 함께 받는다. 그럼에도 그것은 고양高揚의 느낌이다. 그가 하는 모든 일은 그에게 특별히 새롭게 보이지만, 또한 이 새로운 것의 실행할 수 없을 정도로 충만한 느낌에 비하면 지극히 졸렬하고, 거의 참을 수 없고, 역사에 남을 수 없으며, 세대의 사슬을 끊는다. 지금까지 항상 적어도 어렴풋이 느낄 수 있었던 세상의 음악을 처음으로 그 깊은 밑바닥까지 내려가서 중단한다. 때때로 그는 오만함 속에서 자신보다는 세상을 더욱 두려워한다.[2]

카프카는 다른 사람들에게서 구원을 찾는다는 희망을 품고 바깥으로 나갈 때 갇혀 있다는 느낌을 더욱 강하게 받는다. 반대로 자신 안에 머무르며 다른 사람들의 판단에 영향을 받지 않을 때 새로운 것의 해방적인 충만함이 그에게 열린다. 그런 다음 그는 이러한 판단의 힘을 깨뜨릴 수 있거나 적어도 시적 이미지에서 상대화할 수 있다. 그는 많은 재판관을 가지고 있다. 그들은 마치 나무에 앉아 있는 한 무리의 새 떼와 같다. 그들의 소리는 뒤죽박죽이 되고, 계급과 권한의 문제는 해결되지 않으며, 그들의 자리는 계속 바뀌고 있다.[3]

『소송』에서 각인된 이미지와 분위기를 떠올리게 한다. 하지만 여기서는 위협적인 재판관들이 때로는 지저귀고 날개를 푸드덕거리는 새 떼로 변신해 등장한다. 이는 시적인 이미지가 주는 안도감의 효과다. 이 이미지로 다시 더 자유롭게 숨을 쉴 수 있다.

다른 사람들의 판단력을 무너뜨리는 것은 또 다른 문제다. 가시성의 희망에 너무 의존하지 않는 것도 중요하다. 그는 로빈슨의 운명에 대한 독창적인 해석에서 이를 분명히 한다. 로빈슨이 반항이나 겸손이나 두려움이나 무지나 갈망 때문에 그 섬에서 가장 높은 지점, 더 정확하게는 가장 잘 보이는 지점을 결코 떠나지 않았다면 그는 곧바로 파멸했을 것이다. 그러나 그가 다른 배들이나 배들에 구비된 도수가 약한 망원경에 상관없이 섬 전체를 탐험하고 즐거워하기 시작했기 때문에 생명을 유지할 수 있었으며 — 물론 논리적으로 꼭 필연적인 결과는 아니지만 — 결국 발견되었던 것이다.[4]

이미 외롭다면 섬 전체를 탐험하고 내동댕이쳐진 것에 익숙해지는 것이 가장 좋다. 그러나 지나친 낙관주의를 피하기 위해 카프카는 다음 항목에서 즉시 제동을 건다. '그대는 고난을 전화위복의 계기로 삼는다.' 첫째, 누구나 그렇게 하고 둘째, 나는 그렇게 하지 않는다. 나는 내 고난을 고난 그대로 놔둔다. 나는 늪을 메마르게 놔두지 않으며, 그 늪의 열기 속에서 산다.[5]

로빈슨은 자신의 섬에 정착했지만 마침내 발견되었을 때 행복해했다. 하지만 너무 큰 희망을 품지 않는 것이 발견될 확률을 높일 수 있다.

1920년 봄, 여전히 율리와 관계를 맺고 있던 카프카는 밀레나에게 발견된다.

1919년 말 프라하의 카페에서 카프카에게 『화부』를 체코어로 번역해도 괜찮은지 물었을 때, 스물네 살의 밀레나 폴라크(예센스카)

는 이미 파란만장한 삶을 살고 있었다. 처음에는 의학을 공부하고 나중에는 예술학을 전공한 대학생으로서 그녀는 두 여자 친구와 함께 프라하 카페에서 눈에 띄는 자유분방한 인물 중 하나였다. 카프카는 당시에도 그녀를 눈여겨봤을 것이다. 넓게 펄럭이는 화려한 옷차림과 영리하고 자신감 넘치며 당돌한 등장은 간과할 수 없는 것이었다. 존경받는 부유한 치과 의사였던 아버지와의 갈등은 프라하 전체에 잘 알려져 있었다. 불치병에 걸린 어머니를 간병하던 그녀는 아버지의 은행 계좌를 약탈하고 아버지의 진료실에서 모르핀을 훔쳐 무관심한 아버지에게 복수했다. 아직 성인이 되지 않은 그녀가 유명한 커피 하우스 문인이자 여성 편력으로 악명이 높은 에른스트 폴라크와 결혼하려 하자 아버지는 그녀를 정신 병원에 입원시켰고, 그녀는 9개월 후 성인이 된 후에야 그곳에서 탈출할 수 있었다. 그 직후인 1918년 봄에 그녀는 에른스트 폴라크와 결혼하여 함께 빈으로 이주했다. 그곳에서 밀레나는 처음에는 폴라크가 환전상으로서 번 돈을 홀로 간직하고 있었기 때문에 어학 수업, 여행 가방 나르기 등 단순한 일로 생계를 유지해야 했다. 밀레나는 빛나는 지성으로 빈과 프라하의 문학계에 자연스럽게 적응했고, 빈에서 프라하 신문 문예란에 기고문을 쓰며 빠르게 이름을 알리기 시작했다. 언어에 재능이 있었던 그녀는 번역가로도 활동했다. 그렇게 그녀는 카프카와 인연을 맺었다.

　　1920년 4월 초에 카프카는 치료를 위해 메란*으로 여행을 떠났

---

*　　이탈리아 북부의 도시.

고, 6월 말까지 그곳에 머물렀다. 이 몇 달 동안 밀레나와의 격정적인 사랑 이야기는 펠리체의 경우와 마찬가지로 처음에는 편지로만 전개되었다.

메란에 도착한 직후, 그는 그녀에게 편지를 썼다. 당신은 빈의 그 음침한 세상 한가운데에서 번역하느라 애쓰고 계시는군요. 어딘가 감동적이기도 하면서 나를 부끄럽게 만들기도 합니다.[6] 번역 작업으로 맺어진 이 인연은 그에게 아직 낯설기만 했다. 그는 즐겁기도 하고 괴롭기도 했다. 그녀는 상호 관심을 얼마나 견딜 수 있을까? 그는 잠정적인 실험을 통해 이를 탐색했다. 밀레나는 남편에 대한 걱정을 조심스럽게 내비쳤을 것이다. 카프카가 이를 계기로 그와의 짧은 만남을 떠올렸기 때문이다. 프란츠 부두에서 벽을 따라 힘없이 걷다가 당신의 남편과 마주쳤습니다. 그분도 나보다 나을 것이 없는 모습으로 이쪽을 향해 걸어오고 있었습니다. 두 사람 다 두통 전문가들이었으니까요. 물론 각자가 완전히 다른 양상으로 두통을 앓고 있긴 했습니다만.[7]

편지에서 편지로, 처음에는 조심스러운 단계를 거쳐 점진적으로 사랑이 완성되어 간다. 4월 12일 자의 다음 편지는 이렇게 시작된다. 방금 이틀 낮과 하룻밤 동안 계속 내리던 비가 그쳤습니다. (…) 어쨌든 축하할 일입니다. 그래서 나는 당신께 편지를 쓰는 것으로 그걸 축하하고 있는 것입니다.[8] 그렇게 밀레나에게 편지를 쓸 수 있게 된 것을 축하한다. 이제 그는 정원이 내려다보이는 "오토부르크" 여관의 발코니에서 날씨에 관계없이 거의 종일 안정 요법을 즐기는 야외 애호가의 모습을 그녀에게 설명한다. 그는 밀레나를 자신의 놀라운 활동으로 끌어들이기 시작한다.

　　4월 말의 세 번째 편지는 이미 밀레나가 가능한 한 빨리 그에게 편지를 써야 하는 것처럼, 아직 밀레나의 편지가 도착하지 않았다고 불평하고 있다. 그가 무언가로 그녀를 화나게 했나? 그녀가 잘 못 지내고 있나? 빈의 생활 환경이 그녀에게 좋지 않거나 기후를 견디지 못하나? 그냥 빈을 떠나세요! 그런 다음 갑작스러운 돌격. 어쩌면 메란도 괜찮을 것 같다는 생각이 듭니다.[9]

　　이미 세 번째 편지에서 메란으로 조심스럽게 초대하고 있다. 그는 여전히 밀레나를 전혀 알지 못하고, 그녀에 대해 거의 알지 못하며, 그녀를 눈앞에서 볼 수도 없기 때문에 이러한 초대는 다소 대담한 행동이다. 당신의 얼굴에 대해서는 구체적 특징을 하나도 기억해 낼 수가 없습니다.[10]

　　마침내 밀레나로부터 편지가 도착하지만, 피를 토했다는 충격적인 소식이 담겨 있다. 이로써 새로운 공통점이 생긴다. 이제 그는 자신이 그녀를 얼마나 가깝게 느끼는지 공개적으로 설명할 수 있다. 그는 그녀에게 자신의 각혈에 대해 자세히 설명하고 해석까지 덧붙인다. 그는 문학에 관심이 많은 밀레나에게 뇌와 폐를 주인공으로 하는 일종의 촌극으로 유머를 섞어 설명한다. 내 경우 발병의 원인은 뇌가 자신에게 부과된 걱정과 고통을 더 이상 견뎌 낼 수 없게 된 데 있었습니다. 뇌는 말했습니다. '나는 이제 포기해야겠어. 하지만 여기 아직이 모든 것을 유지하는 데 관심이 있는 사람이라면, 내 짐을 조금 덜어 주면 좋겠어. 그러면 얼마 동안은 더 버텨 낼 수 있을 거야.' 그때 폐가 자원을 한 거죠. 아마 더 이상 잃어버릴 것도 별로 없었을 테니까요. 내가 모르는 사이에 이루어진, 이 뇌와 폐 사이의 협상은 끔찍한 일이었을 겁니다.[11]

그는 자신의 각혈 이야기를 조금은 자랑스러워한다. 반면에 그녀의 각혈은 다행히도 무해한 것, 아마도 아무것도 아닐 것[12]이라고 그는 썼다. 다행히도 그녀는 자신의 상황을 그의 심각한 사례에 비견할 수 없다. 하지만 밀레나는 방심해서는 안 되며 보호가 필요하다.

이렇게 남을 배려하는 태도는 카프카에게 이 서신 교환에서 비록 당분간은 간접적이기는 하지만 처음으로 사랑에 대해 말할 수 있는 기회를 제공한다. 당신을 아끼는 사람이라면 누구나 당신을 좀 잘 보살펴 줘야 한다는 걸 생각할 수 있어야 합니다.[13]

그는 즉시 그녀를 열심히 돌보기 시작한다. 그녀는 몸을 아끼고, 무리하지 말고, 충분한 수면을 취해야 한다. 그리고 그는 늘 그렇듯이 자책을 덧붙인다. 당신이 자야 할 시간을 단 1분이라도 빼서 번역하는 일에 쓰신다면, 그건 나를 저주하는 것과 똑같은 일이 될 것입니다. 내가 언젠가 심판을 받게 된다면, 사람들은 더 이상 다른 조사를 해보려고 하지도 않고 그저 단순히 이 사실만을 확인할 것이기 때문입니다. 그가 그녀를 못 자게 했다.[14]

이보다 더 잘할 수는 없다. 그는 이제 그녀와 너무 가깝고 그녀의 일에 너무 관여하고 있기 때문에 잡지 『크멘』*에 실린 그녀의 『화

---

*   '종족'이라는 뜻.

부』 번역은 실제로 오래된 무덤에서 흘러나오는 목소리[15]와 같다고 썼다. 그래서 그는 번역본의 출판을 토론의 기회로 삼지 않고, 그녀가 분명히 그것에 대해 물었기 때문에 자신의 약혼 이야기를 들려준다. 그는 가장 큰 고통을 겪는 사람은 항상 자신이었지만 비난의 대상도 항상 자신이었고, 그렇지만 또 이런 일들에 대해 곰곰이 생각하는 건 쓸데없는 일[16]이라고 요약한다.

꼭 한 달 후, 여섯 번째 편지에서 그는 활활 타오른다. 이제 당신을 더 또렷하게 볼 수 있습니다. 몸과 손의 동작들을 말입니다. 그렇게 민첩하고 그렇게 단호할 수가 없군요. 거의 직접 만나 뵙는 것과 다르지 않습니다. 하지만 내가 눈을 들어 당신의 얼굴을 보려고 하면 편지를 보내는 과정에서 — 굉장한 이야기입니다! — 불이 활활 타오르기 시작하고, 나는 불 말고는 아무것도 볼 수가 없게 됩니다.[17]

이때부터 밀레나에게 편지가 쏟아지기 시작했고, 한 달 반 뒤인 1920년 6월 말에 두 사람이 만날 때까지 그는 그녀에게 서른 통의 편지를 보냈다. 펠리체와 마찬가지로 여자를 편지로 속박하려는 또 다른 시도였다. 편지 이야기.

그러나 이제 글쓰기는 펠리체 때와는 다른 역할을 한다. 그가 알다시피, 펠리체는 그가 시민 계급의 경력을 쌓기를 기대했고 글쓰기를 열정적이기는 하지만 부차적인 활동으로 여겼다. 그 때문에 그는 거의 도전적으로 글쓰기를 인생의 진정한 과업으로 강조했다. 밀레나에게는 그럴 필요가 없었다. 그녀 역시 자신을 작가로 여겼고, 그와의 인연은 무엇보다도 문학적 인연이었기 때문이다. 문학은 처음부터 이 관계의 생명선이었다. 그는 그녀를 사랑했고 동시에 그녀의 전문성을 깊이 신뢰했다. 당신이 책들과 번역으로 하시는 일은 모두 옳은 일일 것입니다.[18]

펠리체의 경우, 그는 그녀가 일정 기간이 지나면 결혼하고 싶어 한다는 것을 알고 있었다. 밀레나는 이미 결혼했고 이를 바꾸고 싶다는 의사를 표명하지 않았다. 그는 처음에 안도감을 느꼈다. 밀레나가 자신의 문학적 열정을 더 깊이 이해하고 있다는 것을 짐작할 수 있었기 때문에 그는 자신의 글쓰기와 밀레나에 대한 사랑을 융합할 수 있기를 바랐다. 그는 그녀와 함께 글쓰기의 미궁과 미로를 헤쳐 나갈 수 있을 것이라는 전망에 흥분했다. 그는 그녀에게 다음과 같이 편지를 쓴다. 마치 내가 당신의 손을 잡고 지하의 낮고 어두컴컴하고 흉물스러운 이야기의 통로로 거의 끝도 없이 안내하고 있는 것 같은 느낌을 받았습니다.[19]

카프카가 밀레나에게 친밀하게 구애하는 동안, 프라하에서 그를 기다리고 있던 율리와의 이야기는 아직 끝나지 않았을 것이다. 밀레나에게 보낸 편지에서 율리는 항상 그 아가씨[20]로만 언급된다.

밀레나와의 편지 교환이 시작되기 전인 1920년 6월 초에 카를스바트에서 율리와의 만남이 합의되었다. 카프카는 이 만남을 취소하고 율리에게 다른 여성과 집중적인 편지 교환을 하고 있다고 알린다. 카프카는 밀레나에게 율리의 절망을 설명한다.

하지만 밀레나도 실존적 고민과 자기 의심에 시달리며 고통스러워하고, 남편인 에른스트 폴라크와 또다시 불화를 겪는다. 이 힘든 상황에서 그녀는 카프카에게 6월에 프라하로 돌아갈 때 빈에 들러 자신을 만나 달라고 부탁한다.

이제 카프카는 수많은 편지를 보낸 후에 직접 만나는 것에 대한 오랜 두려움에 다시 사로잡힌다. 글을 쓰는 동안 상상 속에서 애정 관계는 확산될 수 있었지만, 이제는 실제 현실의 좁은 통로가 위협적으로 다가오고 있다. 나는 빈에 가지 않을 겁니다(밀레나, 나를 좀 도와주십시오. 내가 말씀드리는 것보다 더 많은 것을 이해해 주십시오). 나는(이건 말을 더듬는 게 아닙니다) 빈에 가지 않을 겁니다. 내가 이런 일을 정신적으로 감당하지 못하기 때문입니다. 나는 정신이 병들어 있습니다. 폐결핵은 정신병이 이 둑 바깥으로 나온 것에 지나지 않습니다.[21] 그는 항상 새로운 표현으로 갈 수 없다고 애원하면서 마지막에 이렇게 설명한다. 끔찍하고 놀라운 일이 일어나서 그가 빈에 나타난다면 필요한 것은 아침 식사도 저녁 식사도 아니고 잠시 누울 수 있는 들것입니다.[22] 사냥꾼 그라쿠스처럼.

이 병적이고 절망적인 반응에 밀레나는 너무 겁을 먹어서 편지 교환을 계속하는 것이 옳은 일인지 의심하게 되었을 것이다. 밀레나의 공포와 의심은 그를 깊은 밤 속으로 빠뜨렸고, 그 때문에 그는 그녀에게 편지를 보냈다. 하지만 며칠 후인 6월 9일에 밀레나가 즉시 두 통의 구원의 편지를 보내면서 모든 것이 다시 괜찮아졌다. 이 편지들은 읽으라고 있는 게 아닌 것 같습니다. 그냥 펼쳐 놓고 얼굴을 그 속에 파묻고 정신을 잃으라고 쓰인 것 같습니다.[23]

그는 밀레나에게 언어적 애정과 자기 비하의 예술적인 표본을 보여 준다. 그는 마치 무릎을 꿇은 것처럼 그녀보다 훨씬 비천하다고 느낀다. 나는 당신의 발이 내 눈앞 아주 가까이에 있고, 내가 그것을 쓰다듬고 있는 것을 보고서야 비로소 내가 무릎을 꿇고 있다는 사실을 알아차릴 뿐입니다.[24]

이것은 헌신에서 비롯된 자발적인 굴욕의 욕망이다. 예를 들어 에른스트 폴라크가 정부情婦들을 밀레나와 함께 살고 있는 집에 묵게 할 때와 같이, 밀레나가 남편 에른스트 폴라크로부터 견뎌야 하는 비자발적 굴욕과는 완전히 다른 종류다. 카프카는 밀레나에게 남편을 잠시 떠나 그가 그녀를 방문할 수 있도록 프라하에서 그리 멀지 않은 보헤미아로 가라고 조언한다. 그는 또한 밀레나에게 도움이 필요하면 돈을 주겠다고 제안한다.[25]

두 사람은 한 달 반 동안 편지를 주고받았지만 1920년 6월 11일의 편지에서야 맨 끝에 이 문장을 추가했다. 언젠가 다시 한번 내게 — 항상 그렇게 해달라고 하는 건 절대 아니오 — 그대라고 말해 주오.[26]

이러한 그대를 통해 카프카는 자신의 두려움에 대해 매우 자세하게 이야기할 수 있었다.

이 두려움은 그의 존재에 대한 문지기 같은 것이다. 밀레나가 적어도 그의 두려움이 무엇인지, 그리고 그들이 서로 더 가까워질 경우 무엇을 대비해야 하는지 알아채지 못했다면 그에 대해 아무것도 이해하지 못했을 것이라고 그는 썼다. 그는 펠리체에게 자신의 글쓰기에 대해 경고했고, 밀레나에게도 자신의 두려움에 대해 경고했다. 그는 이 두려움을 설명해 줄 짧은 핵심적 표현을 찾았다. 두려움은 나에 대한 내면의 음모[27]다. 따라서 자신에 대한 음모를 꾸미는 것은 바로 그 자신이다. 내면 깊은 곳에 그를 파괴하려는 무언가가 있다. 그것은 다양한 형태로 나타난다. 때때로 그것은 마치 그가 내면으로 빨려 들어간 것처럼 보인다. 그리고 그것은 세상 앞에서 움츠러드는 것을 의미하고, 결과적으로 세상의 압력이 더 커짐을 의미하며, 결국에는 두려움의 확대[28]를 의미한다. 그는 밀레나를 자신과 정반대의 인물이라고 생각한다. 그녀는 젊음과 활력, 용기를 바탕으로 세상으로 돌진한다. 세상은 뒤로 물러나서 공간을 열어 준다. 공격의 정신 ― 공격할 때만 소리가 난다! ― 은 때로는 폭풍을 닮았고, 그는 폭풍에 맞설 수 없어서 폭풍 같은 그녀가 이렇게 들이닥치면 소파 밑에 숨어야 할 것 같은 기분을 느낀다 ― 폭풍을 내 방 안에 가둘 수는 없다[29]고 그는 쓴다. 하지만 어쩌면 되어 가는 대로 두어야 할지도 모른다. 그러면 그는 갇혀 있는 두려움으로부터 멀리 떨어져 바깥으로 날아가게 될지도 모른다.

카프카는 글쓰기를 통해 용기를 얻고, 두려움을 무릅쓰고 마침내 밀레나와 마주할 준비가 되어 있음을 깨닫는다.

그러나 먼저 율리에게 작별 편지를 쓴 후 메란을 떠나 빈을 경유해 6월 29일부터 7월 4일까지 나흘간 밀레나와 함께 시간을 보내고 프라하로 돌아온다.

아름다운 날들이었다. 클라이맥스는 비너발트*에서 함께 도보 여행을 하고 햇볕이 잘 드는 숲 공터에서 휴식을 취한 것이었다. 밀레

---

* 오스트리아 빈 동부에 펼쳐진 숲 지대.

나는 나중에 막스 브로트에게 보낸 편지에서 카프카의 불안이 잠시나마 사라진 그 순간에 어떤 일이 있었는지 보고했다. "그의 불안이 무엇인지를 나는 속속들이 잘 알고 있었습니다. 그와 만나기 전에도 불안은 이미 언제나 내 앞에 존재했습니다. 그를 알기 전에 그의 불안을 알게 되었습니다. 나는 그 불안을 이해함으로써 그것을 막을 수 있었습니다. 프랑크가 내 곁에 있었던 나흘 동안에 그는 불안을 잃어버렸습니다. 우리는 그 불안을 비웃었습니다. (…) 이 불안은 내게만 해당되는 것이 아니라, 부끄러움을 모른 채 살아가고 있는 모든 것에 해당됩니다. 예를 들어 육체에도 해당됩니다. 육체는 너무 노출되어 있습니다. 그는 차마 육체를 바라보지 못합니다. 당시 나는 그가 그것을 극복하도록 도와줄 수 있었습니다. 그가 불안을 느낄 때면, 그는 내 눈을 쳐다보았습니다. 우리는 마치 숨을 쉴 수 없는 것처럼, 아니면 발이 아픈 것처럼 한동안 기다렸습니다. 그러고 나면 조금 후에 숨도 쉴 수 있게 되고 발도 아프지 않게 되었습니다. 우리는 조금도 애를 쓸 필요가 없었습니다. 모든 것이 간단하고 명료했습니다. 나는 그를 빈 근교의 구릉으로 데리고 다녔습니다. 내가 앞에서 걸어갔습니다. 그의 걸음이 느렸기 때문입니다. 그는 내 뒤에서 터벅터벅 걸었습니다. 눈을 감으면 지금도 그의 흰색 셔츠와 햇볕에 탄 목과 그가 애쓰는 모습이 보입니다. 그는 종일 걸어 다녔습니다. 구릉을 오르기도 하고 내려가기도 했습니다. 그는 햇볕을 쬐며 걸었습니다. 그는 단 한 번도 기침을 하지 않았습니다."[30]

카프카는 8월 9일 밀레나에게 보낸 편지에서 비너발트에서의 여유로운 시간을 회상한다. 나는 그대를 사랑하기 때문에 (…) 세상 전체를 다 사랑하고, 거기에는 그대의 왼쪽 어깨도 속합니다. 아니, 오른쪽 어깨가 먼저였습니다. 그래서 내가 거기에 키스하고 싶을 때 (그리고 그대가 고맙게도 그쪽 블라우스를 조금 내려 주면) 키스할 수 있습니다. 그리고 그대의 왼쪽 어깨도 거기에 속하고, 숲속에서 내 얼굴 위에 있던 그대의 얼굴과 숲속에서 내 얼굴 밑에 있던 그대의 얼굴과 거의 맨살을 드러낸 그대의 가슴 위에서 쉬는 것도 거기에 속합니다. 그 때문에 우리가 이미 하나가 되었다고 하는 그대의 말은 맞는 말입니다. 그리고 나는 그것에 대해서는 아무런 두려움도 없습니다. (…) 하지만 바로 이 낮의 세계와 그대가 한번 경멸하는 투로 남자들의 일이라고 말했던 그 '침대에서의 반 시간' 사이에는 내가 절대로 건널 수 없는 심연이 가로놓여 있습니다. 아마도 내가 건너기를 원하지 않기 때문일 것입니다. 저쪽 건너편에는 밤의 일이 있습니다. 어느 면으로 보나 절대적으로 밤의 일입니다. 그리고 여기에는 세상 전체가 있습니다. 나는 그 세상 전체를 가지고 있는데, 그것을 다시 한번 가지기 위해 지금 밤 쪽으로 건너뛰란 말입니까? 이미 가진 것을 다시 한번 소유한다는 게 가능한 일입니까? 그건 잃어버린다는 것과 똑같은 뜻이 아닙니까? 여기에 내가 소유하고 있는 온 세상이 있는데, 뭔가 기분이 나쁜 마법을 위해 밤 쪽으로 건너뛰란 말입니까. (…) 싫습니다. 나는 그게 끔찍하게 무섭습니다.[31]

섹슈얼리티가 그에게 위험한 밤이 된다는 것은 몇 년 전 펠리체와 함께 있을 때 일기에서 함께 있는 행복에 대한 처벌로서의 성교[32]

를 경험했던 것과 동일한 의미로 충분히 분명하게 표현된다.

카프카는 자연스러운 것, 혹은 자연스럽다고 여겨지는 것을 높이 평가했다. 채식, 신선한 공기, 철저한 개인위생, 술과 기타 중독성 물질 금지. 인위적인 것과 허세에 대한 혐오가 여기에 속하며, 언어에서 지나치게 과장된 장식적인 문체와 상투어를 피하는 것도 여기에 속한다.

하지만 왜 섹슈얼리티가 그의 비위를 상하게 했을까? 바로 이 시점에서 그가 규율, 정신적 통제, 자연적인 것의 형성에 관심이 있었다는 것이 분명해진다. 그는 이것을 순결[33]이라고 부른다.

그에게 성공과 행복은 자연적인 것이 정신적인 것과 연결될 때, 질병과 죽음처럼 인간이 더 이상 자연적인 것의 희생자가 아닐 때만 발생한다. 그러나 섹슈얼리티가 기습적으로 그를 덮쳤을 때 그는 자신의 몸에서 섹슈얼리티를 느꼈다. 그는 밀레나에게 그 근원이 된 장면을, 이미 인용한 에피소드를, 즉 창문 너머로 점원 아가씨를 바라보며 서로 눈을 맞추고 합의를 한 후 함께 러브호텔로 이동하는 장면을 아주 자세히 설명한다. 그는 그 후 행복해했다. 하지만 이 행복감은 단지 계속 징징대던 육체가 마침내 조용해진 것에 대한 행복감이었다.[34] 그는 굴욕감을 느끼게 하는 성욕 충족, 즉 욕망을 따랐다. 그리고 정확히 이 욕망은 그에게 더 나은 자아, 그의 안에 있는 정신에 대한 음모에 지나지 않는다. 그 당시 그는 모든 것이 그보다 더 혐오스럽고, 더 불결하지 않아서[35] 기뻤다. 예를 들어 메란에서도 점원 아가씨에게 품었던 그런 충동은 계속 반복되어 어떻게 하면 방을 청소해 주는 아가씨를 손에 넣을 수 있을까 하는 궁리만 밤낮으로 했다[36]고 밀레나에게 고백한다.

    욕망이 기습적으로 그를 덮친다. 그런 다음 그는 자신을 불안하게 만드는 것에 반감을 느낀다. 어떤 작고 혐오스러운 것, 어떤 특정한 혐오스러운 것, 약간 역겹고 불쾌하고 더러운 것에 대한 이러한 동경, 심지어 여기 나를 위해 존재했던 가장 좋은 것 속에도 이러한 속성들이 약간은 들어 있었습니다. 약간의 악취, 약간의 유황, 약간의 지옥이 말입니다.[37]

    그는 진지하지만, 자기 반어적인 어조는 무시할 수 없다. 그는 섹슈얼리티의 "악마화"에 대한 계몽적인 판결을 가지고 노는데, 이런 의미에서 유황과 지옥이라는 약간의 조롱 섞인 이야기가 나온다. 하지만 이러한 자기 반어는 섹슈얼리티에 정신이 스며들지 않으면, 즉 승화되지 않으면 그에게는 섹슈얼리티가 불순한 것이라는 사실을 간과할 수 없게 한다. 그의 목표는 정신과 자연의 연결을 인간적인 방식으로 보존하는 것이다. 카프카에 따르면 정신이 스며들지 않은 본능적 본성이 앞으로 밀고 나가면 더러움이 생겨난다. 더러움은 그를 두렵게 하지만, 또한 그가 매혹될수록 더 매혹하고 두려워하게 한다.

    남은 것은 욕망의 포로에서 벗어나고 싶은 욕망뿐이다. 그 너머에만 사랑의 자유를 포함한 자유가 있다. 욕망은 소유, 사용, 소비를 위해 노력한다. 사랑은 다른 사람을 존재하게 하고 다른 사람에게서 기쁨을 느끼며 그가 존재한다는 사실에 기뻐하는 것이다. 그래야만 우리는 원죄를 짓기 이전에 낙원에서 숨 쉬던 공기를 마실[38] 수 있다.

카프카에게는 단순한 욕망의 포로에서 벗어나는 두 가지 방법이 있다. 사랑과 글쓰기.

카프카에게 사랑은 특히 시선, 즉 가까이 있을 때 거리를 유지하는 정신적 능력으로서 보는 것과 연결되어 있다. 따라서 사랑의 시선은 앞서 인용한 비너발트에서의 행복한 순간에 대한 카프카의 묘사에서도 중요한 역할을 한다.

단순한 욕망의 포로에서 벗어나는 또 다른 방법은 글쓰기다. 살인자들의 대열에서 뛰쳐나오는 것, 실제로 일어난 일을 관찰하는 것이다. 고차원의 관찰 방법을 만들어 냄으로써 실제로 일어난 일을 관찰하게 된다.[39]

글쓰기의 행복은 세계를 순수하고 진실하며 변하지 않는 것[40]으로 끌어올릴 수 있다는 것이다. 어둡고 충동적이며 수수께끼 같은 것이 정신에 의해 조명되고 침투되어 언어로 드러난다. 순수는 대상의 측면이 아니라 대상의 표현에서 발견된다. 현실의 격투 속에서, 살인자들의 대열 속에서 종종 없어지는 놀라운 자유는 오직 거기서만 찾을 수 있다. 성공적인 글쓰기는 매우 불분명한 삶을 명확하게 묘사하는 것이다.

빈에서의 성공적인 만남 이후 카프카는 밀레나와의 삶을 꿈꾸기 시작한다. 하지만 율리와의 관계는 아직 완전히 해결되지 않았다. 율리는 그를 얻기 위해 싸우고 그는 자신의 잔인함에 소름이 돋는다. 그는 밀레나에게 율리와의 이별을 이렇게 묘사한다. 하지만 다시 핵심적인 문제가 거론될 때는 — 카를 광장에서 내 옆에 서 있던 그녀는 오랫동안 온몸을 떨었습니다 — 그대 옆에서는 다른 모든 것은, 그 자체로는 전혀 변함이 없다고 해도, 사라져 버리고 아무것도 아닌 게 되어 버린다고 그녀에게 말할 수밖에 없었습니다. 그녀는 항상 나를 어쩔 줄 모르게 만드는 마지막 질문을 했습니다. '나는 떠날 수 없어요. 하지만 그대가 나를 쫓아내시면 가겠어요. 나를 쫓아내시겠어요?' (…) 나는 '그래요' 하고 대답했습니다.[41]

하지만 율리를 쫓아낼 수 없다. 말다툼이 계속되자 율리는 밀레나에 대해 험한 말을 하는데, 그 말들 때문에 그녀를 때려 주고 싶기까지 할 정도[42]라고 그는 화가 치민 동시에 죄책감을 느끼며 썼다. 이제 율리와의 이별은 그의 입장에서 완료되었다.

그는 이제 밀레나에게 자신의 소망과 희망을 더 분명하게 표현한다. 둘만의 삶이 있을까? 하지만 밀레나가 남편 때문에 고통받고 있음에도 그에게서 벗어날 수 없다는 것이 분명해진다. 그대는 그를 사랑하고 있습니다. 우리가 서로 결합하게 된다면(어깨들아, 고맙다!) 그건 다른 차원에서입니다. 그의 영역 안에서가 아니란 말입니다.[43]

영역을 그렇게 깔끔하게 구분할 수는 없다. 마지막으로 카프카는 밀레나에게 에른스트 폴라크와 일시적으로라도 헤어져야 한다고 권고한다. 그는 에른스트 폴라크에 대해 이전 편지에서는 정중하게 썼지만 지금은 섬뜩한 시선으로 바라본다. 밀레나가 힘들어하고 있는데, 폴라크는 왜 그녀에게 아무런 도움을 주지 않을까? 그럼에도 왜 그녀는 여전히 그를 붙잡고 있을까? 카프카는 그 때문에 그녀를 비난하지 않고, 다시 한번 자신을 독창적으로 비하할 기회로 삼는다. 그는 밀레나와 그녀의 남편 사이에는 분명히 그가 있는 깊은 곳에서는 아무것도 알아볼 수 없을 정도로 이해할 수 없는 일이 벌어지고 있다고 썼다. 하지만 그는 이 자기 비하에 놀라운 반전을 선사한다. 그는 그녀 아래에 있을 뿐만 아니라 그녀 위에도 있다. 그는 밀레나가 그에게 도달하기 위해서는 아래로 내려와야 할 뿐만 아니라 위로 올라가야 하고, 그거의 초인적인 방법으로 자신을 넘어서야[44] 한다고 계속해서 썼다. 그러나 카프카는 그녀 아래 깊은 곳이든, 그녀 위 높은 곳이든 상관없이 어쨌든 자신을 바닥이 안 보이는 부당한 요구로 표현한다.

나중에 밀레나도 그렇게 보았다. 그녀는 막스 브로트에게 편지를 썼다. "하지만 나는 두 발로 여기 이 땅에 아주 굳건하게 달라붙어 있습니다. 나는 내 남편을 떠날 수 없었습니다. 그리고 어쩌면 나는 너무나 여자여서 이러한 삶에 굴복하고 싶지 않았을지도 모릅니다. 나는 이러한 삶이 평생 엄격한 금욕의 삶을 의미한다는 걸 알고 있었기 때문입니다. 하지만 내 안에는 내가 지금 살고 있고 앞으로 살게 될지도 모르는 삶과는 전혀 다른 삶을 향한, 아이와 함께하는 삶을 향한, 땅과 아주 가까울지도 모르는 삶을 향한 억제할 수 없는 갈망이, 맹렬한 갈망이 있습니다. 따라서 내 안에 있는 이러한 나약함이 다른 모든 것, 사랑, 비상하고 싶은 욕망, 경탄, 그리고 다시 사랑을 이길지도 모릅니다."[45]

1920년 7월 말, 밀레나는 내면의 갈등에도 불구하고 남편과 함께 지낼 것이며 카프카는 서서히 물러날 것이라는 점이 분명해진다.

두 사람은 8월 14일과 15일에 빈과 프라하의 중간 지점인 그뮌트에서 다시 만난다. 카프카는 밀레나에게 보낸 편지에서 그날을 이렇게 회고한다. 우리는 자주 그리고 오랫동안 마치 낯선 사람들처럼 서로 이야기하고 듣고 했습니다.⁴⁶

그뮌트에서의 만남 이후 카프카의 편지에는 자기 비난이 증가한다. 나는 불결한 사람입니다, 밀레나. 한없이 불결한 사람이란 말입니다. 그래서 내가 순결에 대해 그렇게 법석을 떠는 것입니다.⁴⁷ 그리고 절망의 폭발도. 사랑은 당신이 내게 칼이라는 사실입니다. 나는 그 칼로 내 마음을 들쑤십니다.⁴⁸ 하지만 이제 그는 에른스트 폴라크에 대한 악의에 찬 말도 허용한다. 그대는 그대들의 불가분의 결속 관계의 모든 비밀을, 그 풍부하고 소진될 수 없는 비밀을 거듭거듭 그의 장화에 대한 걱정에다 쏟아붓고 있습니다.⁴⁹

하지만 펠리체의 경우와 달리 밀레나와의 연결은 끊어지지 않는다. 그녀는 다시 "당신"으로 돌아갔지만, 카프카가 1년 후에 자신의 일기를 밀레나에게 넘겨줄 정도로 매우 친밀한 관계를 유지한다.

카프카는 1920년 늦가을에 밀레나와 함께한 시간을 다음과 같은 짧은 이야기로 기록한다.

나는 한 처녀를 사랑했다. 그녀도 나를 사랑했다. 그러나 나는 그녀를 떠나야만 했다.

왜?

나는 모른다. 그녀는 무장한 군인들에게 둘러싸여 있었고, 그 군인들은 창끝을 바깥쪽으로 향하고 있었던 것 같다. 그래서 내가 가까이 간다고 해도 창끝에 찔려 상처를 입고 물러나야만 했다. 나는 심한 상처를 입었다.

이 일에 그녀는 어떤 책임도 없는 걸까?

나는 그렇게 생각하지 않는다. 오히려 나는 그 사정을 알고 있다. 앞의 비교는 완전하지 않았다. 나도 무장한 군인들에게 둘러싸여 있었다. 그 군인들은 창끝을 내부로, 그러니까 나를 향해 겨누고 있었다. 내가 그녀를 향해 밀치고 나가려 해도 무장한 군인들의 창에 걸려 여기서 한 발자국도 움직일 수 없었다. 아마도 나는 그 처녀를 둘러싸고 있는 무장 군인들에게 결코 가지 못했을 것이다. 만일 간다고 해도 나는 내 창에 찔려 피를 흘리면서 의식을 잃었을 것이다.

그 처녀는 혼자 있었을까?

아니다. 다른 남자가 그녀에게 돌진했다. 쉽게 그리고 아무런 방해도 받지 않고. 노력에 지친 나는 무심코 바라보고만 있었다. 마치 내가 공기인 것처럼, 공기를 뚫고 두 사람의 얼굴은 첫 키스를 하면서 서로 포개졌다.[50]

12장

벌거벗은 사람, 출생을 앞둔 망설임

세상으로 나오는 소설: 『성』

마을에 뿌리내림 또는 성에 닻을 내림

권력의 내부 폭발, 여성들의 성

글쓰기의 작업장

에른스트 폴라크와 함께 살기로 결정한 1920년 늦여름, 밀레나는 막스 브로트에게 보낸 편지에서 프란츠 카프카에 대한 그녀의 사랑을 불가능한 사랑이라고 표현했다. "분명히 우리는 모두 겉보기에는 살아갈 능력이 있습니다. 그 이유는 우리가 어느 시점에 거짓으로, 맹목으로, 열광으로, 낙관주의로, 확신으로, 비관주의 또는 그와 비슷한 것으로 도망치기 때문입니다. 그러나 그는 보호를 받는 피난처로 도망친 적이 전혀 없습니다. 정말 전혀 없습니다. 그는 절대로 거짓말을 하지 못합니다. 그가 술에 취하는 것이 불가능한 것처럼 말입니다. 그에게는 최소한의 피난처도 없고, 안전한 장소도 없습니다. 그 때문에 그는 우리가 보호를 받고 있는 모든 것에 노출되어 있습니다. 그는 마치 옷을 입고 있는 사람들 가운데 벌거벗은 사람과 같습니다."[1]

　밀레나에게 보낸 편지에서 카프카는 자신을 삶의 관습과 의미에서 벗어난 "벌거벗은 사람"으로, 근거가 되는 자명한 문화가 주어지지 않은 것 같은, 보호를 받는 망명처가 없는 사람으로 묘사했다. 이걸 다른 말로 설명하자면, 어떤 사람이 산책을 하기에 앞서 매번 몸을 씻고 머리를 빗는 등의 일을 해야 할 뿐 아니라 — 그것만으로도 아주 괴로운 일이지요 — 산책을 할 때마다 필요한 물건이 모두 없어져 다시 옷을 깁고, 장화를 고치고, 모자를 만들며, 지팡이를 깎아 내는 등의 일을 하는 것과 마찬가지입니다. 물론 그는 이 모든 것을 다 잘할 수는 없습니다. 아마 몇 군데 골목 정도는 지탱할 수 있을 것입니다. 하지만 예를 들어 그라벤쯤 가서는 모든 것이 갑자기 산산조각이 나고, 그는 거의 벌거숭이가 되어 누더기와 조각만 걸친 채 거기 서 있게 되는 것입니다. 이제 고통스럽게 구시가지 순환 도로로 다시 달려가겠지요! 그러다 결국 아이젠 거리에서 유대인을 사냥하는 군중과 부닥치게 될 것입니다.[2]

이 글은 1920년 11월에 쓰였다. 새로 건국된 체코슬로바키아 공화국에서 민족주의 폭동이 일어나면서 프라하의 유대인들이 또다시 사냥을 당하던 시기였다. 카프카가 겪은 무방비 상태와 노숙의 경험은 비단 이러한 상황에만 국한되지 않았다. 마치 사회적 적응을 원점에서 다시 시작해야 하는 듯한 이질감은 그에게 거의 일상적인 일이었다. 평범한 삶은 그에게 막혀 있는 것처럼 보였다. 그는 일기에 이렇게 표현했다. 내 인생은 출생을 앞둔 망설임이다.[3]

카프카는 아직 태어나지 않은 사람처럼 세상을 바라본다. 그리고 이 소외된 시선이 그에게 드러내는 것은 그가 할 수 있는 한 출생의 과정을 가속화하지 않는 것이다. 그는 두려움 때문에 망설인다. 그리고 그가 망설이기 때문에 두려움은 커진다.

그는 밀레나에게 두려움으로 가득 차 있다고 고백한다.

그는 펠리체에게 자신이 문학으로만 이루어져 있다고 썼다.

출생을 앞둔 망설임, 두려움, 글쓰기 — 카프카의 작품에는 이 세 가지가 분명히 함께 어우러져 있다. 아직 살인자들의 대열[4]에 속하지 않고, 여전히 두려운 것을 묘사할 수 있다면 글쓰기는 일종의 출생하기 이전의 삶이다. 두려움을 묘사하고 이를 통해 두려움을 없애려는 시도로서의 글쓰기. 따라서 두려움에 맞선 망명으로서의 글쓰기.

카프카는 세상에 대한 두려움에 대해 많은 글을 썼다. 카프카 자신도 이 점을 잘 알고 있었다. 그에게는 밀레나에게 심연과 밤 쪽으로 건너뛰는 것[5]으로 묘사한 성적 불안이 있었다. 순수한 육체적 욕망은 사랑의 감정과 결합하기 어려운, 순수하지 않은 것이었다.

그리고 아버지에 대한 두려움, 아버지가 대표하는 요구에 대한 두려움이 있다. 즉 정상 상태, 직업적 성공, 가정을 만드는 것, 사회적 명성에 대한 두려움이다. 일상적인 사회적 교류, 자기 상실의 위협이 따르는 사회적 역할극에 대한 두려움이다. 소외의 딜레마도 있다. 자신 속으로 들어가 세상을 잃거나 세상 속으로 들어가 자신을 잃는다.

유대인으로서 불안정한 사회적 지위도 그에게 두려움을 안겨 주었다. 그는 유덴툼이라는 종교적 유대에서 지원을 받기에는 아주 보잘것없는 유대인이었고, 자신의 유덴툼을 너무 의식하고 있었기 때문에 양심의 가책이나 죄의식 없이 동화同化의 길을 따라갈 수 없었다. 그는 동유럽 유덴툼을 동경하고 심지어 낭만적으로 생각하는데, 그 이유는 그 안에서 살아 있는 전통에 뿌리를 둔 유덴툼을 발견할 수 있다고 믿기 때문이다.

    그 자신은 체코인뿐만 아니라 비유대인 독일인들과도 분리되어 뿌리가 뽑힌 느낌을 받았다. 그에게는 언어로의 피난만 남았다. 하지만 그곳에서도 완전히 제집 같은 편안함을 느끼지 못했다. 그는 때때로 자신이 강탈자같다고 느꼈고, 그래서 언제든 부당하게 얻은 전리품을 빼앗길 수 있다는 두려움이 있었다.

    그리고 마지막으로 그가 신앙의 상실, 형이상학적인 노숙으로 이해하는 전체 시대의 부정적인 측면[6]이 있다. 이것은 또한 불안을 야기하고 대체 종교로의 도피로 이어진다. 카프카는 대체 종교를 고통에 처한 사람이 일종의 어머니 같은 대지에 닻을 내리려는[7] 시도로 묘사한다.

    그러나 카프카도 알고 있다. 두려움은 그를 투시 능력이 있는 사람으로 만든다. 그는 현실에 안주해 있는 사람들에게는 닫혀 있어야 하는 공간에 글쓰기로 침투해야 하는 운명을 타고난 사람으로 자신을 경험한다. 따라서 그는 글쓰기를 지상의 마지막 경계를 향한 돌진[8]이라고 부른다.

    그는 1922년 1월 16일에 이 문장을 기록한다.

    며칠 후, 1년 반 동안 글쓰기를 쉰 다음 그는 위대한 소설 『성』을 쓰기 시작한다.

    카프카는 진행성 결핵 치료를 위해 리젠게비르게*의 슈핀델뮐

---

*   독일 주데텐 지방에 있는 거대한 산맥.

레에 도착했고, 저녁에 눈 덮인 길을 따라 다리까지 걸어간 후 소설의 첫 문장을 쓴다. K가 도착한 때는 늦은 저녁이었다. 마을은 눈 속에 깊이 파묻혀 있었다. 성이 있는 산은 보이지 않았다. 안개와 어둠이 산을 둘러싸고 있었고, 그곳에 큰 성이 있음을 암시하는 아주 희미한 불빛도 없었다. K는 큰길에서 마을로 이어진 나무 다리 위에 한참이나 서서 허공으로 보이는 곳을 한참이나 쳐다보았다.[9]

카프카 자신은 눈 덮인 슈핀델뮐레를 처음 산책할 때 다리 앞에서 멈췄지만, 주인공 K를 다리 건너로 보내 세상으로 오게 하는 실험을 한다. K는 가족, 집, 모든 것을 뒤로하고 새로운 출발을 감행한다. 그는 진리를 추구하는 사람도 아니고 지식에 목마른 사람도 아니다. 그가 어떤 '진실'에 관심이 있다면 그것은 카프카가 즐겨 인용하는 플로베르적 의미에서 직업, 결혼, 가족에 뿌리를 둔 사람이 진실 속에 산다는 것이다. 그래서 K는 다리를 건너자 눈앞에 펼쳐진 마을에서 그런 장소를 찾고 싶어 한다. 그는 받아들여지고 자신을 위한 가정을 만들고 싶어 한다.

그는 불길한 성의 비밀을 밝히기 위해 나선 것도 아니다. 첫 번째 숙소로 찾은 마을 여관의 난로 옆에서 깨어난 그는 혼란스러워하며 묻는다. 이곳에 성이 있다는 말인가요?[10] 그를 무례하게 깨운 남자는 자신을 성 관리인의 아들, 슈바르처라고 소개하며 다음과 같이 설명한다. 이 마을은 성의 영지입니다. 따라서 여기 거주하거나 숙박하는 사람은, 말하자면, 성에 살거나 숙박하는 것과 마찬가지입니다. 백작님의 허락 없이는 어느 누구도 그렇게 해서는 안 되는 거죠. 그런데

당신은 그런 허가증이 없거나 적어도 제시하지 않았습니다.[11]

조금 후에 밝혀진 것처럼, 이 허가를 받는 것이 세상에서 가장 쉬운 일임이 분명하다. 적어도 처음에는 그렇게 보인다. K는 성의 측량사로 임명되었다고 주장했고, 슈바르처는 성 당국에 전화를 걸어 확인을 요청했다. 성 당국은 측량사 임명에 대해 아무것도 모른다. 그러나 잠시 후 성은 후회하듯 다시 전화를 걸어 착오[12]를 바로잡는다. 성은 누군가가 자신의 견해를 고수하면 굴복한다. 그때부터 K는 마을과 성에서 측량사라고 불린다.

그러나 그는 그런 사람일까? 그는 정말 성에서 임명한 사람일까? 아니면 그냥 그런 척하는 걸까? 그가 여기서 성을 발견하고 놀랐다는 사실이 그가 그냥 그런 척한 것이라는 사실을 뒷받침한다.

이 소설은 K의 개인적인 관점에 국한되어 있기 때문에 K나 성의 실제 상황에 대한 정보를 제공할 수 있는 전지적 화자는 없다. 우리는 세상을 K에게 보이는 것만큼 수수께끼 같고 불투명한 것으로 본다. 이는 K에게 보이는 세상뿐만 아니라 주인공 K 자신에게도 적용된다. 그에 대한 전지적 정보도 없다. 우리는 해석과 추측에 의존한다.

우리가 아는 건 이것뿐이다. 즉 K는 성의 측량사로 부름을 받았다고 주장한다. 그리고 처음에 그를 거부했던 성은 당분간 그의 주장을 받아들이는 것 같다. 충분히 단호한 태도를 보이면 성은 굴복하는 것 같다.

『성』의 측량사는 처음에 질문을 할 수 있는 가장 강력한 순간을 맞이한다. 이곳에 성이 있다는 말인가요? 그는 아직 주눅이 들지 않앉고, 성을 존중하지 않기 때문에 성은 그를 지배할 힘이 없다. 그러나 마을에 발판을 마련함으로써 그는 그곳에서 작동하는 공동체 형성의 신화와 이야기에 끌려들게 된다. 이런 식으로 성은 그에게도 지배적인 권력이 된다. 이 공동체에서 인정받고 이곳에서 살기 위해서는 반드시 권력과 좋은 관계를 유지해야만 한다.

브뤼켄호프 여관에서 첫날 밤을 보낸 K는 아침 일찍 불길한 성을 둘러보기 위해 출발한다. 그러나 소위 성으로 가는 길은 전혀 그곳으로 연결되지 않고 성 주변으로만 이어진다. 성에는 접근할 수 없지만 멀리서나마 성을 볼 수 있다. 실망스러운 광경이다. 그것은 가옥들이 옹기종기 모여 있는 작고 초라한 마을에 불과했다. 하지만 자세히 들여다보면 모든 것이 이상하고 섬뜩하게 느껴진다. 지붕 위로 튀어나온 단조로운 형태의 원형 건축물은 햇살을 받아 반짝거리면서 뭔가 혼미한 인상을 주는 창문들을 갖추어 놓았다. 모든 것은 마치 집의 가장 외딴 방에 갇혀 있어야 할 우울증에 걸린 세입자가 세상에 자신을 보여 주기 위해 지붕을 뚫고 나와 우뚝 선 모양 같았다.[13]

성은 마을 위에 우뚝 솟은 복합 건물이다. 하지만 성은 여기 마을에도 있다고 사람들은 말한다. 성은 어디에나 있다.

성의 관리와 비서들이 여기 아래에서 볼일이 있을 때 광장에서 가장 좋은 여관인 "헤렌호프"에 머문다. 그리고 성에서 온 심부름꾼들도 있다. 예를 들어 바르나바스는 K를 담당하는 심부름꾼이다. 이처럼 마을에는 성의 대표자가 있지만 그 힘은 이상하게도 무형의 키메라* 같은 상태로 남아 있다. 어쨌든 지금 일어나고 있는 일에 대한 서류들만 작성된다. 끊임없이 기록되고 불만이 접수된다. 성은 조직하고 명령하는 권력도 아니고 금지하는 권력도 아닌, 그저 일어나는 일을 기록하는 거대한 장치에 불과하다. 그러나 분명히 마을의 일들은 어떻게든 성에 의해 인증되고 성에 의해 정당화될 때만 현실로 간주될 수 있다. 여기 아래 마을에 있는 존재는 저 위에 있는 성에 의해 정당화된다. 그래서 K 또한 그 마력에 사로잡혀 정당화를 모색한다.

정당화를 추구하는 과정에서 K는 다시 성의 독특한 관용을 발견한다. 성은 그의 요청을 그대로 반영하는 듯하다. 심부름꾼 바르나바스가 전달한 성 관리 클람의 첫 번째 편지는 이런 문장으로 시작된다. 존경하는 귀하에게! 잘 아시는 바와 같이 귀하는 성주님께 봉사하는 일에 고용되었습니다.[14] 이 첫 문장에 대해 깊이 생각할수록 K에게는 그 문장의 의미가 더 불분명해진다. 잘 아시는 바와 같이 라는 이 말은 그가 마을에 받아들여졌다는 것과 성을 위해 일할 수 있다는 것을 확인하는 말일까, 아니면 측량사가 자신이 받아들여졌다고 여긴다는 사실을 단지 확인하는 말일까? 이 경우 클람은 자신이 알고 있다고 생각되는 지식을 그에게 단지 반영했을 것이다. 그가 실제로 받아들여졌는지 아니면 상상만 한 것인지에 대한 의문은 풀리지 않을 것이다. 정당화와 자기 정당화가 불분명해진다.

K는 마을 촌장에게 가도록 지시를 받는다. 촌장은 다른 모든 것을 그와 함께 처리해야 한다. 결국 촌장은 그에게 설명을 해주어야

---

*   두 개 이상의 다른 조직을 가진 생물체.

한다.

그러나 마을 촌장은 옛날부터 토지의 경계가 그어져 있었기 때문에 마을에 측량사가 필요하지 않다고 설명한다. 앞으로도 의심스러운 소유권에 대한 사소한 분쟁은 토지 대장과 새로운 측량 없이도 해결될 수 있을 것이다.

따라서 K는 도착하자마자 기본적인 모순에 직면하게 된다. 그는 받아들여지고 동시에 거절당한다. 이 모순 속에서 그는 어떻게 행동해야 할까? 그는 해석의 기술에 의지한다. 말과 행동 뒤에 숨은 의미를 밝혀내면 모순을 해결할 수 있을 것이다. 예를 들어 촌장의 정보는 무엇을 의미할까? 믿을 수 있을까? 촌장이 통찰력이라도 갖고 있을까? K는 관청 서류가 어지럽게 뒤섞여 있는 것을 보고 이를 의심한다. 옷장 전체가 관청 서류로 가득 차 있고, 개별 파일을 찾다 보면 옷장이 뒤집어질 지경이다. 혼란을 수습하는 사람은 촌장의 아내인 것으로 보인다. 하지만 그녀는 어떤 관심사를 추구하고 있을까? 그녀는 헤렌호프 술집에서 온 아가씨이자 클람의 연인인 프리다를 질투하는 것은 아닐까? K는 그사이에 클람에게 접근하기 위해 프리다와 연애를 시작했다.

그래서 여기 아래 마을의 관계망에는 약간의 혼란이 있다. 촌장이 들려주는 이야기는 혼란을 가중시킨다. 그는 오래전에 측량사를 요청한 적이 있었는데, 성의 관료주의에 막혀 중단되었다가 이제 지나치게 열성적인 관리에 의해 다시 추진되기 시작했다고 설명한다.

K는 상황에 따라서는 한 사람의 실존을 결정하는 이 하찮은 혼

란[15]에 분노한다.

다른 사람들과 마찬가지로 생활하고 일하기 위해 마을에 온 K는 원래의 목표에서 점점 더 멀어지고 있다. 그는 자신이 처한 혼란스러운 망網을 이해해야 한다. K가 들어선 낯선 세계는 해석해야 할 기호로 가득 찬 세계이며, 그는 먼저 읽는 법을 배워야 하다. 그는 아직 탐험하지 못한 이국의 문화를 접하는 민족학자처럼 그 안에서 움직인다. 그때까지 K는 카프카의 초기 작품에서 표현된 것처럼 땅이 흔들리고 있기 때문에 뱃멀미[16]를 할 것이다.

K를 토착민과 구별하는 본질적인 요소가 있다. 토착민들은 당연히 성과 함께 살아간다. 성은 그들 삶의 일부이며 그들 안에 있다. 성은 어떤 의미에서는 암묵적인 것이다. 그러나 K의 경우 성과의 관계는 명시적인 것이다. K는 그의 말대로 성과의 싸움[17]을 시작한다. 그에게는 당연히 성에서 살아가는 것이 허용되지 않는다. 그는 성의 진실, 규칙과 위계, 역사, 접근 방법을 이해하고 싶어 한다. 그러나 성은 여전히 수수께끼로 남아 있고 물러난다.

하지만 마을 주민들도 물러서는 태도를 보인다. 여기서 사람들은 성과의 관계에 익숙하지만 이 점에서 측량사와는 거리를 유지한다. K는 함께 어울릴 수 없고, 마을 주민들 사이의 복잡한 관계망을 보지 못하고, 그들의 행동은 그에게 수수께끼로 남아 있으며, 그는 마을의 기본적인 생활 규칙에 익숙하지 않다. 아웃사이더로서 K는 성과의 관계의 의미를 열심히 해독하고 해석해야 하는 반면, 마을 주민들은 이 성과의 관계를 당연한 것으로 받아들이고 살아간다. 그들은 성에서 온 여러 가지 의미로 해석 가능한 편지들을 깊이 생각할 필요도 없고 편지의 추상적 내용에 정신이 팔릴 필요도 없다. 토착민으로서 그들은 구체적 내용을 잘 알고 있다. K는 이를 부러워한다. 그는 그들처럼 되고 싶어 한다. 말하자면 언젠가 게르스태커나 라제만 같은 사람과 구별이 안 되는 사람이 되면 — 빨리 그렇게 되어야 했고, 모든 것이 거기에 달려 있었다 — 그렇게 되면 모든 길이 단번에 열릴 것이다.[18]

여기서 카프카는 주인공에게 자신의 문제를 안겨 주었다. 측량사는 카프카 자신처럼 그가 살고 있는 공동체에 그렇게 자명하게 속할 수 없을 것이다. 일상생활에 뿌리를 내리는 것은 대지, 공기, 계율의 결핍[19]에 대해 불평했던 카프카와 마찬가지로 측량사에게도 위태롭기만 하다.

카프카는 이러한 결핍으로부터 엄청난 창조적 유익, 즉 삶을 낯설게 표현할 수 있는 시각을 얻었지만, 그는 항상 대지와 계율에 뿌리를 둔 삶을 꿈꿨고, 이러한 의미에서 진실을 그 자체로 담고 있는 삶을 살기 위해 노력했다. 우리는 기억한다. 그는 세 번이나 약혼했고 펠리체와 함께 가구점을 방문했다. 두 번은 팔레스타인으로 이주하려는 상당히 구체적인 계획을 세웠고, 이를 위해 히브리어를 배우고 원예 교육을 받았다. 죽기 얼마 전 그는 마지막 연인이었던 도라 디아만트와 함께 베를린이나 팔레스타인 어딘가에 작은 레스토랑을 열고 도라는 주방에서, 그는 웨이터로 일하는 꿈을 꾸었다. 하지만 그는 결국 글쓰기로 돌아가기 위해 "평균적인 사람"(도라 디아만트)으로 세상에 나오려는 이 모든 시도를 중단한다. 그는 글쓰기로 돌아간다. 『성』에서와 같이 그의 글쓰기에서는 세상에 나오기까지의 어려움이 탐색되고 있다.

카프카와 그의 측량사는 삶의 암묵적 진실, 즉 직접적인 일상생활에서 실현되는 진실과 단절되었다고 느낀다. 그것은 그들을 낯선 사람으로 만든다. 그리고 이제 그들은 진실한 삶, 즉 더 높은 권위에 의해 인증되고 정당화되며 의미로 가득 찬 삶을 살 수 있게 해주는 명시적 진실을 찾으려고 노력한다. 그러나 선先 진리, 후後 삶이라는 논리는 아마도 결코 삶으로 이어지지 않을 것이다. 대체로 이 삶에서 유효한 진실에 대한 확실한 결론은 살아온 삶에서만 도출되는 방식으로 진행된다.

이 두 가지 경로 ― 성을 먼저 찾은 다음 마을을 찾는 명시적 경로와 마을을 먼저 찾은 다음 성을 찾는 암묵적 경로 ― 는 K에게 아주 일찍부터 분명히 양자택일로 떠오른다. 그는 성과의 관계가 좀 두드러져 보이기는 하지만 겉으로만 그럴 뿐인 마을의 노동자로 살 것인지, 아니면 겉으로만 마을의 노동자로 살면서 실제로는 자신의 모든 고용 관계를 바르나바스가 전하는 통지에 따라 결정할지를[20] 스스로에게 묻는다.

성에 닻을 내리는 것과 마을에 뿌리를 내리는 것 사이의 이러한 양자택일에서 종교적으로 해석될 수 있는, 막스 브로트를 시작으로 항상 종교적으로 해석되어 온 차원이 열린다. 그렇다면 민족학적-사회적 모델 ― 어떻게 낯선 세계와 문화를 이해하고 그 안에서 발판을 마련할 수 있는지 ― 뿐만 아니라 다음의 질문이 중요하다. 즉 『성』에는 실제로 신에 대한 언급이 없고, 신이나 사뮈엘 베케트의 고도Godot에 못지않게 이해할 수 없는 베스트베스트 백작에 대한 언급만 있다. 그럼에도 종교적인 것에서 어떻게 발판을 찾고, 어떻게 은총의 신을 찾는지가 중요하다.

어쨌든 성에 닻을 내리거나 마을에 뿌리를 내리는 것 사이의 불길한 양자택일에 직면한 K는 더 높은 존재의 은총에 의존하지 않는 길을 선택하려고 한다. 그는 가능하면 성의 신사분들로부터 멀리 벗어나 단순한 마을의 노동자로 인정받고 싶었고, 성의 신사분들과 그들의 은총에만 의존할 경우 그에게 영원히 막혀 있을 뿐 아니라 눈에 보이지도 않을 길[21]을 개척하고 싶었다.

따라서 K는 세속적인 선택인 마을에 뿌리를 내리는 것을 이루기 위해 노력한다. 하지만 그의 의도와는 달리 마을의 거부로 인해 그는 성에 집착하게 된다. 마을에 뿌리를 내리고 싶은 욕망은 마을에 진짜 뿌리를 내리기 위한 우회로일지라도 성에 닻을 내리고 싶은 욕망으로 바뀐다. 자의든 타의든 K는 형이상학자가 되어 성과 성의 신사들 주변을 맴돌며 그들의 메시지를 숙고하고 그들의 위계질서에 합의하지만, 성에 다가가면 성이 물러난다는 사실을 거듭 깨닫게 된다. 이런 식으로 성과의 관계는 너무 강해져서 그는 마을에서 만나는 사람들의 중요성을 인식하지 못하고 단지 성과의 관계에서 도구적으로만 인식하게 된다. 특히 여성 인물들에게 그러하다.

K는 마을에서 밤낮으로 주민들에게 성에 관한 이야기를 들으며 성이 무엇인지, 성에 어떻게 접근해야 하는지 알아내려고 노력한다.

카프카의 후기 작품인 「어느 개의 연구」에서 개는 개 음식의 비밀을 알아내려고 한다. 그는 개 음식의 기원을 거슬러 올라가 그 비밀을 파헤치고 싶어 한다. 그러면서 음식을 삼키지 않으면 그렇게 할 수 있다고 생각한다. 음식의 진실을 알아내려면, 그는 음식을 머릿속이 아닌 눈앞에 가지고 있어야 한다. 그래서 개는 조사를 위해 금식하고, 인식하려는 의지와 살고자 하는 의지가 충돌한다. 후기의 또 다른 텍스트인 「단식 광대」의 경우도 마찬가지다. 단식 광대 역시 진실을 찾기 위해 굶는다. 그가 파헤치려고 하는 비밀은 무엇일까? 그는 말하지 않는다. 단지 맨 마지막에 이르러 씁쓸한 유머를 섞어 가며 자신의 입에 맞는 음식이 없어서 굶는다고 속삭인다.

측량사도 이와 비슷한 이야기다. 마을의 모든 사람은 일종의 음식 순환을 통해 성에 연결되어 있다. 그들 모두의 내면에는 진실이 있다. 진실은 암묵적으로 그들의 삶에 내재되어 있다. 그러나 측량사는 시골 마을 생활의 암묵적 진실에 참여하지 않는다. 그는 성과 특별한 관계를 맺기 위해 노력하고 진실을 명시적으로 인식하고 싶어 한다. 그는 지시, 규범, 계명, 정당화, 더 높은 의미 부여, 종교적인 것 또는 형이상학적인 것의 명시적인 전체 프로그램을 요구한다. 그 결과 그는 편입이라는 원래의 목표에서 점점 더 멀어지고 있다.

이러한 노력으로 K는 마을 주민들 사이에 불안감을 조성하기도 한다. 그는 주민들을 성과의 관계를 명시적으로 언급해야 하는 상황에 처하게 한다. 그는 그들을 절박한 삶에서 멀어지게 하고, 그들이 생명력의 비밀을 밝히기를 기대하며, 숨겨진 그들의 삶에서 진실을 끌어내려고 한다. 대부분의 사람들은 이러한 부당한 요구에 침묵으로, 거의 적대적인 방어로 반응한다. 예를 들어 마을 학교 선생은 성의 최고 영주인 베스트베스트 백작에 대한 측량사의 질문이 신성 모독적이라고 일축한다. 그는 순진무구한 아이들이 있다는 점을 유념해 주세요.[22]라는 말로 측량사를 책망한다.

 요약해 본다. 성은 마을 위에 웅장하게 우뚝 솟아 있으며, 동시에 모든 것이 마을에 속해 있다. 그러나 성은 K를 피하고, 이해하기 어렵고, 때로는 눈과 안개 속에서 사라진 것처럼 보인다. 성은 아무것도 아니다.

 성은 실재하지만 보는 방식이나 마주치는 방식에 따라 달라지는 환상이기도 하다. 나중에 성이 나타날 곳에 도착했을 때, 그가 볼 수 있는 것은 어두운 공허함뿐이었을 때 K는 진실에서 그리 멀지 않았다. 하지만 공허함이 채워지고 성은 K가 성의 권력에 대한 마을 주민들의 생각에 이끌리는 만큼 강력해진다. 성의 권력은 이 권력에 대한 믿음에서 비롯된다. 무력감을 느낄수록 권력은 더 강해진다. 카프카는 이를 취라우 시절의 아포리즘에서 이렇게 표현했다. 아주 강한 빛으로 세계는 해체될 수 있다. 시력이 약한 눈 앞에서 세계는 단단해진다. 더 시력이 약한 눈 앞에서는 세계는 주먹을 쥐고, 그보다 더 시력이 약한 눈 앞에서는 세계는 뻔뻔하게 감히 세계를 직시하려는 자를 박살낸다.[23]

 우리는 이미 문지기 비유에서 권력과 무력함의 관계를 경험했다. 시골 남자가 법 앞에 오래 앉아 있을수록, 그가 문지기의 모피 외투 깃에 붙은 벼룩에게 도움을 요청할 때까지 법은 그에게 더 뚫을 수 없는 것이 된다. 도움을 간절히 원하는 측량사도 성 기슭에서 서성거린다.

이 미완성 소설의 마지막 부분에서 카프카는 어처구니없는 반전 장면을 상상한다. 권력은 원래 있던 곳으로 돌아갈 수도 있고, 권력에 복종함으로써 끊임없이 권력을 만드는 사람들 속에서 다시 해체될 수도 있다. 권력은 붕괴한다.

K는 헤렌호프에서 성의 비서 에를랑거에게 소환장을 받았다. 지금은 깊은 밤이다. 헤렌호프에는 좁은 복도를 따라 작은 방들이 줄지어 있고, 문 앞에서는 몸을 웅크리고 들어가야 한다. 이제 모든 것이 조용하고 비어 있다. K는 지치고 한없이 피곤한 나머지 복도를 비틀거리며 걸으면서 올바른 문을 찾지 못하고 아무 문이나 열다가 침대에 누워 있는 성 관리와 마주치고, 그는 즉시 자신을 비서 뷔르겔이라고 열심히 소개한다. 그는 이제 잠을 이루기 위해 그와 함께 침대에 누우려는 K에게 끊임없이 귀찮게 잔소리한다. 뷔르겔은 K에게 기억에 남는 고백을 한다. K는 반쯤 잠든 채 멀리서 들려오는 뷔르겔의 목소리로 성에 있는 주민들이 민원인들의 방문을 얼마나 간절히 기다리고 있는지에 대해 듣게 된다. 당신이 한 번도 본 적이 없고, 또 당신이 늘 기다렸고 정말 만나 보기를 열망했으나 당연히 도저히 만날 수 없으리라고 여겼던 민원인이 거기 앉아 있는 거죠. 민원인은 잠자코 앉아 있는 것만으로 당신에게 벌써 그의 가엾은 삶 속으로 들어와 달라

고, 그 삶이 당신의 것인 양 여기고 노력하고 그의 쓸데없는 요구에 공감해 달라고 요청하는 거죠.[24]

K는 성으로부터 인정을 받기 위해 항상 노력해 왔다. 이제 성 관리가 그에게 반대로 민원인들에게 인정받기를 갈망하고 그들 안에 자신을 반영하고 싶어 하는 것은 성이라고 밝힌다. 뷔르겔에 따르면 진정한 통치자는 민원인들이고, 그들은 모든 것을 통제할 수 있으며 어떻게든 그들의 요청을 말하는 것 외에는[25] 더 이상 아무것도 할 필요가 없다.

그러나 K는 더 이상 알아차리지 못하고 잠이 든다. 덧붙여서 여기에는 서사 기법상 문제가 있다. 화자는 K가 실제로 놓친 것을 전달하고 있으며, 이 때문에 K의 개인적 관점이라는 서술상의 제약이 깨진다. 이것은 아마도 의도된 반어적인 깨기일 것이다. 즉 성의 약점에 대한 고백이 세상의 잠을 방해해서는 안 되기 때문이다.

헤렌호프에서는 날이 밝았다. 그사이 K는 다시 복도에서 서성이고, 문 뒤에서는 출발하는 소리가 들린다. K는 자신의 존재가 수줍은 관리들이 모습을 드러내지 못하도록 방해하고 있다는 사실을 깨닫지 못한다. 그들은 감히 복도로 나가지 못한다. 방에서 나는 소리가 더 커진다. 모든 것이 오히려 우스꽝스러워 보인다. 그 소리는 소풍 나설 준비를 하는 어린아이들의 환호성처럼 들렸고, 또 어떤 때는 닭장에서 닭들이 깨어나는 소리, 날이 밝아 오는 것에 때맞춰 울리는 기쁨의 탄성처럼 들렸다.[26]

이 순간 성의 관리들에게 더 이상 존경을 표할 수 없다. 권력 장치는 아이들의 생일잔치 분위기에 녹아든다. 성은 신성神性을 상징할 수도 있지만, 시적인 역逆마법의 효과로 인해 이 신성은 코믹한 특성을 갖게 된다. 남성들의 성城이 존재한다. 지금까지 이에 대한 언급은 있었다. 그리고 여성들의 성城이 있다.

여성들에게 성은 권력 기구일 뿐만 아니라 성적 헌신을 포함한 헌신의 전형이기도 하다. 여성들은 성의 신사분들과 자고 싶어 하거나 적어도 그것을 꿈꾼다. 첫날 아침 성으로 가는 길에 눈 속에 빠져 김이 모락모락 나는 목욕통에서 피신처를 찾던 K는 안락의자에 누워 시선이 우두커니 허공을[27] 향하는 실크 드레스를 입은 한 여인을 발견한다. K와의 대화에서 그녀는 자신을 성에서 온 소녀[28]라고 부르며, K를 경멸하는 것인지 자신을 경멸하는 것인지 알 수 없는 어조로 말한다. 마을의 여성들에게 성 관리의 정부情婦로 선택되는 것은 일반적으로 인생의 절정으로 여겨진다. 비록 짧은 기간이었지만 이 선택은 프리다나 뷔르켄호프 여주인 가르데나의 경우처럼 가장 소중한 추억이 된다. 그들은 K에게 이에 대해 끝없는 이야기를 들려준다. 이 여성들은 이 기억에 의지해 살아가고 있으며, 이 기억은 그들에게 의심스러운 품위를 부여한다. 그러한 관계에서 배제된 마을의 남성들은 이 여성들 옆에서 나약하고 미발달한 존재로 보인다. 그 결과 마을은 일종의 모계 사회가 지배하고 있다. 한때 성 관리의 선택을 받을 만큼 운이 좋았던 여성이라면 특히 소중한 진실을 간직하고 있을 것이 분명하다.

섹슈얼리티 게임 — 이것이 마을과 성을 하나로 묶는 사소한 진실일까? 마을 공동체에서 추방된 심부름꾼 바르나바스의 가족 이야기는 이것을 암시하는 예라고 할 수 있다.

    마을은 한때 존경받던 이 가족과 관계를 끊었다. 그 집의 딸인 아말리아가 성 관리의 구애를 거부하는 터무니없는 짓을 저질렀기 때문이다. 이 관리는 그녀에게 음란한 편지를 썼고, 그녀는 성의 심부름꾼이 보는 앞에서 편지를 갈기갈기 찢었다. 아말리아는 금기를 위반했다. 이 터무니없는 언동은 단순히 성 관리를 거부한 것에 그치지 않는다. 더 심각한 것은 그녀가 공동체 생활의 이익을 위해 보지 않는 것이 더 나은 것, 즉 마을과 성이 음란한 상황으로 얽혀 있는 것을 보았다는 것이다. 다시 말해, 모두가 성을 삶의 진실의 전형으로 이야기하면서도 오직 한 가지, 즉 성교만을 생각하고 원한다.

    아말리아는 게임을 꿰뚫어 보고 다른 여성들이 성 이야기를 감추는 데 현혹되지 않는다. 그녀는 원인까지 통찰하고 있었고 (…) 진실을 직시하고, 지금과 다름없이 그 당시에도 이러한 삶을 견디며 살았다.[29] 아말리아에게는 공동체의 법이 적용된다. 공동체의 금기, 숨겨진 진실을 위반하는 사람은 누구든 쫓겨난다. 아말리아는 게임에서 배제되고 싶지 않아 최악의 게임 규칙도 받아들일 준비가 되어 있는 다른 가족들과 달리 성의 부당한 요구에 맞서 자신의 순수성을 지키고 그에 따른 외로움을 견뎌 낸다. 예를 들어 아말리아의 언니인 올가는 이런 식으로 성을 자비롭게 만들기 위해 성의 하인들을 위한 매춘부가 된다.

    그러나 아말리아는 성城과 관련된 모든 것과 성城을 욕망하는 모든 사람을 경멸할 뿐이다. 그녀는 이야기한다. 나는 밤낮으로 온통 성

城만 생각하는 한 젊은이에 관한 이야기를 들은 적이 있어요. 그는 다른 일은 다 소홀히 하면서 마음이 온통 저 위의 성에 가 있어서 사람들은 그가 정신이 좀 이상한 것이 아닌가, 우려할 정도였어요. 하지만 나중에는 사실 그가 성에 관심이 있었던 것이 아니라, 사무국에서 일하는 설거지하는 어떤 하녀의 딸을 마음에 두고 있었던 거라고 밝혀졌어요. 그가 그 처녀를 손에 넣고 나서는 만사가 다시 정상으로 돌아갔어요.[30]

측량사 K 또한 끊임없이 성을 생각한다. 그 역시 성과 관련이 있는 여자들을 쫓아다닌다. 그러나 그의 행동은 아말리아가 이야기하는 젊은이의 행동과는 정반대다. 젊은이는 사실 여자에게 관심이 있다. 그러나 측량사는 성城에 관심이 있다.

한 사람은 성城에서 성性적인 것을 원하고, 다른 한 사람은 성性적인 것에서 성城을 추구한다. 측량사는 그가 추구하는 진실이 성性적인 것이어야 한다는 것을 참을 수 없다. 성性적인 것을 통해 성城과의 관계를 탐색함으로써 그가 갈망하는 것은 실제로 무엇일까? 그가 거듭 주장하는 대로 여기 아래 마을에서 측량사로 인정받고 조용히 살아가는 것일까? 그뿐만이 아니다. 더 큰 것, 성 같은 것, 일상에서 벗어난 상태, 구원처럼 느껴지는 활기찬 것일 수도 있다.

측량사는 헤렌호프에 있는 성 관리 클람의 방 앞 맥주가 고여 있는 곳에서 프리다와 함께 구르지만, 그가 염두에 두고 있는 건 프리다가 아니라 클람, 즉 성이다. 두 사람의 호흡이, 또 심장의 박동이 하나가 된 가운데 몇 시간이 흘러갔다. 그동안 K는 방황하며 헤매고 있거나 아니면 그보다 앞서 아무도 가본 적이 없는 머나먼 낯선 타향에 와 있는 기분이 줄곧 들었다. 다시 말해 공기의 성분조차 고향의 것과는 아주 다른 그런 타향, 너무 낯설어 숨 막혀 죽을 지경이면서 그곳의 어처구니없는 유혹에 빠져서 계속 가다가, 계속 길을 잃고 헤맬 수밖에 없는 타향에 온 기분이었다.[31]

이 장면은 카프카가 밀레나에게 보낸 편지에서 섹스에 대한 두려움을 밤의 문제[32]로 묘사한 구절을 떠올리게 한다.

클람의 방에서 프리다를 부르는 소리가 들렸을 때 K는 해방된 것처럼 위안을 주며 깨어나게 하는 소리[33]라고 느낀다. 마침내 성은 음란한 포옹, 맥주가 고여 있는 곳에서의 무의미한 구애에 개입한다. 그러나 프리다는 측량사와 함께 있기를 원하기 때문에 클람의 문을 당당히 두드린다.

K는 이 승리를 기뻐할 수 없다. 그를 위해 성과의 관계를 끊는 여자는 즉시 그에게 모든 가치를 잃는다. 그는 성을 잃었다는 상실감[34] 때문에, 예를 들어 술집에서 프리다의 후계자인 페피 또는 이미 그가 거대한 옷장을 들여다본 적 있는 헤렌호프 여주인 같은 다른 여자를 찾아야 한다.

여기서 소설이 중단된다. 끝없이 계속될 수 있을 것이다. 항상 다른 여성들이 측량사에게 자신을 제공할 것이다. 수수께끼 같은 메시지가 계속해서 성에서 내려올 것이며 끝없는 해석의 여지를 줄 것이다. 따라서 막스 브로트의 정보에 따라, 죽어 가는 측량사가 마침내 은혜를 받아 성에 받아들여지는 것으로 소설이 끝나지는 않을 것 같다. 왜 이 마지막 메시지는 신뢰할 수 있는 것이어야 할까? 이전에 성에서 보낸 모든 메시지와 마찬가지로 모호하고 무한한 해석이 가능한 것이어야 하지 않을까? 왜 이것이 끝을 내기 위해서 갑자기 바뀌어야 하는지는 분명하지 않다. 소설의 논리는 단순히 궁극적인 은혜를 허용하지 않는다.

성의 의미 차원에 대한 언급은 없었다. 성은 글쓰기의 세계 그 자체를 가리키기도 한다. 알다시피 카프카에게는 글쓰기를 정복하고 글쓰기로 살아가는 것이 K에게 성을 정복하는 것과 마찬가지로 가장 결정적인 삶의 과제였다. 그렇다면 글쓰기에 의해 받아들여지는 것은 성에 의해 받아들여지는 것과 같지 않을까?

사실 성은 글쓰기와 많은 관련이 있다. 그곳에서는 끝없이 해석할 수 있는 편지가 쓰이고, 회의록이 작성되고, 끊임없이 파일이 만들어진다. 즉 마을에서 일어나는 일에 대한 문서화가 이루어진다. 촌장은 특히 열성적인 성 관리의 사무실에 서류 뭉치 기둥들이 빼곡히 쌓여 있으며 서류 뭉치 기둥이 바닥으로 무너지는 소리가 연달아 들리는 것[35]이 아주 유능한 관리의 특징이기 때문에 이 관리가 존경을 받는다는 소문을 들었다고 보고한다. 카프카는 본래 글쓰기의 장소가 아닌 사무실에 있는 자신의 책상에 대해 농담 삼아 비슷한 이야기를 했지만, 본래 글쓰기의 장소인 집의 책상도 상황은 다르지 않았다. 측량사가 무단으로 목격하는 헤렌호프의 이른 아침 서류 분배는 상당히 유머스하게 묘사된다. 성의 신사들은 이 핵심 업무를 수행하는 동안 낯선 사람들의 시선에 자신을 노출하기에는 너무 부끄러워하고 너무 예민하다.[36] 그들에게 그것은 카프카 자신에게 글쓰기만큼이나 내밀한 과정이다. 그 때문에 서류 분배가 중단되고, K가 복도에 있는 한 관리들은 감히 방 밖으로 나가지 못한다. 그래서 서류는 닫힌 문 앞에 쌓여 있다가 가끔 틈이 생기면 번개처럼 빠른 속도로 방 안으로 끌려 들어간다. 서류가 실린 작은 수레를 끌고 있는 조수들은 마치 몸을 파는 소녀들처럼 문 사이에서 춤을 춘다. 이 기발한 발레의 마지막에 한 장의 종잇조각이 분실되어 눈에 띄지 않게 남아 있다. K는 그것이 자기 서류일 수도 있다는 것[37]을 깨닫는다.

이런 관점에서 보면 성은 기묘한 마법이 발산되는 권력의 글쓰기 작업장이기도 하다. 장소를 지정하고 정체성을 확립하고 확인하는 것은 식별하는 권력의 마법이다. 그리고 이것은 확인과 확정을 목적으로 모든 사람에 대한 기록을 보관하는 서류에 반영된다.

그러나 카프카의 글쓰기는 이런 종류의 글쓰기에 반대한다. 그의 글쓰기는 마법에 대항하는 것이다. 그에게 글쓰기는 자유로운 이동성이며, 막스 브로트에게 보낸 편지에서 말한 것처럼 그 자체로 향락욕의 구성[38]이다.

그러면 카프카는 글을 쓸 때 무엇을 즐기나? 그는 삶의 사회적 제약 속에서 자신에게 고통이 되는 것을 즐긴다. 즉 돌이킬 수 없는 결정을 통해 그것을 축소할 필요 없이 펼쳐 낼 수 있는 자신의 불확실성, 상상의 무한한 가능성을 즐긴다. 그는 자신의 모호성을 즐기지만 명백성이라는 사회적 제약에 부딪히면 즉시 두려움을 느낀다. 글쓰기, 이 출생을 앞둔 망설임[39]에서 그는 삶에 도움이 되는 진실하고 선하고 유용한 것이라는 허구의 암시에 휩쓸리지 않는 순간을 즐긴다. 글쓰기에서는 모든 것이 여전히 열려 있으며, 모든 것이 여전히 자기 자신, 자신의 창조적인 착상의 은혜에 달려 있다. 그 순간은 또한 모든 정상적인 삶이 조만간 보호받게 될 이념적·사회적 "진실"에 빠지기 전의 순간이기도 하다. 그 순간은 굴복해야 할 객관적인 구속력이 없기 때문에 여전히 무엇이든 생각해 낼 수 있는 순간이다.

소위 마지막 질문의 시적 처리를 통한 이러한 이완은 때때로 행복감을 불러일으킨다. 내 인생은 다른 사람의 인생보다 달콤했어.[40]

하지만 카프카의 경우 그러한 글쓰기의 행복에 극심한 죄책감이 수반되었다는 것은 말할 필요도 없다. 나는 살지 않았고, 나는 오로지 글만 썼어.[41]

13장

도라 디아만트와 함께한 여름

행복에 가까운, 베를린에서의 시도

「굴」, 공원에서 만난 소녀를 위한 편지

마지막 작품: 「요제피네, 여가수 또는 쥐의 종족」

종말

1922년 9월 첫째 주에 카프카는 『성』 작업을 중단했다. 당시 그는 보헤미아 남부의 작은 마을인 플라나에서 연금을 받으며 오틀라의 가족과 함께 지냈다. 그는 돌이켜 보면 이곳에서 보낸 6월과 8월 두 달은 소설에 진전이 있었기 때문에 좋은 시간이었다고 말한다.

하지만 이제 오틀라와 그녀의 가족은 곧 떠나려고 했다. 그는 때때로 가정생활에 방해를 받았다고 느꼈지만, 이제 가족이 떠나는 것은 그에게 두려움을 불러일으켰다. 글쓰기에 몰두하지 못하고 혼자 남게 되었다는 생각은 그에게 참을 수 없는 것이었다. 그가 『성』을 만족스럽게 끝내지 못할 것이 분명해졌기 때문이다. 아마도 이러한 이유로 — 그 자신이 그렇게 추측했다 — 그는 8월 말에 신경 쇠약을 겪었고 그 이후 소설 작업을 계속할 수 없었다. 그는 1922년 9월 11일에 막스 브로트에게 이번 주에 나는 그다지 재미있게 보내지 못했네(나는 분명히 성 이야기를 영원히 그대로 남겨 두어야 했기 때문이네)[1] 라고 편지를 썼다.

이 편지에서 그는 자신을 괴롭히는 다양한 두려움을 거의 현학적으로 분석한다. 그는 외로움을 두려워하며, 글을 쓰기 위해 외로움이 필요하고 외로움을 갈망하기 때문에, 외로움에 대한 두려움을, 즉 외로움을 빼앗길 수 있다는 두려움을 가지고 있다. 여기에 두려움에 대한 두려움이 더해져, 두려움은 다시 두 배가 된다. 그리고 그가 소중히 여기는 외로운 고독과 군중 속의 고독을 구분하는 것이 중요한데, 특히 군중 속의 고독은 이른바 정상적인 사람들과 상호 작용을 하지 못하는 자신의 무능력을 마주하는 것이기 때문에 그를 괴롭힌다.

이 모든 두려움의 먹이가 되지 않기 위해 그는 오틀라가 떠난 후 원래 계획대로 플라나에 머물지 않고 떠났다. 미완성된 『성』의 원고는 방치되어 있었고, 얼마 뒤 그는 밀레나에게 원고를 넘겨주었다.

그동안 그는 본인의 요청과 노동자 산재 보험 공사 의사들의 긴급한 권고에 따라 조기 퇴직을 결정했다. 열병과 쇠약으로 몇 주 동안 부모의 집 침대에 갇혀 지내던 그는 1922년 11월 폐렴에 걸렸다.

이러한 상황에서 그는 1922년 11월 29일 자 편지를 통해 막스 브로트에게 자신의 문학 유산에 관한 마지막 유언을 전했다. 무엇보다도 내가 쓴 것 중 『판결』, 『화부』, 『변신』, 『유형지에서』, 『시골 의사』와 단편 「단식 광대」는 세상에 남겨 두어도 좋다네(『관찰』의 견본 몇 부는 남겨도 좋네. 나는 다른 작품들을 회수하는 일로 누구도 귀찮게 하고 싶지 않지만 이 작품들이 다시 인쇄되는 것을 원하지는 않네). 내가 그 다섯 작품과 몇 편의 단편이 가치가 있다고 말한다고 해서 이 작품들이 다시 인쇄되거나 후세에 전해지기를 원하는 것은 아니네. 그 반대로 이 작품들은 완전히 없어져야만 한다네. 이것이 내 본래의 소망과 일치하네. 하지만 누가 이미 출판된 작품들을 갖고 있기를 원한다면 그것을 막을 생각은 없네.

그 외에 내가 쓴 모든 것(잡지에 인쇄된 것, 원고 혹은 편지에 있는 것), 즉 손에 미치거나 수신인에게 청해서 받을 수 있는 것은 가능한 한 모두 받아서 하나도 남김없이 처분해 주었으면 하네. 여기서 그는 특별히 밀레나가 갖고 있는 몇 권의 『성』 노트를 언급한다. 이 모든 것은 하나도 남김없이 차라리 읽지 않는 편이 낫네(하지만 자네가 보는 것은 막지 않겠네. 자네가 그렇게 하지 않는 게 가장 바람직하겠지만 말이네. 하지만 다른 사람은 어느 누구도 보아서는 안 되네). 이 모든 것은 하나도 남김없이 불살라져야 하네. 그것도 가능한 한 빨리 시행해 주었으면 하네.[2]

나중에 카프카가 사망한 후, 막스 브로트는 그의 서류들 사이에서 1년 전에 쓰인 유언을 발견했는데, 이미 출판된 작품에 대한 언급이 없다는 점을 제외하면 이 마지막 유언과 일치한다.

막스 브로트는 모든 면에서 친구의 마지막 유언을 무시할 것이다. 결국 마지막으로 발견된 종이 한 장까지 모든 것이 출판될 것이다. 막스 브로트는 자신이 유고를 없애라는 유언을 따르지 않을 것이라는 사실을 카프카에게 알리지 않았다고 말하며 자신의 결정을 정당화한다. 그럼에도 카프카가 그를 유고 관리자로 임명했다면, 적어도 자기모순 없이는 카프카가 자기 원고의 파괴를 정말로 원하지 않았을 것이라는 결론이 나온다. 이 추론은 합리적이다. 그럼에도 막스 브로트는 비난을 받았다. 하지만 어쨌든 엄청난 작품들이 파괴되지 않은 것은 브로트 덕분이다.

1923년 상반기의 기록은 원고 노트나 일기에 거의 남아 있지 않다. 하지만 그는 글쓰기에 작별을 고하지 않았다. 카프카는 종이에 아무것도 적고 있지 않을 때도 여전히 자신이 그 한가운데에 있는 것처럼 느꼈다. 1923년 3월 말 로베르트 클롭슈토크에게 보낸 편지에서 카프카는 친구에게 방문을 자제해 달라고 요청한다. 그동안 광기의 시간에 호되게 얻어맞은 후 나는 글을 쓰기 시작했고, 이 글쓰기는 미친 사람에게 그의 광기처럼(그는 광기를 잃으면 '미치게' 될 것이네), 또는 여성에게 임신처럼 내 주변에 있는 사람에게 가장 잔인하게도(엄청나게 잔인하지만 그것에 대해 나는 말하지 않네) 나에게 이 세상에서 가장 중요한 것이네. 여기서 다시 말하지만 그것은 글쓰기의 가치와는 아무 상관이 없네. 나는 글쓰기의 가치를 매우 정확하게 인식하고 있네. 글쓰기가 나에게 가지고 있는 가치도 (…) 그리고 그 때문에 온갖 방해로 공포에 떨면서도 계속 글쓰기를 하고 있는 것이네. 글쓰기뿐만 아니라 글쓰기의 일부인 혼자 있는 것까지도.[3]

글을 쓰고 싶지만 쓸 수 없는 이 상태는 특히 고통스럽다. 이 이상하게 공허하고 혼란스러운 내면에서 벗어나기 위해 카프카는 히브리어 공부에 몰두했다. 1923년 4월, 카프카의 오랜 학교 친구이자 당시 예루살렘 대학교 도서관장이었던 후고 베르크만이 프라하를 방문했고, 카프카는 그와 함께 팔레스타인으로 이주할 가능성을 다시 논의했다. 후고 베르크만의 아내 엘제는 프라하에 조금 더 머물렀는데,

그는 그녀에게 실제로 배가 내 방 문턱에 정박하고 있는 느낌[4]을 설명했다.

그가 팔레스타인으로 여행하지 못한 것은 질병 때문이기도 했지만, 그의 모든 노력에도 불구하고 유대 문제에 충분히 뿌리를 내리지 못했다는 사실을 깨달았기 때문이기도 했다. 그는 엘제 베르크만에게 이렇게 표현했다. 팔레스타인 여행은 없을 것입니다. 대신 정신적인 의미에서 상당한 돈을 횡령한 경리의 미국 여행 같은 것이 있을 겁니다.[5]

1923년 여름, 카프카는 발트해의 휴양지 뮈리츠에서 두 자녀와 함께 휴가를 보내고 있던 여동생 엘리와 합류했다. 의사들은 그에게 바다 공기를 추천했다. 이들이 머물렀던 "글뤽아우프" 여관은 펠리체가 한때 적극적으로 지원했던 베를린의 유대 민족 학교에서 온 동유럽 유대인 어린이들의 휴양지 탁아소에서 불과 몇 걸음 떨어진 곳에 있었다. 그는 이 동네가 마음에 들었고 즉시 후고 베르크만에게 보낸 편지에서 이렇게 묘사했다. 나무들 사이로 아이들이 뛰노는 것을 볼 수 있네. 유쾌하고 건강하고 열정적인 아이들이네. 서유럽 유대인들 덕분에 베를린의 위험에서 구출된 동유럽 유대인들. 매일 낮과 밤의 절반은 집이고 숲이고 해변이고 노래로 가득하네. 그들과 함께 있을 때, 나는 행복하지는 않지만 행복의 문턱에 있다네.[6]

여기서 그는 아이들의 보호자 중 한 명이자 주방을 담당했던 동유럽 유대인 여성 도라 디아만트를 만났다. 스물다섯 살의 도라는 폴란드의 하시디즘 가문 출신으로, 그녀의 모국어는 그녀의 독일어에서 감지되는 이디시어였으며, 이는 카프카에게 매우 매력적으로 비쳤다. 그녀는 자신에 대해 이렇게 말했다. "나는 마치 도스토옙스키의 소설에서 나온 것처럼 꿈과 예감으로 가득 찬 어두운 인간으로 동유럽에서 왔다."[7]

그녀는 해변에서 카프카를 만났다. 마르고 단단하고 키가 큰 그는 까무잡잡한 피부에 새까만 머리카락을 지녔기 때문에 그녀는 "그가 유럽인이 아닌 혼혈 인디언이 틀림없다"고 생각했다. 그녀는 그와 사랑에 빠졌고 그도 그녀와 사랑에 빠졌다. 불과 며칠 만에 그들은 처음에는 조금 비밀스럽게, 그러나 곧 공개적으로 연인이 되었다. 두 사람은 베를린에서 함께 살 계획을 세웠다.

우선 카프카는 엘리와 함께 뮈리츠에서의 일정을 끝내고 8월 9일 베를린에 잠시 들른 후 프라하로 돌아왔다. 거기서 그는 체중을 늘리기 위해 몇 주 동안 보헤미아 온천 마을인 셀레젠에 갔다. 그는 도라 앞에 반쯤 죽은 사람처럼 다시 서고 싶지 않았다. 하지만 그가 1923년 9월 23일 베를린에 도착했을 때 체중은 별반 불어나 있지 않았다.

이 몇 달 동안 베를린의 인플레이션은 최고조에 달했다. 슈테클리츠의 방 임대료가 며칠 만에 이미 세 배나 올랐기 때문에 저렴한 숙소를 찾기 위해 몇 주 후에 두 번 더 이사를 해야 했다.

도라와 카프카는 베를린에서 거의 6개월 동안 함께 살았다. 그는 이 친숙하고 조화로운 공생을 소란으로부터 보호하고 싶었다. 그래서 그는 오틀라에게 부모가 베를린에 방문하는 것을 막아 달라고 부탁했다. 베를린의 이 모든 일은 세심한 주의가 필요해. 애를 써야만 겨우 파악할 수 있지. 그러니까 베를린 일은 좀 민감하다고 할 수 있어.[8] 카프카가 사랑하는 여성과 행복하게 살 수 있었던 것은 아마도 도라가 처음이었을 것이다. 이것은 그가 그녀 앞에서 글을 쓸 수 있었다는 사실로 입증되었다. 그것만으로도 그에게는 사랑의 증거라는 의미가 있었다.

도라는 회고록에서 카프카의 글쓰기를 매우 잘 이해하고 있었다고 설명한다. 유대-하시디즘 교육을 받은 그녀는 책이 신성한 것이 될 수 있다는 것을 당연하게 생각했고, 책에 대한 경외심을 연인의 글쓰기로 옮겼다. "카프카는 글쓰기가 그의 생명에 필요한 공기였기 때문에 글을 써야 했다. 그는 자신이 쓴 날의 리듬에 맞춰 생명에 필요한 공기를 호흡했다. 그가 14일 동안 글을 썼다고 말했을 때, 그것은 14일 밤낮으로 연이어 썼다는 것을 의미한다. 그는 보통 글쓰기를 시작하기 전에 느릿느릿 의욕 없이 돌아다녔다. 그런 다음 말을 거의 하지 않았고, 맛없이 먹었고, 아무것에도 관심을 보이지 않았고, 매우 우울했다. 그는 혼자 있고 싶어 했다. 처음에 나는 이런 분위기를 이해하지 못했지만, 나중에 그가 글을 쓰기 시작하면 항상 이런 분위기를 느꼈다. 평소에는 가장 사소한 것에도 가장 생생한 관심을 보였지만, 그런 날에는 그가 완전히 사라졌다. 나는 그즈음을 색으로 비교하면서 긴장감의 정도를 구분하곤 한다. 즉 보라색, 짙은 녹색 또는 파란색 날들. 나중에 그는 글을 쓰는 동안 내가 방에 있으면 좋아했다. 한번은 그가 저녁 식사 후에 글을 쓰기 시작했다. 그는 아주 오랫동안 글을 썼다. 그래서 나는 전등이 켜져 있음에도 소파에서 잠이 들었다. 갑자기 그가 내 옆에 앉았고, 나는 깨어나서 그를 바라보았다. 그의 얼굴에는 분명히 눈에 띄는 변화가 일어나 있었다. 정신적 긴장의 흔적이 너무 역력해서 그의 얼굴이 완전히 변했다. 그의 마지막 이야기 중 하나인 「굴」은 하룻밤 만에 쓰였다. 겨울이었다. 그 이야기는 저녁 일찍 시작해서 아침에 끝났다."9

이 텍스트는 미완성으로 남았기 때문에 카프카는 마지막 단편집 ―『단식 광대』― 에 이것을 포함하지 않았는데, 이는 어쩌면 의도된 것이었을지도 모른다.

일인칭 화자는 두더지와 비슷한 동물이다. 이 사실은 곧 잊히고 예를 들어 날고기를 게걸스럽게 먹는 것에 대해 설명할 때만 다시 기억될 것이다. 화자는 그가 자신의 굴과 지하 미로를 어떻게 만들었는지, 그가 그 안에서 어떻게 살고 있는지, 전체가 복도와 터널, 동굴로 이루어진 이 지하 시스템이 왜 그리고 누구를 막기 위해 만들어졌는지 설명한다. 이야기는 규범을 지키는 소설처럼 전환점을 향해 나아간다. 더 이상 무시할 수 없고 거의 참을 수 없는, 정의할 수 없는 쉿 하는 소리가 들린다. 이제부터 모든 것이 바뀐다. 이 격변의 한가운데에서 텍스트가 중단된다.

이 텍스트는 내면의 미로와 외부의 위협, 섬뜩한 세상에서 자기주장을 펼치는 책략, 그리고 특히 글쓰기에 관한 엄청난 문학 작품이다.

카프카는 이전에도 글쓰기를 위해 건축과 땅 파기라는 은유를 즐겨 사용했지만, 그가 죽기 얼마 전에 쓴 이 이야기에서는 이 비유가 주를 이룬다. 그는 스물한 살 때 막스 브로트에게 이렇게 편지를 썼다. 우리는 두더지처럼 땅을 파고 파묻힌 모래 참호에서 온통 검게 변하고 진흙투성이가 된 채로 나오네.[10] 나중에 또 막스 브로트에게 이렇게 편지를 썼다. 난 그냥 돌아다니거나 굴에 갇힌 절망적인 동물처럼 움츠리고 앉아 있을 뿐이네.[11] 이 편지는 플라나에서 가족 휴가를 보내는 동안 작성된 것으로, 아이들이 주변에서 내는 소음에 대해 불평하는 내용이다. 여기서 카프카는 적대적인 세계에 둘러싸여 있다고 느끼고 자신이 만든 굴속에 묻혀야 한다는 상당히 자조적인 표현을 한다.

또 한 번은 카프카가 글쓰기라는 건축하고 땅을 파는 이미지에 우스꽝스러운 형태를 제공한다. 나는 글을 쓸 수 없게 되었다. 그래서 자서전적인 조사나 해볼 계획이다. 자서전이 아니라 가능한 한 나의 작은 구성 요소들을 조사하고 발견하려는 것이다. 그렇게 함으로써 나 자신을 구축해 보려는 것인데, 이러한 작업은 자신의 집이 안전하지 못해서 그 옆에 안전한 집을 세우려는, 그것도 가능하다면 예전 집의 재료들을 가지고 세우려는 사람과 같은 것이다. 물론 건축 중에 체력이 달려 안전하지 않지만 완성된 집 대신에 반은 부서지고 반은 짓다 만 집, 즉 전혀 아무것도 아닌 집을 갖게 된다면 그것은 정말 고약한 일일 것이다. 그 결과는 미친 짓일 거다. 즉 두 집 사이에서 추는 코사크 댄스*와 같은 것이다. 장화 뒤축으로 오랫동안 땅을 긁어 대고 파냄

---

* 팔짱을 끼고 점점 앉으면서 다리를 드는 동작을 특징으로 하는 러시아 전통 춤.

으로써 마침내 그 아래에 자신의 무덤을 만드는 것이다.[12]

이 기록은 「굴」을 가리킨다. 지하 대피소이자 생활 공간이 마침내 무덤이 되기 때문이다.

이 굴의 은유는 카프카가 키르케고르의 『불안의 개념』에서 발견한 묘사인 "무한히 반영된 내면의 여우 굴"을 떠올리게 한다. 키르케고르는 다음과 같이 말한다. "헛되이 그는 그의 여우 굴에 많은 출구를 가지고 있다. 그의 겁에 질린 영혼이 이미 그녀가 햇빛이 들어오는 것을 본다고 믿는 순간, 그것은 새로운 입구라는 것이 밝혀진다. 그리고 이런 식으로 절망에 쫓기는 그는 항상 출구를 찾고 항상 자신에게 돌아오는 입구를 찾는다."[13] 우리는 또한 카프카의 소설에서 우리가 찾고 있는 출구 자체가 다시 입구일 뿐인 이 혼란스러운 게임을 만나게 된다. 카프카의 소설은 환영이 지하에서, 진실은 지상의 태양 아래에서 나타나는 플라톤의 동굴의 비유와도 맞닿아 있다.

이 소설에는 이 모든 것이 암시되어 있지만, 아마도 결정적인 요소는 이 일기 메모일 것이다. 내 인생은 출생을 앞둔 망설임이다.[14] 앞서 살펴본 바와 같이 이 문장은 『성』에서 세상으로 나오는 이야기의 중심 모티프였으며, 또한 카프카의 작품 중 마지막에서 두 번째 작품인 「굴」에 실제 의미를 부여한다. 화자는 자궁 속과 같은 굴에 머무르는 것을 선호하며, 글쓰기의 비유로도 이해될 수 있는 장소인 복도, 창고, 휴식 공간에서 편안하게 지낸다. 예를 들어 정교하게 설계된 복도는 작품[15]이라고 불리며, 이전에 만들어진 미로는 데뷔작[16]이라고도 불린다.

따라서 우리는 「굴」을 한편으로는 두더지의 터널 시스템으로 매우 구체적으로 상상할 수 있지만, 다른 한편으로는 자기 탐구와 자기 강화에 대한 비유로, 마지막으로 글쓰기의 상징으로도 상상할 수 있다. 이러한 의미들은 서로 뒤섞인다.

적대적인 관계로 인해 건설이 추진된 것으로 추정된다. 이에 따라 기만적인 책략이 먼저 설명된다. 입구는 아니지만 입구처럼 보이는 복잡한 출입구 시스템. 외부의 적은 길을 잃게 만들어야 한다. 외부의 적 외에도 내부의 적, 즉 피난처 자체에서 오는 위협도 있다. 그리고 나를 위협하는 것은 외부의 적들만이 아니다. 땅속에도 그런 적들이 있다. 아직 그들을 직접 본 적은 없으나 그들에 관한 전설이 있는데, 나는 그것을 굳게 믿고 있다. 그들은 땅속의 존재들로 전설에도 기록되어 있지 않다. 그들의 먹이가 된 자조차 그들의 모습을 거의 본 적이 없다. 그들의 원소인 흙 바로 아래에서 그들이 발톱을 긁는 소리가 들리면 그들이 오고 있는 것이고, 그 순간에 소리를 듣던 자는 이미 사라져 버린다. 여기서는 자기 집에 있다기보다는 오히려 그들의 집에 있는 셈이다. 저 출구도 그들로부터 나를 구하지 못할 것이며, 사실 그 출구는 나를 구하지 못하고 파멸시킬 것이다. 그래도 그 출구는 하나의 희망이며, 나는 그것 없이 살 수가 없다.[17]

외부의 위험한 세계에 맞서 건설된 내부는 그 자체가 함정이 된다. 보호되어야 할 이 내부가 가장 큰 위험이기 때문에 위험은 오랫동안 잊힐지도 모른다. 모든 것, 예를 들면 데뷔작이라고 불리는, 옛날에 만들어진 입구의 미로들은 외부에 대한 방어를 목표로 하며, 어쩌면 카프카의 초기 작품의 전위적이고 야심 찬 신비주의를 암시한다. 이어서 이 얇은 벽의 속임수[18]는 심각한 공격에 버틸 수 없을 것이라고 말한다. 작가는 자신을 정체불명의 존재로 만들었지만, 아마도 가차 없이 정체가 밝혀질 것이다.

하지만 때로는 미로를 만든 사람도 미로에서 길을 잃을 때가 있다. 가끔 내가 만들어 낸 건축물 안에서 잠시 길을 잃을 때면 짜증과 감동이 동시에 느껴지는데, 이미 오래전에 판단이 내려진 이 건축물은 여전히 그 존재의 정당성을 증명하려 애쓰고 있는 것 같다.[19]

미로는 낯선 느낌을 주지만 사실은 낯선 사람의 침입으로부터 자신을 보호하기 위한 것이다. 하지만 그는 이 낯선 곳에서 자유의 약속, 즉 집 안 복도에서 기어다닐 때는 느낄 수 없었던 자유를 느끼기 때문에 밖으로 나오게 된다. 그래서 그는 때때로 입구를 출구로 사용하고, 자신이 만든 미로를 통과해 밖으로 나와 사냥하고 그 주변을 쿵쾅거리며 뛰어다니고, 굴에서는 거의 들어설 여지가 없었던 그런 새로운 힘[20]을 자신의 몸에서 느낀다.

그는 자신의 내면에서 새로운 힘을 느낄 뿐만 아니라, 입구이기도 한 출구에서 행복한 자신과의 조우를 경험한다. 그러면 나는 집 앞에 서 있는 것이 아니라 자는 동안 내 앞에 서 있는 것 같은 느낌을 받으며, 깊이 자면서 동시에 나 자신을 면밀히 관찰할 수 있는 행운을 얻게 된다.[21]

이제 그는 침착한 판단력과 깨어 있는 정신의 온전한 힘으로 굴속 깊은 곳에서 자신을 괴롭히는 밤의 유령들[22]과 맞서 싸울 수 있다.

그리고 이상하게도 내가 자주 믿었던 것처럼, 그리고 집에 내려가면 십중팔구는 다시 믿게 될 것처럼 상황이 그렇게 나쁘지 않다는 것[23]을 알게 되었다. 따라서 외부에서 바라보는 풍경도 안도감을 줄 수 있다. 그러나 그가 곧 다시 내려오자 공들여 지은 굴의 내부 세계와 외부의 적들에 대한 두려움이 다시 생각난다.

그는 적들을 상상하지만 아직 실제로 만나 본 적은 없다. 대신 그를 쫓아다니거나 잠복하고 기다리는 것은 개별적인 적뿐만 아니라 무리 전체라는 환상이 과도하게 증식한다. 아마도 이것은 그에게 유리할 것이다. 그들끼리도 서로 싸우는 데 정신이 팔려 굴 앞을 그냥 지나쳐 버리기[24] 때문이다.

어쨌든 묘한 평온함이 느껴진다. 폭풍 전야의 고요함일까? 아니면 굴의 힘[25]이 그를 섬멸전[26]에서 구해 주었을까? 그는 아무것도 모르고 굴로 다시 돌아간다. 그곳에서 그는 굴 밖의 세상과 완전히 작별하고, 세상만사 돌아가는 것을 그대로 두고 보고, 쓸데없는 관찰을 함으로써 세상만사를 붙잡아 두지 않는다는[27] 생각을 하면서 논다. 이것은 외부에서 자신의 무력함을 인정하고 그가 여기 아래 굴속에서 얻을 수 있는 힘을 유지하는 것을 의미한다. 그는 외부의 누구도 믿을 수 없다. 내가 믿을 수 있는 것은 오직 나 자신과 굴밖에 없다.[28]

위험에 대한 걱정이 없다면 그는 여기 아래에서 고독을 즐길 수도 있다. 그리고 그의 굴은 많은 복도, 가로지른 연결로, 틈새 공간, 풍부한 물품이 있는 매우 넓은 세상처럼 보인다. 가장 아름다운 곳은 많은 복도가 도달하는 성곽 광장이다. 시스템의 중심. 우리가 온전히 마음을 열기만 하면²⁹ 굴은 모든 이성보다 더 고상한 평화를 가져다준다.

화자는 자신의 작품 속에서 행복한 순간을 만끽한다. 그런 분위기에서 굴은 더 이상 단순한 생명 구제를 위한 구멍³⁰이 아니라, 그 자체로 목적이자 작품에서는 자아실현이다. 저 아래에 있는 미로 같은 복도, 광장, 틈새 공간은 동반자처럼 다루어진다. 내가 너희 곁에 있는데 지금 위험이 무슨 상관이란 말인가.³¹

그러나 그가 자신과 자신의 일과 완전히 하나가 되는 순간, 전례 없는 일이 일어나고 전환점이 찾아온다. 처음에는 무시하기 쉬운 배경 소음처럼 희미하게 들리지만, 이제는 더 이상 무시할 수 없는 쉿 하는 소리³²가 갑자기 들린다. 그는 소음의 위치를 찾으려고 노력한다. 걱정이 커지고 점점 바빠지면서 그는 복도를 돌아다니고, 심지어 새로운 복도를 파기 시작한다. 하지만 소음은 여전히 남아 있고 어디에나 거의 항상 같은 음량으로 존재한다. 소음은 전혀 멀어지는 것 같지 않다. 그것은 어디에나 동일하게 가까이 남아 있다. 이제 고요는 끝났다. 그는 땅을 파거나 굴을 파 뒤집고 있지 않을 때 생각에 잠긴다. 이 소리는 수많은 작은 동물이 뛰어다니는 소리일까? 무해한 소리일 테지만 엄청난 무언가처럼 들린다. 그의 주위를 돌면서 점점 더 좁혀 오고, 점점 더 가까워지고 있는 엄청난 쉿 하는 소리³³일 수도 있다.

점차적으로 그는 처음에 언급한 것이 내부의 적이라는 것을 깨닫게 된다. 문득 지금까지는 모든 것이 게임이었지만, 이제는 상황이 정말 심각해지고 있다는 것을 깨닫는다. 그는 전혀 신경 쓰지 않았던 이전의 징후와 예감을 기억한다. 희미한 쉿 하는 소리가 들렸지만 그는 그 소리를 무시하고 싶었고, 다른 위험으로부터 자신을 보호하려는 분주한 움직임으로 그 소리를 덮고 싶었다. 그는 확실히 항상 걱정을 하기는 했지만, 너무 피상적이었던 것 같다. 사실 그는 자신이 행복하다는 걸 눈치채지 못한 채 행복했다. 나는 지난 몇 년 동안 많은 행복을 누렸고, 행복은 나를 망쳤고, 불안했지만 행복 속의 불안은 아무 쓸모도 없었다.[34]

그러나 쉿 하는 소리 때문에 이제 중대한 사태가 발생했다. 모든 것이 방향을 바꾼다. 예전에는 걱정 사이에 행복이 있었지만, 지금은 진짜 불행이 있다. 예전에 굴은 침묵과 후퇴의 장소였지만, 지금은 함정이 되었다. 그곳에서 그는 섬뜩한 소음에 시달린다. 그는 귀에서 자신의 피가 흐르는 소리[35]가 들리자 그 소리가 자신에게서 나온다는 생각이 머릿속을 스쳐 지나간다. 그것은 죽음이 다가오고 있다는 암시가 될 것이다. 어떤 차폐도 그에게 도움이 되지 않으며, 그 자체로 목적이 아니고 작품이 아니라면 굴 전체는 불필요했을 것이다. 이렇게 굴의 의미는 보존된다.

이 소설은 쉿 하는 소리가 내부적인 것일 수 있다는 의심이 문득 떠오르는데도 멈추지 않는다. 오히려 쉿 하는 소리를 내는 외부의 적을 한동안 계속 찾다가 중간에 중단된다.

두려움에 의해 주도되고 두려움에 대항하는 글쓰기. 또한 행복으로서의, 다른 존재에 머무르는 것으로서의 글쓰기. 몸이 허락하는 한 피난처로서의 글쓰기. 이 모든 것이 카프카의 작품 중 마지막에서 두 번째 소설에서 표현되었다.

카프카는 「굴」을 다 끝내지 못한 채 도라 디아만트에게 내가 유령에게서 벗어났는지 알고 싶다[36]고 말했다.

카프카와 도라는 슈테클리츠의 공원에서 산책을 하다가 인형을 잃어버린 채 울고 있는 어린 소녀를 만났다. 카프카는 그 소녀를 위로하기 위해 곧바로 짧은 이야기를 지어냈다. 카프카는 인형이 여행 중이며 그에게 편지를 보냈다고 이야기했다. 어린 소녀는 못 믿겠다는 듯 그에게 그 편지를 가지고 있느냐고 물었다. 그는 편지를 가지고 있지 않다고, 하지만 내일 편지를 가져올 거라고 대답했다. 도라는 말한다. "카프카는 마치 작품을 창작하듯 아주 진지하게 작업을 했다. 그가 편지를 쓰거나 엽서를 쓸 때와 마찬가지로 책상에 앉자마자 긴장한 모습이었다. 그건 그렇고, 그것은 다른 일들만큼 중요한 실제의 일이었다. 그 아이는 어떤 대가를 치르더라도 실망에서 벗어나야 했고 정말 만족해야 했기 때문이다. 그래서 그 거짓말은 허구의 진실에 의해 진실로 바뀌어야 했다."[37]

카프카는 몇 가지 아이디어를 떠올려 사랑스럽게 적은 후 다음 날 인형의 소식을 간절히 기다리던 소녀에게 편지를 전달했다. 이제 소녀는 인형이 항상 같은 가족과 함께 살기를 원하지 않았고 장소의 전환을 원했지만 그녀와 계속 연락하고 싶었고 다시 연락할 것이라는 내용의 편지를 읽을 수 있었다. 그래서 카프카는 이야기를 계속 지어내며 정기적으로 공원에 나타나는 소녀에게 편지를 전달했다. 그는 소녀가 인형의 분실 사실을 곧 잊어버릴 만큼 한껏 매료된 몇 가지 모험을 생각해 냈다. "이 놀이는 적어도 3주 동안 계속되었다. 프란츠는 어떻게 끝을 맺어야 할지를 생각하며 아주 불안해했다"[38]라고 도라는 보고를 이어 갔다. 결말은 어떻게든 위로가 되어야 했다. 카프카는 그 후 자신이 평생 이루지 못한 일을 하게 되었다. 그는 인형을 결혼시킨 다음 신혼부부의 행복을 아주 자세하게 묘사했다. 이 마지막 편지는 다음과 같은 문장으로 끝난다. "우리가 미래에 다시 만나는 걸 포기할 날이 오리라는 것을 너도 알게 될 거야."[39]

도라는 이 우아한 에피소드에 대해 현명한 문장으로 입장을 표명한다. "프란츠는 세계의 질서를 회복하기 위해 그가 개인적으로 잘 구사할 수 있는, 가장 효과적인 수단인 예술을 통해 어린아이의 작은 갈등을 해결해 주었던 것이다."[40]

이 소녀에게 보내는 편지의 글쓰기는 카프카의 다른 글과 달리 온전히 영향을 미치려는 의도를 가지고 있다. 여기서는 인형을 잃어버린 소녀를 위로하는 것, 다시 말해 세계의 질서를 조금이라도 회복하는 것이 중요하다. 즉 사회와의 관계에서 명료해지는 글쓰기.

카프카는 죽기 몇 주 전에 쓴 마지막 소설에서 이 점을 포착한다. 그때까지 카프카는 사회에서 예술의 본질과 역할을 다루는 이러한 주제를 선택한 적이 없었다. 이것만으로도 이 이야기는 대차 대조표의 성격을 띠게 된다. 그는 글쓰기에 대한 평생의 열정을 사회적 관점에서 바라보고 성찰한다. 예술은 무엇이고, 어떻게 작동하며, 공동체의 삶에서 어떤 역할을 할 수 있을까? 이것은 카프카가 죽기 직전에 스스로에게 던진 질문으로, 쥐 요제피네와 그녀의 청중인 쥐의 종족을 예로 들어 탐구한 내용이다.

카프카는 1924년 3월 17일에 병으로 인해 돌아온 프라하에서 「요제피네, 여가수 또는 쥐의 종족」을 시작하고, 4월 5일 오스트리아 남부 오르트만에 있는 "비너발트" 요양원으로 이송되기 직전에 이 소설을 끝낸다. 마지막 문장을 쓰면서 처음으로 후두 결핵의 증상을 느낀 그는 말년에 친구로 지낸 로베르트 클롭슈토크에게 이렇게 말했다. 나는 적절한 시기에 동물의 찍찍거리는 소리를 조사하기 시작했네. 방금 그것에 대한 이야기를 끝냈네.[41]

로베르트 클롭슈토크는 카프카의 목소리 변화가 너무 놀라워 친구에게 이 이야기를 물어볼 용기가 없었다. 그는 그것을 두려워했다. 그러나 이번에는 카프카 자신이 출판사와 그 이전에 『프라거 프레세』*에 이 작품을 채택시키기 위해 많은 노력을 기울였다. 이 작품의 출판은 그에게도 중요한 의미가 있었는데, 원고료를 요양원에 머무르는 데 드는 비싼 체류비로 사용할 수 있었기 때문이다. 이전에는 카프카에게 원고료가 중요한 역할을 한 적이 없었지만, 이 마지막 소설에서는 달랐다. 그는 처음으로 경제적 동기를 명시적으로 언급했다. 요제피네가 어느 정도 도움이 되어야겠어. 다른 방도가 없네.[42] 그는 4월 9일에 막스 브로트에게 이렇게 편지를 썼다.

카프카가 이 소설에서 쥐의 세계로 들어가는 것도 놀라운 일이다. 1917년 11월 취라우의 오틀라의 농장에서 쥐가 끼치는 피해를 뼈저리게 경험하고 쓴 것처럼, 실제로 쥐는 그에게 끔찍한 존재[43]였기

---

*　프라하 신문.

때문이다. 번잡함과 끊임없이 찍찍거리는 소리 때문에 그는 밤새 잠을 자지 못했다. 요제피네 이야기에서 쥐들은 오히려 더욱 우아한 모습을 보여 준다.

요제피네와 그녀의 쥐 종족 사이의 긴장된 관계는 그녀를 회의적으로 바라보는 이 종족의 구성원에 의해 전해진다.

소설은 이렇게 시작한다. 우리의 가수 이름은 요제피네다. 그녀가 노래하는 것을 들어 보지 못한 사람은 그 노래의 힘을 모른다. 그녀의 노래에 감동받지 않는 사람은 아무도 없는데, 이것은 우리 종족이 전체적으로 음악을 사랑하지 않는 만큼 더욱더 높게 평가될 만한 일이다. 몇 문장 뒤에 우리는 그녀의 노래 기술이 실제로 그렇게 뛰어나지 않다는 것을 알게 된다. 서로 친밀하게 지내는 무리 안에서 우리는 요제피네의 노래가 특별하지 않다는 것을 숨김없이 터놓고 이야기들을 한다.[44]

그녀는 찍찍거리는 것이 단지 독특한 삶의 표현[45]인 다른 이들처럼 찍찍거린다. 모두가 찍찍거리지만 찍찍거리는 것을 예술이라고 생각하는 이는 아무도 없다. 그러나 요제피네는 그녀의 모든 태도로 그것을 예술로 받아들이고, 쥐의 종족은 이상하게도 그것을 예술로 받아들일 준비가 되어 있다. 놀라운 일이다. 어떻게 일상적인 것이 예술로 간주될 수 있을까 — 모든 이가 아닌 요제피네에게? 이상한 점은 그 통상적인 짓을 하려고 누군가가 엄숙하게 격식을 차리고 나서는 어떤 진기함이 존재한다[46]는 것이다.

여기서 다루고 있는 것은 카프카 이후 현대 예술에서야 비로소 등장한 문제다. 예술과 일상의 경계가 모호해지면서 예술과 예술이 아닌 것을 더 이상 구분할 수 없게 되었다. "그것은 예술인가, 아니면 그냥 사라질 것인가?"라는 말이 널리 퍼져 있다. 그렇다면 예술의 특징은 전적으로 그것이 그렇게 주장되는 단호한 태도에 달려 있다. 이 소설에는 우리는 우리 자신한테서는 전혀 감탄하지 않는 것을 그녀한테서는 감탄하고 있다[47]라고 쓰여 있다. 예술과 다른 삶의 표현을 구분하는 기준은 평범한 것이라고 여기려는 의지 행위에 기반한 것임이 분명하다. 이것은 낯설게 하기 효과로도 이해할 수 있다. 일상적이어서 간과된 것은 그러한 프레임에 의해 낯설게 되어 예술이 되고 이로써 비로소 인식된다. 찍찍거리는 요제피네 앞에 앉으면 우리는 그녀가 여기서 찍찍거리는 소리가 그냥 찍찍거리는 소리가 아니라는 것을 알게 된다.[48] 그것은 여전히 찍찍거리는 소리지만 노래하는 것을 의미한다. 찍찍거리는 소리를 노래로 바꾸는 이런 방식은 카프카의 초기 일기 구절을 연상시킨다. 내가 무턱대고 한 문장을 쓰면, 예를 들어 '그는 창밖을 내다본다'라고 쓰면 그 문장은 이미 완벽하다.[49]

요제피네의 사정도 대략 그러하다. 그녀의 찍찍거림은 그녀의 노래가 되고, 완벽한 무언가가 된다. 하지만 정말 놀라운 점은 이러한 자기 매혹이 다른 사람들을 매혹시킨다는 것이다.

화자는 평소 음악을 좋아하지 않고 실용적인 교활함[50]만 가지고 있는 이 쥐 종족이 요제피네의 찍찍거리는 소리에 감탄하게 된 이유가 무엇인지 자세히 알아내고 싶어 한다. 여기 질문으로 표현된 놀라운 대답이 있다. 우리를 매혹하는 것이 그녀의 노래인가, 아니면 오히려 그녀의 작고 연약한 목소리를 둘러싸고 있는 장엄한 침묵인가?[51]

따라서 노래로 간주되는 이 작고 연약한 목소리를 듣는 것이 중요한 것이 아니라, 그 주변에 형성되는 침묵의 공간이 중요하다. 이 침묵과 노래는 대조적으로 노래가 침묵을 만들어 내는 경우에 들린다. 요제피네와 그녀의 종족 사이에는 근본적인 오해가 있다. 요제피네는 이들이 자신을 이해하지 못한다고 불평한다. 그녀는 찍찍거리는 것이 중요하다고 생각하는데 이들은 그것을 이해하지 못할 것이다. 하지만 그녀는 이들이 자신에 대해 어떤 점을 높이 평가하는지 이해하지 못한다. 이들이 높이 평가하는 것은 찍찍거리는 소리 그 자체가 아니라 그 주변에 퍼지는 침묵이다. 기적은 이 침묵이 이들을 공동체로 경험할 수 있게 해준다는 것이다. 따스하게, 몸과 몸을 맞대고, 겁먹은 듯 숨조차 제대로 쉬지 못하면서 귀를 기울이고 있는 군중의 감정 속으로 이미 우리도 빠져든다.[52]

침묵 속에서 이 보잘것없는 찍찍거리는 소리에 우리가 함께 귀를 기울이면 정확히 무엇을 들을 수 있을까? 압도적인 무無의 한가운데에서 아주 작은 무언가가 자기 권리를 주장하는 소리를 들을 수 있다. 다른 모든 이에게는 침묵이 강요되는 그곳에서 솟아오르는 이 찍찍거림은 마치 민족의 복음처럼 개개인에게 전달된다. 힘든 결정의 한가운데에서 들리는 요제피네의 가냘픈 찍찍거리는 소리는 적대적인 세계에서 혼란의 한가운데 서 있는 가엾은 우리 종족의 존재와 아주 흡사하다. 요제피네는 자기 권리를 주장하고, 이 무의미한 목소리, 이 무의미한 공연이 자기 권리를 주장하며 우리에게 다가온다.[53]

이쯤 되면 이 소설이 유대인의 운명과 카프카가 자신의 글쓰기에서 유대인과의 관계를 어떻게 규정하고 있는지에 대한 이야기라는 것을 깨닫게 된다. 요제피네의 경우와 마찬가지로 그것은 가냘픈 찍찍거리는 소리에 불과하지만, 그것은 아무것도 아니지만, 우리에게 오는 길을 만들 때 그 이상의 무언가가 된다. 그때 글쓰기나 찍찍거리는 소리는 적대적인 세상에서 보잘것없는 존재가 내놓는 자기주장의 상징이 된다.

요제피네는 종족이 자신을 필요로 한다고 믿기 때문에 오만하다. 큰 오해다. 종족을 필요로 하는 것은 바로 그녀이기 때문이다. 그녀는 종족의 호의로 살아간다.

하지만 그녀에게는 줄 것이 있다. 그녀의 말을 듣는 것은 자신의 말을 들을 수 있는 기회이기 때문이다. 이것이 화자가 요제피네의 찍찍거리는 소리에 대해 말할 수 있는 최선이다. 요제피네의 찍찍거리는 소리에 군중은 깊은 생각에 잠긴다. 삶의 투쟁 사이의 여기 꼭 필요한 휴식 시간에 군중은 꿈을 꾸는 것이다. 마치 개별적 존재의 사지가 느긋하게 풀리는 것 같고, 그 불안한 개별자가 종족의 크고 따스한 침대에서 자기 마음대로 몸을 쭉 펴고 기지개를 켜도 되는 것 같아 보인다. 그리고 이 꿈속에서는 산발적으로 요제피네의 찍찍거리는 소리가 들려온다. (…) 그 안에는 가엾은 짧은 유년 시절, 그러니까 잃어버린, 다시는 되찾을 수 없는 행복이 약간 들어 있다. 또한 바쁜 오늘날의 삶도 약간 들어 있는데, 작고 이해할 수 없는데도 여전히 존재하는, 결코 말살될 수 없는 명랑함도 약간 들어 있는 것이다. 그러나 이 모든 것은 실제로 큰 소리로 말해지는 것이 아니라 가볍게, 속삭이듯이, 친밀하게, 가끔은 약간 쉰 소리로 말해진다. 물론 그것은 찍찍거리는 소리다. 어떻게 아닐 수가 있겠는가? 찍찍거리는 소리는 우리 종족의 언어다. 어떤 사람들은 평생 동안 오로지 찍찍거리는 소리만 내면서도 그것을 알지 못한다. 그러나 이곳의 찍찍거리는 소리는 일상적인 삶의 질곡에서 벗어나 짧은 시간이나마 우리를 자유롭게 해준다.[54]

카프카는 죽기 얼마 전 자신의 글쓰기를 삶의 질곡에서 해방시키는 찍찍거리는 소리라는 멋진 문장으로 표현했다.

요제피네는 무대에서 사라지고 이 종족은 계속해서 자신의 길을 걸어간다.[55] 남은 것은 그녀의 찍찍거리는 소리에 대한 기억뿐이다. 하지만 마지막에 쓰인 것처럼 그녀의 실제 찍찍거리는 소리가 그 소리에 대한 기억보다 더 요란하고 활기찼을까?[56]

그러나 카프카 자신은 달랐다. 그에 대한 기억, 그의 글에 담긴 그의 삶은 그가 살아 있었을 때보다 더 요란하고 더 생생하다.

하지만 이 삶은 이제 끝나 가고 있다. 후두 결핵이 급속도로 진행되어 오르트만의 "비너발트" 요양원에서 4월 5일 빈의 대학 병원으로, 그리고 더 이상 치료가 불가능해 보여 4월 19일 빈 근처의 "키얼링" 요양원으로 옮겨졌다. 도라 디아만트와 로베르트 클롭슈토크는 이 마지막 몇 주 동안 그의 충실한 동반자였다. 죽기 전날 그는 요제피네 이야기가 담긴 『단식 광대』의 교정쇄를 수정한다. 로베르트 클롭슈토크는 "그가 교정을 마치고 나서 한참 동안 눈물을 흘렸다. 카프카에게서 이런 종류의 감정 동요를 목격한 것은 그때가 처음이었다. 그는 항상 초인적인 통제력을 가지고 있었다"[57]라고 전한다.

1924년 6월 3일 정오 무렵 프란츠 카프카는 사망했다.

옮긴이 후기

존재하기 위한 글쓰기

뤼디거 자프란스키는 카프카 사망 100주기인 2024년에 때맞춰 카프카 평전을 출판했다. 이 책은 카프카의 삶에서 하나의 흔적, 즉 글쓰기 자체와 글쓰기를 위한 카프카의 투쟁을 추적한다. 글쓰기는 카프카의 실존이었다. 글쓰기는 카프카의 삶에서 가장 생산적인 활동이었다. 카프카는 글쓰기를 위해 섹스, 음식, 술, 철학적 사유 그리고 음악이 주는 기쁨을 포기한다. "글쓰기는 죄인 동시에 처벌이며, 여섯 번째 시간의 기적이자 위대한 영감이다." 이것이 카프카의 치유하는 영적인 글쓰기에 대한 자프란스키의 발언이다.

자프란스키는 카프카 텍스트의 비밀을 더 정확히 알아내기 위해 글을 쓸 때의 카프카를 관찰한다. 그는 특히 카프카의 편지들에서 카프카가 책상에서 경험한 행복의 순간과 세상을 완전히 낯설게 느꼈던 순간을 읽는다. 카프카는 현실에 안주해 있는 사람들에게는 닫혀 있는 공간에 글쓰기로 침투해야 하는 운명을 타고난 사람이다. 카프카에게 글쓰기는 "지상의 마지막 경계를 향한 돌진"(「일기」, 1922년

1월 16일)이다. 따라서 카프카의 작품은 "얼어붙은 내면의 바다를 깨는 도끼처럼, 우리를 고통스럽게 하는 불행처럼, 우리가 우리보다 더 사랑했던 사람의 죽음처럼, 자살처럼, 모든 인간으로부터 멀리 떨어진 숲속으로 쫓겨난 것처럼" 우리에게 "충격을 준다"(「오스카 폴라크에게 보낸 편지」, 1904년 1월 27일).

문학이 진정 무엇인지, 문학이 실제로 무엇을 할 수 있는지 알고 싶다면, 카프카만큼 훌륭하게 이것을 보여 주는 작가, 즉 의미를 제안하고 동시에 거부하는 게임을 펼치는 작가, 이것이 우리가 살고 있는 세계의 구조라는 것을 가르쳐 주는 작가도 드물 것이다. 카프카의 텍스트는 테오도어 W. 아도르노가 「카프카 소묘」에서 "각각의 문장은 '나를 해석하라'고 말하는 듯하지만 어느 문장도 해석을 허락하지 않으려 한다"라고 표현했듯이 끊임없이 의미를 제시하고 다시 철회한다. 이로써 독자는 '끝없는 해석의 가능성' 앞에 서게 된다.

『소송』에서 대성당의 신부는 요제프 K에게 "글은 변하지 않는 것이고, 해석은 종종 글에 대한 절망의 표현인 경우가 많다"라고 말한다. 카프카의 텍스트 역시 변하지 않는 것이지만, 그의 텍스트에 대한 아주 다양한 의견은 절망의 표현이 아니라 반대로 텍스트에 대한 즐거움의 표현일 수 있다. 카프카는 독자가 자유로운 인간 산초 판사처럼 돈키호테인 자신을 따라 십자군 원정에 나서, 생을 마칠 때까지 거기서 크고 유익한 즐거움을 맛보라고 촉구한다(카프카, 「산초 판사에 관한 진실」). '크고 유익한 즐거움'은 사유의 즐거움, 즉 지적 재미를 뜻한다. 이로써 독자는 설명을 촉발하면서도 설명에 저항하는 카프카의 텍스트 안에서 작가의 놀이 상대이자 대화 상대가 될 수 있다. 카프카의 텍스트는 작가 못지않게 독자에 의해 구축될 필요가 있는 '열린' 문학 작품이기 때문이다.

이 책의 가장 큰 장점은 독자에게 미로와 같은 사실들을 제시하기 위해 끝없이 사실을 열거하는 데 그치지 않는다는 것이다. 오히려 이 책은 카프카를 한 인간으로서 강조하는 데 성공하여 그의 글쓰기, 글쓰기를 위한 투쟁, 창작의 황홀경에 빠진 상태, 죄책감과 자기 비난, 가족 환경과 사적인 환경을 가시적으로 보여 줌으로써 두려움 없이 카프카의 작품을 읽고 싶은 욕구를 자극하는 '아리아드네의 실'이다.

2025년
편영수

텍스트 안에서 작가의 놀이 상대이자 대화 상대가 될 수 있다. 카프카의 텍스트는 작가 못지않게 독자에 의해 구축될 필요가 있는 '열린' 문학 작품이기 때문이다.

이 책의 가장 큰 장점은 독자에게 미로와 같은 사실들을 제시하기 위해 끝없이 사실을 열거하는 데 그치지 않는다는 것이다. 오히려 이 책은 카프카를 한 인간으로서 강조하는 데 성공하여 그의 글쓰기, 글쓰기를 위한 투쟁, 창작의 황홀경에 빠진 상태, 죄책감과 자기 비난, 가족 환경과 사적인 환경을 가시적으로 보여 줌으로써 두려움 없이 카프카의 작품을 읽고 싶은 욕구를 자극하는 '아리아드네의 실'이다.

2025년
편영수

22 『편지 1900~1912』, 30쪽.
23 『편지 1900~1912』, 27쪽.
24 『프란츠 카프카에 대한 추억』, 20쪽.
25 「오스카 폴라크에게 보낸 편지」 1904년 1월 27일.
26 『편지 1900~1912』, 36쪽.
27 『사후 남겨진 글과 미완성 단편 1』, 159쪽.
28 『사후 남겨진 글과 미완성 단편 1』, 89쪽.
29 『사후 남겨진 글과 미완성 단편 1』, 80쪽.
30 『사후 남겨진 글과 미완성 단편 1』, 97쪽.
31 『사후 남겨진 글과 미완성 단편 1』, 89쪽.
32 『사후 남겨진 글과 미완성 단편 1』, 97쪽.
33 『사후 남겨진 글과 미완성 단편 1』, 81쪽.
34 『사후 남겨진 글과 미완성 단편 1』, 117쪽.
35 『일기』, 1920년 2월 15일, 855쪽.
36 『사후 남겨진 글과 미완성 단편 1』, 73쪽.
37 『사후 남겨진 글과 미완성 단편 1』, 73쪽.
38 『사후 남겨진 글과 미완성 단편 1』, 81쪽.
39 『사후 남겨진 글과 미완성 단편 1』, 91쪽.
40 『사후 남겨진 글과 미완성 단편 1』, 42쪽.
41 『사후 남겨진 글과 미완성 단편 1』, 13쪽.
42 『사후 남겨진 글과 미완성 단편 1』, 12쪽.
43 『사후 남겨진 글과 미완성 단편 1』, 14쪽.
44 『사후 남겨진 글과 미완성 단편 1』, 14쪽.
45 『사후 남겨진 글과 미완성 단편 1』, 17~18쪽.
46 『사후 남겨진 글과 미완성 단편 1』, 42쪽.
47 『밀레나에게 보낸 편지』, 1920년 8월 9일, 211쪽.
48 『펠리체 바우어에게 보낸 편지』, 1913년 5월 18일, 406쪽.
49 『사후 남겨진 글과 미완성 단편 2』, 200쪽.

2장

1 『살아 있을 때의 인쇄물』, 20쪽.

35 『일기』, 349쪽.
36 『막스 브로트, 프란츠 카프카에 대하여』, 102쪽.
37 『막스 브로트, 프란츠 카프카에 대하여』, 101쪽.
38 『사후 남겨진 글과 미완성 단편 1』, 188쪽.
39 『사후 남겨진 글과 미완성 단편 1』, 193쪽.
40 『막스 브로트, 프란츠 카프카: 우정, 편지 교환』, 170쪽.

3장

1 『편지 1900~1912』, 160쪽.
2 『일기』, 430쪽.
3 『일기』, 432쪽.
4 『펠리체 바우어에게 보낸 편지』, 1912년 9월 20일, 8쪽.
5 『일기』, 460쪽.
6 『펠리체 바우어에게 보낸 편지』, 1912년 10월 24일, 18쪽.
7 『일기』, 1913년 2월 11일, 492쪽.
8 『살아 있을 때의 인쇄물』, 44쪽.
9 『살아 있을 때의 인쇄물』, 45쪽.
10 『살아 있을 때의 인쇄물』, 47쪽.
11 『살아 있을 때의 인쇄물』, 48쪽.
12 『살아 있을 때의 인쇄물』, 48쪽.
13 『살아 있을 때의 인쇄물』, 49쪽.
14 『살아 있을 때의 인쇄물』, 51쪽.
15 『살아 있을 때의 인쇄물』, 55쪽.
16 『살아 있을 때의 인쇄물』, 56쪽.
17 『살아 있을 때의 인쇄물』, 57쪽.
18 『살아 있을 때의 인쇄물』, 58쪽.
19 『살아 있을 때의 인쇄물』, 60쪽.
20 『사후 남겨진 글과 미완성 단편 2』, 210쪽.
21 『사후 남겨진 글과 미완성 단편 2』, 56쪽.
22 『막스 브로트, 프란츠 카프카: 우정, 편지 교환』, 378쪽.
23 『사후 남겨진 글과 미완성 단편 2』, 192쪽.

24 『일기』, 492쪽.
25 『막스 브로트, 프란츠 카프카에 대하여』, 114쪽.
26 『편지 1900~1912』, 172쪽.
27 『일기』, 1912년 9월 23일, 461쪽.
28 『일기』, 1913년 12월 9일, 608쪽.
29 『사후 남겨진 글과 미완성 단편 2』, 61쪽.
30 『일기』, 602쪽.
31 『펠리체 바우어에게 보낸 편지』, 416쪽.
32 『일기』, 463쪽.
33 『사후 남겨진 글과 미완성 단편 2』, 130쪽.
34 『펠리체 바우어에게 보낸 편지』, 1913년 6월 2일, 416쪽.

4장

1 『펠리체 바우어에게 보낸 편지』, 1912년 10월 27일.
2 『펠리체 바우어에게 보낸 편지』, 29쪽.
3 『펠리체 바우어에게 보낸 편지』, 1912년 10월 25/26일, 21쪽.
4 『펠리체 바우어에게 보낸 편지』, 1912년 11월 1일, 33쪽.
5 『편지 1900~1912』, 179쪽.
6 『살아 있을 때의 인쇄물』, 115쪽.
7 『편지 1900~1912』, 116쪽.
8 『살아 있을 때의 인쇄물』, 116쪽.
9 『살아 있을 때의 인쇄물』, 121쪽.
10 『살아 있을 때의 인쇄물』, 130쪽.
11 『살아 있을 때의 인쇄물』, 137쪽.
12 『살아 있을 때의 인쇄물』, 145쪽.
13 『살아 있을 때의 인쇄물』, 152쪽.
14 『살아 있을 때의 인쇄물』, 162쪽.
15 『살아 있을 때의 인쇄물』, 185쪽.
16 『살아 있을 때의 인쇄물』, 189쪽.
17 『살아 있을 때의 인쇄물』, 200쪽.
18 『살아 있을 때의 인쇄물』, 200쪽.

19　『살아 있을 때의 인쇄물』, 144쪽.
20　『살아 있을 때의 인쇄물』, 199쪽.
21　『펠리체 바우어에게 보낸 편지』, 1912년 12월 6/7일, 147쪽.
22　『펠리체 바우어에게 보낸 편지』, 143쪽.
23　『편지 1900~1912』, 180쪽.
24　『편지 1914~1917』, 1915년 10월 25일, 145쪽.
25　『사후 남겨진 글과 미완성 단편 2』, 124쪽.
26　『펠리체 바우어에게 보낸 편지』, 1912년 11월 23일, 92쪽.
27　『펠리체 바우어에게 보낸 편지』, 1912년 11월 24일, 93쪽.
28　『펠리체 바우어에게 보낸 편지』, 78쪽.
29　『펠리체 바우어에게 보낸 편지』, 1913년 3월 2일, 330쪽.
30　『펠리체 바우어에게 보낸 편지』, 330쪽.

5장

1　『실종자, 부록본』, 54쪽.
2　『살아 있을 때의 인쇄물』, 18쪽.
3　『살아 있을 때의 인쇄물』, 32쪽.
4　『일기』, 421쪽, 1912년 5월 9일.
5　『편지 1900~1912』, 1912년 7월 10일, 158쪽.
6　『편지 1900~1912』, 1912년 7월 22일, 163쪽.
7　『펠리체 바우어에게 보낸 편지』, 1912년 11월 24일, 98쪽.
8　『편지 1913~1914』, 1913년 5월 25일, 196쪽.
9　『펠리체 바우어에게 보낸 편지』, 1912년 11월 11일, 58쪽.
10　『실종자』, 7쪽.
11　『실종자』, 42쪽.
12　『실종자』, 14쪽.
13　『실종자』, 28쪽.
14　『실종자』, 33쪽.
15　『실종자』, 50쪽.
16　『실종자』, 53쪽.
17　『실종자』, 66쪽.

18 『실종자』, 66쪽.
19 『실종자』, 67쪽.
20 『실종자』, 66쪽
21 『실종자』, 55쪽.
22 『실종자』, 54쪽.
23 『실종자』, 60쪽.
24 『실종자』, 72쪽.
25 『실종자』, 92쪽.
26 『실종자』, 123쪽.
27 『실종자』, 247쪽.
28 『펠리체 바우어에게 보낸 편지』, 1912년 12월 16일.
29 『실종자』, 369쪽.
30 『펠리체 바우어에게 보낸 편지』, 1913년 1월 26일, 275쪽.
31 『편지 1900~1912』, 229쪽.
32 『일기』, 1917년 10월 8일.
33 『실종자, 부록본』 48쪽.
34 『실종자, 부록본』 48쪽.
35 『실종자』, 384쪽.
36 『프란츠 카프카 전집 1권: 아메리카』, 막스 브로트의 후기, 260쪽.
37 『일기』, 757쪽.
38 『실종자』, 387쪽.
39 『실종자』, 387쪽.
40 『실종자』, 388쪽.
41 『실종자』, 388쪽.
42 『실종자』, 399쪽.
43 『실종자』, 401쪽.
44 『실종자』, 401쪽.
45 『실종자』, 402쪽.
46 『실종자』, 409쪽.
47 『실종자』, 414쪽.
48 『실종자』, 413쪽.
49 『실종자』, 416쪽.
50 『프란츠 카프카, 작가가 자신의 작품에 대해 말하다』, 44쪽.

51 『실종자』, 418쪽.
52 『살아 있을 때의 인쇄물』, 32쪽.

6장

1 『펠리체 바우어에게 보낸 편지』, 1912년 11월 1일.
2 『펠리체 바우어에게 보낸 편지』, 1912년 11월 1일.
3 『펠리체 바우어에게 보낸 편지』, 1912년 11월 11일.
4 『펠리체 바우어에게 보낸 편지』, 53쪽.
5 『일기』, 1922년 1월 29일.
6 『펠리체 바우어에게 보낸 편지』, 207쪽.
7 『펠리체 바우어에게 보낸 편지』, 207쪽.
8 『펠리체 바우어에게 보낸 편지』, 211쪽.
9 『펠리체 바우어에게 보낸 편지』, 302쪽.
10 『펠리체 바우어에게 보낸 편지』, 305쪽.
11 『펠리체 바우어에게 보낸 편지』, 277쪽.
12 『펠리체 바우어에게 보낸 편지』, 309쪽.
13 『펠리체 바우어에게 보낸 편지』, 357쪽.
14 『펠리체 바우어에게 보낸 편지』, 251쪽.
15 『편지 1913~1914』, 286쪽.
16 『아버지에게 드리는 편지』, 1919년 11월.
17 『막스 브로트, 프란츠 카프카: 우정, 편지 교환』, 1920년 8월 7일, 280쪽.
18 『펠리체 바우어에게 보낸 편지』, 1913년 2월 17~18일.
19 『펠리체 바우어에게 보낸 편지』, 369쪽.
20 『펠리체 바우어에게 보낸 편지』, 363쪽.
21 『펠리체 바우어에게 보낸 편지』, 1913년 4월 26일.
22 『펠리체 바우어에게 보낸 편지』, 390쪽.
23 『펠리체 바우어에게 보낸 편지』, 1913년 4월 29~30일.
24 『펠리체 바우어에게 보낸 편지』, 1913년 5월 12~13일.
25 『펠리체 바우어에게 보낸 편지』, 1913년 5월 13일.
26 『펠리체 바우어에게 보낸 편지』, 1913년 5월 23일.
27 『펠리체 바우어에게 보낸 편지』, 1913년 5월 23일.

28 『펠리체 바우어에게 보낸 편지』, 1913년 6월 16일.
29 『펠리체 바우어에게 보낸 편지』, 423쪽.
30 『펠리체 바우어에게 보낸 편지』, 425쪽.
31 『펠리체 바우어에게 보낸 편지』, 426쪽.
32 『펠리체 바우어에게 보낸 편지』, 1913년 6월 16일.
33 『펠리체 바우어에게 보낸 편지』, 430쪽.
34 『펠리체 바우어에게 보낸 편지』, 1913년 6월 20일.
35 『펠리체 바우어에게 보낸 편지』, 1913년 6월 22일.
36 『펠리체 바우어에게 보낸 편지』, 1913년 7월 3일.
37 『펠리체 바우어에게 보낸 편지』, 1913년 7월 13일.
38 『펠리체 바우어에게 보낸 편지』, 1913년 7월 13일.
39 『펠리체 바우어에게 보낸 편지』, 1913년 8월 14일.
40 『펠리체 바우어에게 보낸 편지』, 1913년 8월 22일.
41 『펠리체 바우어에게 보낸 편지』, 1913년 8월 28일.
42 『펠리체 바우어에게 보낸 편지』, 1022쪽.
43 『펠리체 바우어에게 보낸 편지』, 1913년 8월 28일.
44 『일기』, 1913년 8월 14일.
45 『펠리체 바우어에게 보낸 편지』, 1913년 8월 30일.
46 『막스 브로트, 프란츠 카프카: 우정, 편지 교환』, 129~130쪽.
47 『펠리체 바우어에게 보낸 편지』, 1913년 12월 29일.
48 『펠리체 바우어에게 보낸 편지』, 1913년 2월 18/19일, 514쪽.
49 『펠리체 바우어에게 보낸 편지』, 512쪽.
50 『펠리체 바우어에게 보낸 편지』, 601쪽.
51 『펠리체 바우어에게 보낸 편지』, 1914년 1월 2일.
52 『펠리체 바우어에게 보낸 편지』, 1914년 1월 2일.
53 『펠리체 바우어에게 보낸 편지』, 1913년 10월 29일.
54 『펠리체 바우어에게 보낸 편지』, 529쪽.
55 『펠리체 바우어에게 보낸 편지』, 568쪽.
56 『펠리체 바우어에게 보낸 편지』, 1914년 3월 21일.
57 『펠리체 바우어에게 보낸 편지』, 1914년 3월 25일.
58 『펠리체 바우어에게 보낸 편지』, 1914년 3월 25일.
59 『펠리체 바우어에게 보낸 편지』, 600쪽.
60 『펠리체 바우어에게 보낸 편지』, 656쪽.

61 『일기』, 1914년 6월 6일.
62 『펠리체 바우어에게 보낸 편지』, 658쪽.
63 『펠리체 바우어에게 보낸 편지』, 665쪽.
64 『펠리체 바우어에게 보낸 편지』, 1241쪽.
65 『편지 1914~1917』, 98쪽.
66 『일기』, 1914년 7월 23일, 658쪽.
67 『편지 1914~1917』, 98쪽.
68 『편지 1914~1917』, 100쪽.
69 『일기』, 1914년 7월 29일, 667쪽.

7장

1 『일기』, 1914년 7월 28일, 663쪽.
2 『일기』, 543쪽.
3 『일기』, 547쪽.
4 『일기』, 1914년 8월 6일, 546쪽.
5 『일기』, 549쪽.
6 『소송』, 7쪽.
7 『소송』, 21쪽.
8 『소송』, 22쪽.
9 『소송, 부록본』, 322쪽.
10 『소송』, 26쪽.
11 『소송』, 14쪽.
12 『소송』, 170쪽.
13 『소송』, 93쪽.
14 『소송』, 265쪽.
15 『소송』, 266쪽.
16 『소송』, 289쪽.
17 『소송』, 290쪽.
18 『소송』, 62쪽.
19 『소송』, 69쪽.
20 『소송』, 65쪽.

21 『소송』, 71쪽.
22 『소송, 부록본』, 188쪽.
23 『소송』, 93쪽.
24 『소송』, 290쪽.
25 『소송』, 291쪽.
26 『소송』, 168쪽.
27 『소송』, 168쪽.
28 『소송』, 115쪽.
29 『소송』, 289쪽.
30 『소송』, 22쪽.
31 『소송』, 170쪽.
32 『소송』, 289쪽.
33 『소송』, 290쪽.
34 『소송』, 295쪽.
35 『소송』, 295쪽.
36 카를 에리히 그뢰칭거, 『카프카와 카발라: 프란츠 카프카의 작품과 사고 안의 유대적인 것』, 32쪽.
37 『일기』, 878쪽.
38 『일기』, 298쪽.
39 『일기』, 304쪽.
40 『펠리체 바우어에게 보낸 편지』, 1913년 1월 15일, 14쪽.
41 『일기』, 135쪽.
42 『일기』, 676쪽.
43 『막스 브로트, 프란츠 카프카: 우정, 편지 교환』, 1922년 7월 6일, 378쪽.
44 『살아 있을 때의 인쇄물』, 211쪽.
45 『살아 있을 때의 인쇄물』, 212쪽.
46 『살아 있을 때의 인쇄물』, 226쪽.
47 『살아 있을 때의 인쇄물』, 227쪽.
48 『살아 있을 때의 인쇄물』, 236쪽.
49 『일기, 부록본』, 391쪽.
50 『편지 1914~1917』, 254쪽.

8장

1. 『일기』, 721쪽.
2. 『일기』, 721쪽.
3. 『일기』, 1915년 1월 20일.
4. 『일기』, 1915년 1월 24일.
5. 『펠리체 바우어에게 보낸 편지』, 703쪽.
6. 『펠리체 바우어에게 보낸 편지』, 703쪽.
7. 『펠리체 바우어에게 보낸 편지』, 1915년 4월 5일.
8. 『일기』, 1914년 1월 8일.
9. 『펠리체 바우어에게 보낸 편지』, 1915년 2월 11일, 706쪽.
10. 『펠리체 바우어에게 보낸 편지』, 1916년 4월 초.
11. 『일기』, 1916년 7월 5일.
12. 『일기』, 1916년 7월 12일.
13. 『막스 브로트, 프란츠 카프카: 우정, 편지 교환』, 148쪽.
14. 『펠리체 바우어에게 보낸 편지』, 1916년 9월 12일, 788쪽.
15. 『펠리체 바우어에게 보낸 편지』, 831쪽.
16. 『펠리체 바우어에게 보낸 편지』, 1916년 11월 21일, 846/847쪽.
17. 『펠리체 바우어에게 보낸 편지』, 1916년 12월 14일.
18. 『사후 남겨진 글과 미완성 단편 1』, 273쪽.
19. 『사후 남겨진 글과 미완성 단편 1』, 273쪽.
20. 『사후 남겨진 글과 미완성 단편 1』, 307쪽.
21. 『사후 남겨진 글과 미완성 단편 1』, 312쪽.
22. 『사후 남겨진 글과 미완성 단편 1』, 312쪽.
23. 『사후 남겨진 글과 미완성 단편 1』, 312쪽.
24. 『사후 남겨진 글과 미완성 단편 1』, 309쪽.
25. 『사후 남겨진 글과 미완성 단편 1』, 309쪽.
26. 『막스 브로트, 프란츠 카프카:우정, 편지 교환』, 378/379쪽.
27. 『펠리체 바우어에게 보낸 편지』, 454쪽.
28. 『사후 남겨진 글과 미완성 단편 1』, 311쪽.
29. 『사후 남겨진 글과 미완성 단편 1』, 311쪽.
30. 『사후 남겨진 글과 미완성 단편 1』, 381쪽.
31. 『사후 남겨진 글과 미완성 단편 1』, 382쪽.

32 『사후 남겨진 글과 미완성 단편 1』, 309쪽.
33 『일기』, 1910년, 119쪽.
34 『살아 있을 때의 인쇄물』, 261쪽.
35 『살아 있을 때의 인쇄물』, 255쪽.
36 『살아 있을 때의 인쇄물』, 256쪽.
37 『살아 있을 때의 인쇄물』, 258쪽.
38 『살아 있을 때의 인쇄물』, 258쪽.
39 『살아 있을 때의 인쇄물』, 259쪽.
40 『살아 있을 때의 인쇄물』, 259쪽.
41 『살아 있을 때의 인쇄물』, 261쪽.
42 『살아 있을 때의 인쇄물』, 253쪽.
43 『살아 있을 때의 인쇄물』, 260쪽.
44 『사후 남겨진 글과 미완성 단편 1』, 311쪽.
45 『살아 있을 때의 인쇄물』, 298쪽.
46 『살아 있을 때의 인쇄물』, 282쪽.
47 『막스 브로트, 프란츠 카프카에 대하여』, 74쪽.
48 『사후 남겨진 글과 미완성 단편 1』, 350쪽.
49 『사후 남겨진 글과 미완성 단편 1, 부록본』, 293쪽.
50 『사후 남겨진 글과 미완성 단편 1』, 342쪽.
51 『사후 남겨진 글과 미완성 단편 1』, 341쪽.
52 『사후 남겨진 글과 미완성 단편 1』, 345쪽.
53 『사후 남겨진 글과 미완성 단편 1』, 355쪽.
54 『사후 남겨진 글과 미완성 단편 1』, 357쪽.
55 『살아 있을 때의 인쇄물』, 266쪽.
56 『살아 있을 때의 인쇄물』, 266쪽.
57 『사후 남겨진 글과 미완성 단편 1』, 347쪽.
58 『사후 남겨진 글과 미완성 단편 1』, 347쪽.
59 『사후 남겨진 글과 미완성 단편 1』, 342쪽.
60 『펠리체 바우어에게 보낸 편지』, 1916년 9월 12일, 789쪽.
61 『펠리체 바우어에게 보낸 편지』, 1916년 9월 16일, 792쪽.
62 『살아 있을 때의 인쇄물』, 304쪽.
63 『살아 있을 때의 인쇄물』, 299쪽.
64 『살아 있을 때의 인쇄물』, 312쪽.
65 『살아 있을 때의 인쇄물』, 313쪽.

66   『일기』, 838쪽.
67   『일기』, 838쪽.

9장

1   『편지 1914~1917』, 300쪽, 「오틀라에게 보낸 편지」, 1917년 5월 15일.
2   『편지 1914~1917』, 304쪽, 「오틀라에게 보낸 편지」, 1917년 7월 27일.
3   『편지 1914~1917』, 304쪽, 「오틀라에게 보낸 편지」, 1917년 7월 27일.
4   『편지 1914~1917』, 747쪽.
5   『일기』, 1917년 8월 10일.
6   『사후 남겨진 글과 미완성 단편 1』, 401쪽.
7   라이너 슈타흐, 『프란츠 카프카 전기: 통찰의 시절』, 252쪽.
8   『막스 브로트, 프란츠 카프카: 우정, 편지 교환』, 195쪽.
9   『일기』, 1917년 9월 15일.
10 『일기』, 838쪽.
11 『일기』, 843쪽, 1917년 11월 10일.
12 팔절판 노트, 1918년 2월 25일.
13 『일기』, 834쪽.
14 『사후 남겨진 글과 미완성 단편 2』, 31쪽.
15 『사후 남겨진 글과 미완성 단편 2』, 31쪽.
16 『사후 남겨진 글과 미완성 단편 2』, 32쪽.
17 『사후 남겨진 글과 미완성 단편 2』, 42쪽.
18 『사후 남겨진 글과 미완성 단편 2』, 68쪽.
19 『사후 남겨진 글과 미완성 단편 2』, 61쪽.
20 『사후 남겨진 글과 미완성 단편 2』, 58쪽.
21 『사후 남겨진 글과 미완성 단편 2』, 58쪽.
22 『사후 남겨진 글과 미완성 단편 2』, 58쪽.
23 『사후 남겨진 글과 미완성 단편 2』, 116쪽.
24 『아르투어 쇼펜하우어: 전집 5권』, 322쪽.
25 『아르투어 쇼펜하우어: 전집 5권』, 328쪽.
26 『사후 남겨진 글과 미완성 단편 2』, 127쪽.
27 『사후 남겨진 글과 미완성 단편 2』, 98쪽.

28 『사후 남겨진 글과 미완성 단편 2』, 124쪽.
29 『사후 남겨진 글과 미완성 단편 2』, 124쪽.
30 『막스 브로트, 프란츠 카프카에 대하여』, 240쪽.
31 『막스 브로트, 프란츠 카프카: 우정, 편지 교환』, 1918년 3월 말, 248쪽.
32 『프란츠 카프카: 편지 1902~1924』, 334쪽.
33 『사후 남겨진 글과 미완성 단편 2』, 55쪽.
34 『사후 남겨진 글과 미완성 단편 2』, 55쪽.
35 『사후 남겨진 글과 미완성 단편 2』, 56쪽.
36 『사후 남겨진 글과 미완성 단편 2』, 130쪽.
37 『사후 남겨진 글과 미완성 단편 2』, 58쪽.
38 『사후 남겨진 글과 미완성 단편 2』, 138쪽.
39 『사후 남겨진 글과 미완성 단편 2』, 140쪽.
40 『편지 1914~1917』, 345쪽.
41 『사후 남겨진 글과 미완성 단편 2』, 56쪽.
42 『사후 남겨진 글과 미완성 단편 2』, 34쪽.
43 『사후 남겨진 글과 미완성 단편 2』, 83쪽.
44 『사후 남겨진 글과 미완성 단편 2』, 83/112쪽.

10장

1 『막스 브로트, 프란츠 카프카: 우정, 편지 교환』, 263쪽.
2 『막스 브로트, 프란츠 카프카: 우정, 편지 교환』, 265쪽.
3 라이너 슈타흐, 『프란츠 카프카 전기: 통찰의 시절』, 306쪽.
4 『편지 1918~1920』, 87쪽.
5 『편지 1918~1920』, 87쪽.
6 『편지 1918~1920』, 89쪽.
7 『편지 1918~1920』, 88쪽.
8 『편지 1918~1920』, 88쪽.
9 『편지 1918~1920』, 89쪽.
10 『편지 1918~1920』, 89/91쪽.
11 『편지 1918~1920』, 90쪽.
12 『편지 1918~1920』, 92쪽.

13 『편지 1918~1920』, 92쪽.
14 『편지 1918~1920』, 93쪽.
15 『편지 1918~1920』, 93쪽.
16 『사후 남겨진 글과 미완성 단편 2』, 206쪽.
17 『사후 남겨진 글과 미완성 단편 2』, 205쪽.
18 『살아 있을 때의 인쇄물』, 56쪽.
19 『사후 남겨진 글과 미완성 단편 2』, 210쪽.
20 『사후 남겨진 글과 미완성 단편 2』, 151쪽.
21 『사후 남겨진 글과 미완성 단편 2』, 159쪽.
22 『사후 남겨진 글과 미완성 단편 2』, 197쪽.
23 『사후 남겨진 글과 미완성 단편 2』, 198쪽.
24 『사후 남겨진 글과 미완성 단편 2』, 189쪽.
25 『사후 남겨진 글과 미완성 단편 2』, 191쪽.
26 『사후 남겨진 글과 미완성 단편 2』, 160쪽.
27 『일기』, 1910년 6월 19일.
28 『사후 남겨진 글과 미완성 단편 2』, 208쪽.
29 『사후 남겨진 글과 미완성 단편 2』, 212쪽.
30 『사후 남겨진 글과 미완성 단편 2』, 215쪽.
31 『사후 남겨진 글과 미완성 단편 2』, 216쪽.
32 『사후 남겨진 글과 미완성 단편 2』, 184쪽.
33 『편지 1918~1920』, 202쪽.
34 『사후 남겨진 글과 미완성 단편 2』, 192쪽.
35 『사후 남겨진 글과 미완성 단편 2』, 192쪽.
36 『사후 남겨진 글과 미완성 단편 2』, 192쪽.
37 『막스 브로트, 프란츠 카프카: 우정, 편지 교환』, 188쪽.
38 『사후 남겨진 글과 미완성 단편 2』, 217쪽.
39 『살아 있을 때의 인쇄물』, 283쪽.
40 『살아 있을 때의 인쇄물』, 283쪽.
41 『살아 있을 때의 인쇄물』, 284쪽.

11장

1. 『일기』, 851쪽, 1920년 1월 17일.
2. 『일기』, 849쪽, 1920년 1월 13일.
3. 『일기』, 852쪽, 1920년 1월 17일.
4. 『일기』, 859쪽, 1920년 2월 18일.
5. 『일기』, 859쪽, 1920년 2월 18일.
6. 『밀레나에게 보낸 편지』, 1920년 4월.
7. 『밀레나에게 보낸 편지』, 1920년 4월.
8. 『밀레나에게 보낸 편지』, 1920년 4월 12일.
9. 『편지 1918~1920』, 123쪽.
10. 『밀레나에게 보낸 편지』, 1920년 4월.
11. 『밀레나에게 보낸 편지』, 1920년 4월.
12. 『밀레나에게 보낸 편지』, 1920년 4월.
13. 『밀레나에게 보낸 편지』, 1920년 4월.
14. 『밀레나에게 보낸 편지』, 1920년 4월.
15. 『밀레나에게 보낸 편지』, 1920년 4월 말.
16. 『밀레나에게 보낸 편지』, 1920년 4월 말.
17. 『밀레나에게 보낸 편지』, 1920년 5월.
18. 『밀레나에게 보낸 편지』, 1920년 5월 19일.
19. 『밀레나에게 보낸 편지』, 1920년 5월 30일.
20. 『밀레나에게 보낸 편지』, 1920년 5월 31일.
21. 『밀레나에게 보낸 편지』, 1920년 5월 31일.
22. 『밀레나에게 보낸 편지』, 1920년 5월 31일.
23. 『밀레나에게 보낸 편지』, 1920년 6월 2일.
24. 『밀레나에게 보낸 편지』, 1920년 6월 3일.
25. 『밀레나에게 보낸 편지』, 1920년 6월 10일.
26. 『밀레나에게 보낸 편지』, 1920년 6월 11일.
27. 『편지 1918~1920』, 194쪽.
28. 『밀레나에게 보낸 편지』, 1920년 6월 13일.
29. 『밀레나에게 보낸 편지』, 1920년 6월 13일.
30. 『밀레나에게 보낸 편지』, 384쪽 이하.
31. 『밀레나에게 보낸 편지』, 1920년 8월 9일.

32 『일기』, 1913년 8월 14일.
33 『밀레나에게 보낸 편지』, 1920년 8월 26일.
34 『밀레나에게 보낸 편지』, 1920년 8월 8/9일.
35 『밀레나에게 보낸 편지』, 1920년 8월 9일.
36 『밀레나에게 보낸 편지』, 1920년 8월 8/9일.
37 『밀레나에게 보낸 편지』, 1920년 8월 8/9일.
38 『밀레나에게 보낸 편지』, 1920년 8월 8/9일.
39 『일기』, 892쪽.
40 『일기』, 838쪽.
41 『밀레나에게 보낸 편지』, 1920년 7월 5/6일.
42 『밀레나에게 보낸 편지』, 1920년 7월 5일.
43 『밀레나에게 보낸 편지』, 1920년 7월 8일.
44 『편지 1918~1920』, 233쪽.
45 『밀레나에게 보낸 편지』, 385쪽.
46 『밀레나에게 보낸 편지』, 1920년 8월 20일.
47 『밀레나에게 보낸 편지』, 1920년 8월 26일.
48 『밀레나에게 보낸 편지』, 1920년 9월 14일.
49 『밀레나에게 보낸 편지』, 1920년 8월 13일.
50 『사후 남겨진 글과 미완성 단편 2』, 234쪽.

12장

1 『밀레나에게 보낸 편지』, 380쪽.
2 『밀레나에게 보낸 편지』, 1920년 11월.
3 『일기』, 888쪽.
4 『일기』, 892쪽.
5 『밀레나에게 보낸 편지』, 1920년 8월 9일.
6 『사후 남겨진 글과 미완성 단편 2』, 98쪽.
7 『편지 1918~1920』, 355쪽.
8 『일기』, 878쪽.
9 『성』, 7쪽.

10 『성』, 8쪽.
11 『성』, 8쪽.
12 『성』, 12쪽.
13 『성』, 18쪽.
14 『성』, 40쪽.
15 『성』, 102쪽.
16 『사후 남겨진 글과 미완성 단편 1』, 89쪽.
17 『성』, 12쪽.
18 『성』, 42쪽.
19 『사후 남겨진 글과 미완성 단편 2』, 98쪽.
20 『성』, 42쪽.
21 『성』, 42쪽.
22 『성』, 20쪽.
23 『사후 남겨진 글과 미완성 단편 2』, 125쪽.
24 『성』, 422쪽.
25 『성』, 424쪽.
26 『성』, 430쪽.
27 『성』, 24쪽.
28 『성』, 25쪽.
29 『성』, 331쪽.
30 『성』, 324쪽.
31 『성』, 68쪽.
32 『편지 1918~1920』, 298쪽.
33 『성』, 69쪽.
34 『성』, 69쪽.
35 『성』, 106쪽.
36 『성』, 445쪽.
37 『성』, 438쪽.
38 『막스 브로트, 프란츠 카프카: 우정, 편지 교환』, 379쪽.
39 『일기』, 1922년 1월 24일.
40 막스 브로트에게 보낸 편지, 1922년 7월 5일.
41 『막스 브로트, 프란츠 카프카: 우정, 편지 교환』, 378쪽.

13장

1 『막스 브로트, 프란츠 카프카: 우정, 편지 교환』, 415쪽.
2 『막스 브로트, 프란츠 카프카: 우정, 편지 교환』, 421/422쪽.
3 『편지 1902~1924』, 431쪽.
4 『편지 1902~1924』, 437쪽.
5 『편지 1902~1924』, 438쪽.
6 『편지 1902~1924』, 436쪽.
7 『프란츠 카프카에 대한 추억』, 175쪽.
8 오틀라와 가족에게 보낸 편지, 1923년 10월 8일.
9 『프란츠 카프카에 대한 추억』, 178쪽.
10 『막스 브로트, 프란츠 카프카: 우정, 편지 교환 Ⅱ』, 11쪽.
11 『막스 브로트, 프란츠 카프카: 우정, 편지 교환』, 1922년 7월 12일, 383쪽.
12 『사후 남겨진 글과 미완성 단편 2』, 373쪽.
13 『사후 남겨진 글과 미완성 단편 2』, 595쪽.
14 『일기』, 888쪽.
15 『사후 남겨진 글과 미완성 단편 2』, 586쪽.
16 『사후 남겨진 글과 미완성 단편 2』, 587쪽.
17 『사후 남겨진 글과 미완성 단편 2』, 578쪽.
18 『사후 남겨진 글과 미완성 단편 2』, 587쪽.
19 『사후 남겨진 글과 미완성 단편 2』, 589쪽.
20 『사후 남겨진 글과 미완성 단편 2』, 590쪽.
21 『사후 남겨진 글과 미완성 단편 2』, 591쪽.
22 『사후 남겨진 글과 미완성 단편 2』, 591쪽.
23 『사후 남겨진 글과 미완성 단편 2』, 591쪽.
24 『사후 남겨진 글과 미완성 단편 2』, 592쪽.
25 『사후 남겨진 글과 미완성 단편 2』, 592쪽.
26 『사후 남겨진 글과 미완성 단편 2』, 592쪽.
27 『사후 남겨진 글과 미완성 단편 2』, 593쪽.
28 『사후 남겨진 글과 미완성 단편 2』, 598쪽.
29 『사후 남겨진 글과 미완성 단편 2』, 599쪽.
30 『사후 남겨진 글과 미완성 단편 2』, 605쪽.
31 『사후 남겨진 글과 미완성 단편 2』, 605쪽.

32 『사후 남겨진 글과 미완성 단편 2』, 606쪽.
33 『사후 남겨진 글과 미완성 단편 2』, 622쪽.
34 『사후 남겨진 글과 미완성 단편 2』, 620쪽.
35 『사후 남겨진 글과 미완성 단편 2』, 618쪽.
36 『프란츠 카프카에 대한 추억』, 179쪽.
37 『프란츠 카프카에 대한 추억』, 177쪽.
38 『프란츠 카프카에 대한 추억』, 177쪽.
39 『프란츠 카프카에 대한 추억』, 178쪽.
40 『프란츠 카프카에 대한 추억』, 178쪽.
41 『편지 1902~1924』, 521쪽.
42 『막스 브로트, 프란츠 카프카: 우정, 편지 교환』, 453쪽.
43 『편지 1914~1917』, 370쪽.
44 『편지 1914~1917』, 351쪽.
45 『편지 1914~1917』, 352쪽.
46 『편지 1914~1917』, 353쪽.
47 『편지 1914~1917』, 353쪽.
48 『편지 1914~1917』, 354쪽.
49 『일기』, 1911년 2월 12일, 30쪽.
50 『편지 1914~1917』, 350쪽.
51 『편지 1914~1917』, 354쪽.
52 『편지 1914~1917』, 356쪽.
53 『편지 1914~1917』, 362쪽.
54 『편지 1914~1917』, 367쪽.
55 『편지 1914~1917』, 376쪽.
56 『편지 1914~1917』, 376쪽.
57 『편지 1902~1924』, 520쪽.

참고문헌

Theodor W. Adorno: Aufzeichnungen zu Kafka. In: Prismen. Kulturkritik und Gesellschaft. München 1963

Beda Allemann: Zeit und Geschichte im Werk Kafkas. Göttingen 1998

Peter-André Alt: Franz Kafka. Der ewige Sohn. München 2005

Jürg Amann: Franz Kafka. München 1983

Günter Anders: Mensch ohne Welt. Schriften zur Literatur und Kunst. Darin: Kafka, pro und contra. Die Prozeß-Unterlagen. München 1984

Reinhard Baumgart: Selbstvergessenheit. Drei Wege zum Werk. München 1989

Louis Begley: Die ungeheure Welt, die ich im Kopfe habe. Über Franz Kafka. München 2008

Peter U. Beicken: Franz Kafka. Eine kritische Einführung in die Forschung. Frankfurt/M. 1974

Friedrich Beißner: Der Erzähler Franz Kafka und andere Vorträge. Frankfurt/M. 1983

Walter Benjamin: Benjamin über Kafka. Texte, Briefzeugnisse, Aufzeichnungen, hg. von Hermann Schweppenhäuser. Frankfurt/M. 1981

Chris Bezzel: Kafka-Chronik. Daten zu Leben und Werk. München/Wien 1975

Hartmut Binder (Hg.): Kafka-Handbuch. Bd. 1: Leben und Persönlichkeit. Bd. 2: Das Werk und seine Wirkung. Stuttgart 1979

Hartmut Binder: Kafka. Der Schaffensprozeß. Frankfurt/M. 1983 Hartmut Binder:

Kafkas Welt. Eine Lebenschronik in Bildern. Reinbek bei Hamburg 2008

Maurice Blanchot: Von Kafka zu Kafka. Frankfurt/M. 1993

Hans Blumenberg: Höhlenausgänge. Frankfurt/M. 1989

Jürgen Born (Hg.): Kafka-Symposium. Berlin 1965

Jürgen Born (Hg.): Franz Kafka. Kritik und Rezeption 1924-1938. Frankfurt/M. 1983

Max Brod: Der Prager Kreis. Frankfurt/M. 1979

Max Brod: Über Franz Kafka. Frankfurt/M. 1974

Max Brod: Zauberreich der Liebe. Zürich 1928

Roberto Calasso: K. München 2006

Elias Canetti: Prozesse. Über Franz Kafka, hg. von Susanne Lüdemann und Kristian Wachinger. München 2019

Gilles Deleuze und Felix Guattari: Kafka. Für eine kleine Literatur. Frankfurt/M. 1976

Wilhelm Emrich: Franz Kafka. Frankfurt/M. 1965

Christian Eschweiler: Franz Kafka und sein Roman-Fragment Der Prozess. Neu geordnet, ergänzt und erläutert. Weilerswist 2005

Karl Erich Grötzinger: Kafka und die Kabala. Das Jüdische in Werk und Denken von Franz Kafka. Frankfurt/M. 1992

Willy Haas: Die literarische Welt. Lebenserinnerungen. Frankfurt/M. 1983

Erich Heller: Franz Kafka. München 1976

Erich Heller: Die Welt Franz Kafkas. In: Enterbter Geist. Frankfurt/M. 1981

Roder Hermes u. a.: Franz Kafka. Eine Chronik. Berlin 1999

Arthur Holitscher: Amerika. Heute und Morgen. Berlin 1912 (2016)

Oliver Jahraus: Kafka. Leben, Schreiben, Machtapparate. Stuttgart 2006

Milena Jesenská: Alles ist Leben. Feuilletons und Reportagen 1919-1939, hg. von Dorothea Rein. Frankfurt/M. 1984

Sören Kierkegaard: Der Begriff der Angst (Übers: Liselotte Richter). Reinbek bei Hamburg 1960

Werner Kraft: Franz Kafka. Durchdringung und Geheimnis. Frankfurt/M. 1972

Michael Kumpfmüller: Die Herrlichkeit des Lebens. Januar 2018

Bert Nagel: Kafka und die Weltliteratur. München 1983

Ernst Pawel: Das Leben Franz Kafkas. München 1995

Heinz Politzer: Franz Kafka. Der Künstler. Frankfurt/M. 1978

Wiebrecht Ries: Transzendenz als Terror. Eine religionsphilosophische Studie über Franz Kafka. Heidelberg 1971

Marthe Robert: Das Alte im Neuen. Von Don Quichotte zu Franz Kafka. Frankfurt/M. 1984

Marthe Robert: Einsam wie Franz Kafka. Frankfurt/M. 1987

Christian Schärf: Franz Kafka. Poetischer Text und heilige Schrift. Göttingen 2000

Arthur Schopenhauer: Sämtliche Werke Band V, hg. von Wolfgang Frhr. von Löhneysen. Frankfurt/M. 1986

Walter Sokel: Franz Kafka. Tragik und Ironie. Frankfurt/M. 1976

Reiner Stach: Kafka. Die frühen Jahre. Frankfurt/M. 2014

Reiner Stach: Kafka. Die Jahre der Entscheidung. Frankfurt/M. 2002

Reiner Stach: Kafka. Die Jahre der Erkenntnis. Frankfurt/M. 2008

Reiner Stach: Kafka von Tag zu Tag. Frankfurt/M. 2018

Joachim Unseld: Franz Kafka. Ein Schriftstellerleben. München 1982

Johannes Urzidil: Da geht Kafka. München 1966

Joseph Vogl: Orte der Gewalt. Kafkas literarische Ethik. München 1990

Joseph Vogl: Über das Zaudern. Berlin 2008

Klaus Wagenbach: Franz Kafka. Biographie seiner Jugend. Neuausgabe. Berlin 2008

Klaus Wagenbach: Franz Kafka in Selbstzeugnissen und Bilddokumenten. Reinbek bei Hamburg 1964

Martin Walser: Beschreibung einer Form. München 1961

Alfred Weber: Der Beamte. In: Die neue Rundschau 21, Jg. 1910

Felix Weltsch: Religion und Humor im Leben und Werk Franz Kafkas. Berlin 1957

Kurt Wolff: Briefwechsel eines Verlegers 1911–1963, hg. von Bernhard Zeller und Ellen Otten. Frankfurt/M. 1966

Hanns Zischler: Kafka geht ins Kino. Berlin 2017

프란츠 카프카

문학이 되어 버린 삶

초판 1쇄 인쇄	2025년 6월 5일
초판 1쇄 발행	2025년 6월 16일

지은이	뤼디거 자프란스키
옮긴이	편영수
발행인	박효상
편집장	김현
기획·편집	장경희, 오혜순, 이한경, 박지행
디자인	임정현
마케팅	이태호, 이전희
관리	김태옥

편집·진행	이한경
교정·교열	최고라
표지·본문 디자인	안단테

종이 월드페이퍼 인쇄·제본 예림인쇄·바인딩 | 출판등록 제10-1835호
펴낸 곳 사람in | 주소 04034 서울시 마포구 양화로11길 14-10(서교동) 3F
전화 02) 338-3555(代) | 팩스 02) 338-3545 | E-mail saramin@netsgo.com
Website www.saramin.com

책값은 뒤표지에 있습니다.
파본은 바꾸어 드립니다.

ISBN 979-11-7101-163-6 03800

우아한 지적만보, 기민한 실사구시 사람in